马克思主义中国化的理论与实践关系
——中国特色社会主义道路的发展研究

王　毅　张晓芹　黄　河◎著

中国出版集团
中国民主法制出版社
全国百佳图书出版单位

图书在版编目（CIP）数据

马克思主义中国化的理论与实践关系:中国特色社会主义道路的发展研究 / 王毅，张晓芹，黄河著.— 北京:中国民主法制出版社，2023.9

ISBN 978-7-5162-3420-4

Ⅰ. ①马… Ⅱ. ①王… ②张… ③黄… Ⅲ. ①马克思主义－发展－研究－中国②中国特色社会主义－社会主义建设模式－研究 Ⅳ. ①D61

中国国家版本馆CIP数据核字(2023)第186227号

图书出品人：刘海涛

出 版 统 筹：石 松

责 任 编 辑：刘险涛 吴若楠

书　　名/马克思主义中国化的理论与实践关系:中国特色社会主义道路的发展研究

作　　者/王 毅 张晓芹 黄 河 著

出版·发行/中国民主法制出版社

地址/北京市丰台区右安门外玉林里7号（100069）

电话/(010)63055259（总编室） 63058068 63057714（营销中心）

传真/(010)63055259

http://www.npcpub.com

E-mail:mzfz@npcpub.com

经销/新华书店

开本/16开 787毫米×1092毫米

印张/14 **字数**/220千字

版本/2023年9月第1版 2023年9月第1次印刷

印刷/廊坊市源鹏印务有限公司

书号/978-7-5162-3420-4

定价/68.00元

前 言

中国道路的百年探索是以中国共产党的成立为标志性开端的。这条道路有两个本质规定，即现代化与马克思主义中国化。中国的现代化进程之所以与马克思主义发生本质的关联，是因为中国的现代化事业必须经过一场彻底的社会革命来为之奠基，而这场社会革命历史地采取了新民主主义—社会主义的定向。然而，与中国的现代化进程发生本质关联的乃是中国化的马克思主义，因为只有中国化的马克思主义才能与中国革命、建设和改革的实践发生本质的联系。中国化马克思主义的当代形态是中国特色社会主义，它在新的历史方位上不仅展现出对于中华民族来说的重大意义，而且展现出对于世界社会主义、对于人类社会整体发展的重大意义。

马克思主义中国化道路问题作为中国共产党领导下的中国革命事业和党的事业兴衰成败的首要关键，包括了中国发展道路的本质属性，以及中国发展过程中历史文化、政治经济关系、思想文化内涵等问题。同时，马克思主义中国化道路自信体现了马克思主义中国化的理论与实践关系和中国特色社会主义道路的正确发展，其发展演进的过程是学习性与实践性的统一、改革开放与可持续发展的统一。基于此，本书从马克思关于人类社会发展道路的整体阐释出发，对马克思与中国道路的发展相关理论进行深入探索与分析，本书对马克思主义中国化的理论研究与实践探索与应用等方面的研究者、学习者和从业人员具有学习与参考价值。

本书的撰写凝聚了作者的智慧，经验和心血，在撰写过程中参考并引用了大量的书籍、专著和文献，在此向这些专家、编辑及文献原作者表示衷心的感谢。由于作者水平有限以及时间仓促，书中难免存在一些不足和疏漏之处，敬请广大读者和专家给予批评指正。

目录

第一章 马克思关于人类社会发展道路的整体阐释

第一节 人类社会沿着一个由低到高的发展之路而演进

一、人类社会沿着未异化阶段、异化阶段、扬弃异化阶段的道路前进

在唯物史观确立之前，马克思运用人本学思维来分析人类社会发展之路。马克思从人本学思想出发，从人的本质的异化角度，把人类社会划分为三个发展阶段，即人的本质未异化阶段、人的本质异化阶段、扬弃异化阶段。人类社会就是从人本质未异化的原始社会，到人的本质异化的私有制社会，再到扬弃异化的共产主义社会这样一个逐步发展的进程。这是早期马克思用否定之否定的辩证法分析人类社会发展，将人类社会视为一个由低级到高级发展之路的思想，这一思想也成为马克思三大社会形态的最初萌芽。

人的本质在于自由的有意识的活动。马克思首先指出，人与动物的区别就在于人能够把自己的生命活动变成自己的意志和意识的对象，即人的生命活动是一种有意识的活动，并在此意义上是一种类存在物。正如马克思指出："一个种的整体特征、种的类特性就在于生命活动的性质，而自由的有意识的活动恰恰就是人类特性。"动物和自己的生命活动是直接同一的，动物不把自己同自己的生命活动区别开来，它就是自己的生命活动。人则使自己的生命活动本身变成自己意志的和意识的对象，他具有有意识的生命活动。这不是人与之直接融为一体的那种规定性。有意识的生命活动把人同动物的生命活动直接区别开来，正是由于这一点，人才是类存在物。或者说，正因为人是类存在物，他才是有意识的存在物；也就是说，他自己的生活对他来说是对象。仅仅由于这一点，他的活动才是自由的活动。因此，人通过自由而有意识的活动来确证自己的本质，来证明自己的存在。这种有意识的

活动的主要表现形式就是人类的生产劳动。人正是在改造外在对象的过程中，将自己的本质力量外化，从而证明并发展着自己的本质，证明着自己的存在，有意识地发展着自身。正如马克思指出：“正是在改造对象世界中，人才真正地证明自己是类存在物。”这种生产是人的能动的类生活。通过这种生产，自然界才表现为他的作品和他的现实。因此，劳动对象是人的类生活的对象化，人不仅像在意识中那样在精神上使自己二重化，而且能动地、现实地使自己二重化，从而在他所创造的世界中直观自身。因此，正是通过这种自由的有意识的活动，人不断将自己的本质力量外化，并在这种外化过程与外化成果中反观与证明着自己的本质。

原始公有制社会是人的本质未异化的阶段。在原始公有制社会，人类生产力水平非常低，人完全凭借自己的体力进行生产。同时，由于个人生存能力的有限，个人必须依靠群体。在这种历史条件下，人们共同劳动，共享生产资料与劳动成果。同时，人们生产的目的是直接满足生存的需要。人的本质力量外化过程与成果的直接指向就是人自身的生存，即人的劳动过程与成果就是为了直接满足自身的需要。人的本质与劳动过程、劳动结果是统一的，即人直接为自己而劳动。在这一社会中，由于生产力水平的低下，物质的匮乏，人与人之间关系也是直接协作的关系，这种人与人之间关系的直接目标与终极目标就是维持自己与对方的生存。所以，无论是从个体与劳动而言，还是从群体与劳动而言，都是直接统一的。因此，原始公有制社会作为人类社会发展的第一阶段，人的本质力量虽然发挥的有限，但仍处于未发生异化阶段。

私有制社会是人的本质异化阶段。随着人类生产水平的提升，剩余产品的出现，原始公有制社会逐渐解体，人类社会进入私有制发展阶段；同时，也进入人的本质发生异化阶段。在马克思看来，资本主义私有制是人类社会发展最后一个私有制形式，也是私有制发展的最高形态，人的本质的异化在资本主义阶段也最为典型。劳动过程与劳动成果本身应该是对人的本质力量的一种确证，但是，在私有制条件下，却产生了完全相反的效果。劳动本身发生了异化，工人的劳动成为异化劳动。马克思指出这种异化劳动具体包含四个方面：首先，劳动的工人同自己的劳动产品形成一种异化关系。本来，作为劳动成果的产品是对人的本质的一种确证。但是在私有制条件下，作为劳动主体的工人生产的越多，自己得到的越少。即工人创造的商品越多，他就越变成廉价的商品。物的世界的增值同人的世界的贬值成正比。这一事实无非是表明：劳动所生产的对象，即劳动的产品，作为一种异己的存在物，作为不依赖于生产者的力量，同劳动相对立。因此，马克思指出，这种劳动导致工人与自己劳动成果的关系发生了异化，即工人在劳动中耗费的力量越多，他亲手创造出来反对自身的、异己的对象世界的力量就越强大，他自身、他的内部世界就越贫乏，归他所有的东西就越少。其次，工人同自己的劳动本身相异化。工人与产品的对立关系只是生产表现出来的结果，从本源上讲，这种异化存在于生产过程中，即工人同劳动本身相异化。马克思指出，首先，劳动对工人来说是外在的东西，也就是说，这不属于他的本质。因此，他在自己的劳动中不是肯定自己，而是否定自己，不是感到幸福，而是感到不幸，不是自由地发挥自己的体力和智力，而是使自己的肉体受折磨、精神遭摧残。他的劳动不是自愿的劳动，而是被迫的强制劳动。因此，这种劳动不是满足一种需要，而是满足劳动以外的那些需要的一种手段。劳动的异己性完全表现在：只要肉体的强制或其它强制一停止，人们就会像逃避瘟疫那样逃避劳动。外在的劳动，人在其中使自己外化的劳动，是一种自我牺牲、自我折磨的劳动。最后，对工人来说，劳动的外在性表现在：这种劳动不是他自己的，而是别人的；劳动不属于他。他在劳动中也不属于他自己，而是属于别人。因此，人同劳动本身的关系发生了异化。再次，人同人的类本质发生异化。在马克思看来，人是类的存在物，把自己的生活作为自己的对象，自由而有意识的活动是人类特性。人在改造对象世界的过程中，证明自己是类存在物。但是异化劳动从人那里夺去了他的生产的对象，也就从人那里夺去了他的类生活，即他的现实的类对象性，把人对动物所具有的优点变成缺点。因为从人那里夺走了他的无机的身体即自然界，所以，异化劳动把自主活动、自由活动贬低为手段，也就把人类生活变成维持人的肉体生存的手段。因此，人具有的关于自己的类意识，由于异化而改变，以致类生活对他来说竟成了手段。这一结果导致人的类本质变成异己的本质，变成维持个人生存的手段。从而，人同自己的身体、同身体之外的自然界，以及同自己内在精神本质相异化。最后，人同自己劳动产品、自己的生命活动与类本质相异化，直接导致人同人相异化。这种人同自身、同他人相异化的关系不断被生产出来，典型表现为工人同资本家的关系。马克思指出这种异化劳动及由此而来的异化关系必须加以扬弃，人类才能够获得真正的解放。并指出：自我异化的扬弃同自我异化走的是一条道路。即人类通过扬弃异化，走向共产主义。

共产主义社会是扬弃异化的社会发展阶段。根据辩证法精神，人类社会也是一个否定之否定的过程。在经历人的本质异化阶段之后，社会将发展到人重新占有自己本质的阶段，即共产主义阶段，而这条道路是通过扬弃私有制实现的。私有制社会是对原始公有制社会的否定，而共产主义则是对私有制的再次否定，共产主义是作为否定之否定的肯定，因此，它是人的解放和复原的一个现实的、对下一段历史发展来说是必然的环节。共产主义是最近将来的、必然的形式和有效的原则。在这一社会阶段，通过对私有制的扬弃，一切对象对他来说也就成为他自身的对象化，成为确证和实现他的个性的对象，成为他的对象，这就是说，对象成为他自身。人将重新向自身复归，重新全面占有自己的本质，对私有财产的积极的扬弃。也就是说，为了人并且通过人对人的本质和人的生命、对象性的人和人的作品的感性的占有，不应当仅仅被理解为直接的、片面的享受，不应当仅仅被理解为占有、拥有。人以一种全面的方式，就是说，作为一个总体的人，占有自己的全面的本质。正如马克思总结指出：共产主义是私有财产即人的自我异化的积极扬弃，因而是通过人并且为了人而对人的本质的真正占有；因此，它是向人自身，向社会的即合乎人性的人的复归，这种复归是完全的，自觉的和以往发展的全部财富的范围内生成的。这种共产主义，作为完成了的自然主义和人道主义，它是人和自然界之间、人与人之间的矛盾的真正解决，是存在和本质、对象化和自我确证、自由和必然、个体和类之间的斗争的真正解决。它是历史之谜的解答，而且知道自己就是这种解答。

因此，马克思充分运用辩证法，从异化角度指出了人类社会发展的否定之否定的路径。人类社会是从非异化的原始公有制社会发展到异化的私有制社会，再发展到扬弃异化的共产主义公有制社会，即人类社会沿着一条由低级到高级路径而逐步演进。这一思想也成为马克思的三大社会形态的最初萌芽。

二、人类社会沿着个人的自由程度不断提升的道路前进

生产关系是人们在生产过程中形成的一定的关系。由于生产本身不仅表现为各种各样的具体劳动，同时又表现为社会劳动，因此，便形成二重性的生产关系。一种是以生产资料占有、产品支配及人与生产资料之间关系为主要内容的关系。另一种是在全社会范围内个体劳动与社会劳动之间的关系。随着生产力的不断发展，第一层面的生产关系不断演进，在历史上主要表现为以生产资料所有制为主要内容的经济的社会形态的不断变更。而从个体劳动与社会劳动关系层面的生产关系来看，这一生产关系主要涉及的是人与社会的关系，也表现为一个逐步演进的过程。在马克思的视野中，这一过程也是一个从人的依赖关系到物的依赖关系，再到个人自由而全面发展的进程。马克思指出，人的依赖关系，是最初的社会形式，在这种形式下，人的生产能力只是在狭小的范围内和孤立的地点上发展着。以物的依赖性为基础的人的独立性，是第二大形式，在这种形势下，才形成普遍的社会物质变换、全面的关系、多方面的需要以及全面的能力的体系。建立在个人全面发展和他们共同的、社会的生产能力成为从属于他们的社会财富这一基础上的自由个性，是第三阶段。第二个阶段为第三个阶段创造条件。马克思从人依赖性发展的角度，将人类社会发展之路视为一个社会关系逐步演进的历史进程。

（一）以人的依赖关系为基础的社会发展阶段

在该社会阶段，自然经济是其主要经济形式。整个社会以农业生产为基础，生产力水平低下，社会分工不发达，人们的生产以直接获取使用价值为主要目的。在这种生产基础上，人们在生产生活中采取人与人直接相联系的方式，个体的人直接从属于他人或社会组织，人与人之间是一种直接的关系。每个人都是一种独特的存在，个人以某种社会身份的规定性进行相互交往。同时，这种自然经济基础上的社会，在空间上是一种孤立的存在，交往只是偶然的、处于从属地位的，全人类的普遍联系没有建立起来，人类历史还没有进入普遍交往的历史。

马克思对资本主义之前这种生产方式基础上的社会阶段进行了阐释。马克思分别对资本主义之前的亚细亚的所有制形式、古代的所有制形式、日耳曼的所有制形式进行了详细的比较分析，指出他们之间有部分的差别：古典古代的历史是城市的历史，不过这是以土地所有制和农业为基础的城市；

亚细亚的历史是城市和乡村的一种无差别的统一；中世纪是从乡村这个历史的舞台出发的，然后，它的进一步发展是在城市和乡村的对立中进行的。但是，这些资本主义之前的生产形式具有共同的特征：在所有这些形式中，土地财产和农业构成经济制度的基础，因而经济的目的是生产使用价值，是在个人对公社的一定关系中把个人再生产出来——在这种生产方式下，对自然条件的占有是劳动的前提。同时每个人必须作为共同体的成员之一，个人必须成为某一公社的成员作为前提，才能够占有生产资料进行生产。正如马克思指出，在所有这些形式中，发展的基础都是单个人被公社作为前提的关系——或多或少是自然地或历史地形成的但已变成传统的关系的再生产，以及他对劳动条件和对劳动同伴、对同部落人等等的关系上的一定的，对他来说是前定的、客观的存在。因此，在这里，无论个人还是社会，都不能想象会有自由而充分的发展，因为这样的发展是同原始关系相矛盾的。马克思对这种人身依附关系的社会阶段作了进一步阐释，指出在资本主义以前的社会发展阶段，这些古老的社会生产有机体比资产阶级社会生产有机体简单明了得多，但它们或者以个人尚未成熟，尚未脱掉同其他人的自然血缘联系的脐带为基础，或者以直接的统治和服从的关系为基础。它们存在的条件是：劳动生产力处于低级发展阶段，与此相应，人们在物质生活生产过程内部的关系，即他们彼此之间以及他们同自然之间的关系是很狭隘的。物质生产的社会关系以及建立在这种生产的基础上的生活领域，都是以人身依附为特征的。但是正因为人身依附关系构成该社会的基础，劳动和产品也就用不着采取与它们的实际存在不同的虚幻形式。它们作为劳役和实物贡献而进入社会机构之中。在这里，劳动的自然形式，劳动的特殊性是劳动的直接社会形式，而不是像在商品生产基础上那样，劳动的一般性是劳动的直接社会形式。所以，无论自我怎样判断中世纪人们在相互关系中所扮演的角色，人们在劳动中的社会关系始终表现为他们本身之间的个人的关系，而没有披上物之间即劳动产品之间的社会关系的外衣。

进而，马克思指出这种共同体以主体与其生产条件有着一定的客观统一为前提的，或者说，主体的一定的存在以作为生产条件的共同体本身为前提的所有形式，必然地只和有限的而且是原则上有限的生产力的发展相适应。生产力的发展使这些形式解体，而它们的解体本身又是人类生产力的发展。也就是说，随着生产本身的发展以及人口的增长，这种共同体连同作为其基础的所有制关系便逐渐会走向瓦解。

（二）以物的依赖关系为基础的社会发展阶段

以物的依赖关系占主导地位的商品经济社会则是人类社会发展所经历的第二阶段，其社会制度的典型代表是资本主义社会。在该社会阶段，生产力获得了空前的发展，社会财富从以农业生产为主转变为以工业生产创造为主，社会分工也获得了前所未有的发展。生产的直接目的不再是使用价值，而是交换价值，前者只是作为后者的手段。在资本主义商品时代，人与人之间的关系不再取决于社会组织中身份和地位的规定，而是取决于个人劳动能力对他人与社会作出的贡献。人们在社会中的相互关系表现为劳动产品之间的交换关系，表现为商品关系。劳动的社会性质和个人对社会整体的依赖，表现为人们对劳动产品的共同代表即货币的依赖，从而形成以货币权力为纽带的社会体系。同时，随着生产力的发展，社会交往走向世界范围，世界各个地区在商品贸易关系中逐渐相互联系起来，世界性生产与世界性交往发展起来，人类历史进入世界历史时代。

马克思指出，在以商品经济为主导的资产阶级社会中，一切产品和活动转化为交换价值，既要以生产中人的一切固定的依赖关系的解体为前提，又要以生产者互相间的全面的依赖为前提。每个个人的生产，依赖于其他一切人的生产；同样，他的产品转化为他本人的生活资料，也要依赖于其他一切人的消费。这种互相依赖，表现在不断交换的必要性上和作为全面中介的交换价值上。先前人与人之间的那种以身份相联系的关系全面瓦解，他们的劳动要转化为社会劳动，就必须通过将自己的劳动产品转化为交换价值顺利交换出去，实现个人的劳动向社会劳动转化。从而，以此为基础形成相互依赖的社会关系，即毫不相干的个人之间的互相的和全面的依赖，构成他们的社会联系。这种社会联系表现在交换价值上，因为对每个个人来说，只有通过交换价值，他自己的活动或产品才成为他的活动或产品。他必须生产一般产品交换价值，或本身孤立化的、个体化的交换价值，即货币。另一方面，每个个人行使支配别人的活动或支配社会财富的权力，就在于他是交换价值的或货币的所有者。他在衣袋里装着自己的社会权力和自己同社会的联系。每个人必须通过交换价值才能实现自己劳动的社会性，从而使得人的活动社会性异化成一种外在于人的对象而与个人对立起来。单个人而言，其活动的社会性质，正如产品的社会形式和个人对生产的参与，在这里表现为对于个人是异己的东西，物的东西；不是表现为个人的相互关系，而是表现为他们从属于这样一些关系，这些关系是不以个人为转移而存在的，并且是由毫不相干的个人互相的利害冲突而产生的。活动和产品的普遍交换已成为每一单个人的生存条件，这种普遍交换，他们的相互关系，表现为对他们本身来说是异己的、独立的东西，表现为一种物。在交换价值上，人的社会关系表现为物的社会关系；人的能力转化为物的能力。因此，虽然比起在自然经济发展阶段，在商品经济社会中人的独立性有所增强，但是依然没有摆脱依赖关系。只不过在自然经济阶段，人受限制的表现是直接人对人的、具体的；而在资本主义商品经济阶段，人的受限制表现为物的限制，是抽象的。正如马克思指出，在前一场合表现为人的限制即个人受他人限制的那种规定性，在后一场合则在发达的形态上表现为物的限制即个人受不以他为转移并独立存在的关系的限制。这些外部关系并未排除依赖关系，它们只是使这些关系变成普遍的形式。不如说它们为人的依赖关系形成普遍的基础。个人在这里也只是作为一定的个人互相发生关系。这种与人的依赖关系相对立的物的依赖关系也表现出这样的情形：个人现在受抽象统治，而他们以前是互相依赖的。但是抽象或观念，无非是那些统治个人的物质关系的理论表现。

马克思对这一社会发展阶段的社会关系作了进一步总结，指出在资产阶级社会中，正是由于商品这一存在物将人的劳动社会性表现为物性，将个人劳动与社会劳动直接的关系表现为物与物之间的关系。即商品形式在人们面前把人们本身劳动的社会性质反映成劳动产品本身的物的性质，反映成这些物的天然的社会属性，从而把生产者同总劳动的社会关系反映成存在于生产者之外的物与物之间的社会关系。商品形式和它借以得到表现的劳动产品的价值关系，是同劳动产品的物理性质以及由此产生的物的关系完全无关的。这只是人们自己的一定的社会关系，但它在人们面前采取了物与物的关系的虚幻形式。因此，在生产者面前，他们的私人劳动的社会关系就表现为现在这个样子，也就是说，不是表现为人们在自己劳动中的直接的社会关系，而是表现为人们之间的物的关系和物之间的社会关系。因此，马克思指出：正是商品世界的这个完成的形式——货币形式，用物的形式掩盖了私人劳动的社会性质以及私人劳动者的社会关系，而不是把他们揭示出来。

（三）以人的自由个性全面发展为基础的社会发展阶段

在该阶段占主导地位的产品经济，其社会制度是共产主义。在未来的共产主义社会，生产力高度发达，全体的人共同占有生产资料，劳动成果实现按需分配。商品经济不复存在，人们摆脱了物的依赖关系，整个生产处于人的有意识的控制之下。生产的目的不再是获得交换价值，个人劳动直接是社会劳动。

在资本主义发达的商品经济的基础上，随着历史的发展，人们逐渐扬弃了商品经济形式，否定了交换价值生产基础上的人与社会之间关系，逐步转向人全面而自由的发展。正如马克思指出，全面发展的个人——他们的社会关系作为他们自己的共同的关系，也是服从于他们自己的共同的控制的——不是自然的产物，而是历史产物。要使这种个性成为可能，能力的发展就要达到一定的程度和全面性，这正是以建立在交换价值基础上的生产为前提的，这种生产才在产生出个人同自己和同别人相异化的普遍性的同时，也产生出个人关系和个人能力的普遍性和全面性。只有当社会生活过程即物质生产过程的形态，作为自由联合的人的产物，处于人的有意识有计划的控制之下的时候，它才会把自己的神秘的纱幕揭掉。但是，这需要有一定的社会物质基础或一系列物质生存条件，而这些条件本身又是长期的、痛苦的发展史的自然产物。

在共产主义时代，生产的目的是共同的需要和共同的目的。社会共同占有生产资料是共产主义阶段的生产的基础，并在巨大的生产力基础上克服物质短缺、实现按需分配。这种全面的社会性生产在本质上不同于自然经济与商品经济阶段的人类生产。马克思指出，在全社会占有生产资料前提下：生产的共同性一开始就使产品成为共同的、一般的产品。最初在生产中发生的交换——这不是交换价值的交换，而是由共同需要，共同目的所决定的活动的交换，一开始就意味着单个人参与共同的产品界。在交换价值的基础上，劳动只有通过交换才能被设定为一般劳动。而在共同生产的基础上，劳动在交换以前就会被设定为一般劳动；也就是说，产品的交换绝不是促使单个人参与一般生产的中介。

在共产主义时代，个人劳动与社会劳动之间的对立将会消失，个人劳动直接表现为社会劳动，不必再通过交换价值进行。生产的社会性是前提，并且参与产品界，参与消费，并不是以互相独立的劳动或劳动产品之间的交换为中介。它是以个人在其中活动的社会生产条件为中介的。共同生产，作为生产的基础的共同性是前提。单个人的劳动一开始就被设定为社会劳动。因此，不管他所创造的或协助创造的产品的特殊物质的形态如何，他用自己的劳动所购买的不是一定的特殊产品，而是共同生产中的一定份额。因此，他也不需要去交换特殊产品。他的产品不是交换价值。这种产品无须先变成一种特殊形式，才对单个人具有一般性质。在这里，不存在交换价值的交换中必然产生的分工，而是某种以单个人参与共同消费为结果的劳动组织。在未来共产主义时代，他们用公共的生产资料进行劳动，并且自觉地把他们许多个人劳动力当作一个社会劳动力来使用。个人劳动与社会劳动实现了内在统一，个人劳动否定了以身份和交换价值为中介转化为社会劳动的过程，人与社会之间的对立被扬弃了，从而真正实现了全面的发展，摆脱了依赖关系而获得了完整的独立性。

三、人类社会沿着低级到高级的经济的社会形态演进之路而前进

将人类社会视为一个从低级到高级不断发展的进程，也表现在马克思对经济的社会形态演进的相关论述之中。

在唯物史观确立过程中，马克思就着手从分工和所有制方面对资本主义之前的社会演进过程中进行了相应的阐释。

马克思从生产力、分工和交往的关系出发，用分工发展的程度，来考察资本主义之前的所有制发展形式，从而初步阐发了这一思想：在生产力的推动下，随着分工的发展，人类社会所有制形式实现着由低级到高级的发展。马克思指出：一个民族的生产力发展的水平，最明显地表现于该民族分工的发展程度。任何新的生产力，只要他不是迄今已知的生产力单纯的量的扩大，都会引起分工的进一步发展。分工发展的各个不同阶段，同时也就是所有制的各种不同形式。继而，马克思分析了由分工而来的三种不同所有制形式的更替。第一种所有制形式是部落所有制。它与生产的不发达阶段相适应，当时人们靠狩猎、捕鱼、畜牧，或者最多靠耕作为生，在部落所有制阶段，分工也只是限于家庭中的自然形成的分工。第二种所有制形式则是古典古代的公社所有制和国家所有制。这一阶段，分工已经比较发达，城乡对立已经

显现。这种所有制中私有制虽然不占主体，但是已经部分发展起来了。但是随着私有制的发展出现了财产集中以及平民向无产阶级转化的趋势。随之而来的第三种所有制形式是封建的或等级的所有制。这同样是以一种共同体为基础的所有制形式，但是进行直接生产的是小农奴。在这种所有制形式中，小规模粗陋的土地耕作与手工业式的工业并存，分工依然不甚发达。虽然马克思并没有完整阐释人类整体发展进程，而只是分析了资本主义之前的几种所有制形式的演进，但他立足于生产力发展，从分工与所有制关系角度来考察人类社会发展进程的思想已经确立。

在唯物史观确立之后，马克思充分运用生产力与生产关系、经济基础与上层建筑的辩证关系原理来阐释人类社会发展道路。在其唯物史观视野中，人类社会发展之路表现为一个随着生产力不断提升，生产关系不断演进，社会制度不断更替，从而由低级社会形态到高级社会形态不断发展的进程。

马克思对唯物史观的核心思想进行了经典的表述：人们在自己生活的社会生产中发生一定的、必然的、不以他们的意志为转移的关系，即同他们的物质生产力的一定发展阶段相适合的生产关系。这些生产关系的总和构成社会的经济结构，即有法律的和政治的上层建筑竖立其上并有一定的社会意识形式与之相适应的现实基础。物质生活的生产方式制约着整个社会生活、政治生活和精神生活的过程。不是人们的意识决定人们的存在，相反，是人们的社会存在决定人们的意识。社会的物质生产力发展到一定阶段，便同它们一直在其中运动现存生产关系或财产关系发生矛盾，于是这些关系便由生产力的发展形式变成生产力的桎梏，那时社会革命的时代就到来了。随着经济基础的变更，全部庞大的上层建筑也或慢或快地发生变革。无论哪一个社会形态，在它所能容纳的全部生产力发挥出来以前，是决不会灭亡的；而新的更高的生产关系，在它的物质存在条件在旧社会的胎胞里成熟以前，是绝不会出现的。

在阐释完其唯物主义史观之后，马克思从经济的社会形态演进角度对人类社会发展之路进行了简洁的表述，大体来说，亚细亚的、古希腊罗马的、封建的和现代资产阶级的生产方式可以看作经济的社会形态演进的几个时代。资产阶级的生产关系是社会生产过程的最后一个对抗形式，这里所说的对抗，不是指个人的对抗，而是从个人的社会生活条件中生产出来的对抗；

但是，在资产阶级社会胎胞里发展的生产力，同时又创造着解决这种对抗的物质条件，因此，人类社会的史前时期就以这种社会形态而告终。因此，在马克思的视野中，人类社会的整个发展进程可以视为从史前时期到真正的历史时期两个大的阶段，而人类目前的发展仍然处于史前时期。通过运用唯物史观的原理对人类社会发展之路进行剖析，马克思指出在史前时期，人类社会发展之路表现为经济的社会形态的演变之路，即人类社会沿着亚细亚社会、古希腊罗马社会、封建社会、资产阶级社会等社会形态由低级到高级而不断发展，最后在资本主义完结之后进入非经济的社会形态共产主义社会。

第二节 人类社会发展道路受客观规律的支配

一、人类社会发展规律寓于人类历史实践中

马克思继承了这样的思想：人类社会是一个不断变化的过程，具有一定的规律性。并批判了唯心主义哲学家用臆想的联系来代替社会活动本身的联系，用外在的规律性代替社会运动本身内在的规律性。而坚持人类社会过程的规律性内在于社会历史中，并不是在人类社会之外预存于某个地方。因此，马克思坚持要揭示人类社会运动的一般规律就不能在人类社会历史之外，而应该在人类社会历史之中。

马克思批判了从历史过程之外来寻求支配历史规律的行为。在肯定先前的哲学家坚持历史发展具有规律性的同时，马克思也批判了他们在历史过程之外来寻求支配人类历史规律的行为。

马克思认为历史规律内在于人类社会历史中。社会历史在本质上是实践的，人类历史归根到底是人类实践活动创造的历史，同时，人类历史的发展又是一个有着规律性的过程。因此，马克思坚持不能在历史之外去寻找历史发展的动力和原因，支配人类历史进程的规律也就不在人类社会历史之外，而就内在于人类历史之中。马克思坚持要从人类社会过程本身、按照历史的本来的面目说明历史过程中那些现实的联系。因此，马克思坚持从历史内在的因素相互之间辩证关系出发，批判这样的行为：无穷尽地去寻求历史最原始的原因，或者用主观臆造的联系来说明人类历史的发展。

马克思坚持历史规律寓于人的实践活动中。历史规律不在人类社会过

程之外，而在人类历史进程中。而构成社会历史的正是现实的人与人类的实践活动，根本上而言，人类实践活动是历史规律之所以有的根源，在没有人类活动之前，谈不上存在什么性质和类型的历史规律。历史规律是伴随着人类产生而来的，它不是在历史过程之外存在于某个角落，当然也不先于历史过程之前存在某个地方。因此，历史规律只能存在于人类的实践活动中，历史规律只能到人类实践活动中去寻找。马克思正是从人类实践活动出发来探索支配社会进程的一般规律。从某种意义上讲，历史规律是生成在人类实践活动之中的，是人类社会实践活动本身固有的规律。

二、人类社会发展之路的否定之否定规律

在早期的马克思看来，人类社会的发展遵循着从肯定到否定再到否定之否定的路径。具体而言，从人的未异化阶段到异化阶段、再到扬弃异化阶段，从原始公有制到私有制、再到扬弃私有制阶段，人类社会的发展遵循着否定之否定的规律。

在哲学史上，第一次明确地把否定之否定思想引进思维领域的是康德，他认为每类的范畴都是三个，而且每一类的第三个范畴又都是由第二个范畴与第一个范畴联结而生。透过康德的范畴表可以看出，康德把否定之否定作为构成先验范畴结构的形式，已经具有了从肯定到否定再到否定之否定的思想。黑格尔高度评价了康德的这一思想，认为伟大的（辩证法）概念的本能使得康德说：第一个范畴是肯定的，第二个范畴是第一个范畴的否定，第三个范畴是前两者的综合。三一的形式，在这里虽只是公式，在自身内却潜在着绝对形式、概念。在黑格尔那里，否定之否定是在正题—反题—合题的三段式中展开的。在正题中，矛盾处于同一状态，其对立是潜在的；在反题中，矛盾的对立得到了展开，这是对正题的否定；在合题中，矛盾的对立得到解决，合题是对反题的否定，因而是否定的否定。之所以如此，是因为在肯定的自身中就具有否定性，所以它可以超越自身之外，并引起自己的变化。同时否定的东西也同样是肯定的；或说，自相矛盾的东西并不消解为零，消解为抽象的无，而是基本上消解为它的特殊内容的否定；或说，这样一个否定并非全盘否定，而是自行消解的被规定的事情的否定，因而是规定了的否定。所谓“规定了的否定”，是指否定本身有着肯定的意义。换言之，否定的结果不是虚无，而是产生新的规定。因此，否定包含肯定，在一定意义上，否

定就是肯定。黑格尔把否定之否定过程描述为矛盾从潜在到展开再到解决的过程，在唯心主义基础上揭示了否定之否定规律的实质内容。

马克思批判地继承了黑格尔的辩证法思想，并对辩证法的本质予以自己的阐释。马克思指出：辩证法在对现存事物的肯定的理解中同时包含对现存事物的否定的理解，即对现存事物的必然灭亡的理解；辩证法对每一种既成的形式都是从不断的运动中，因而也是从它的暂时性方面去理解；辩证法不崇拜任何东西，按其本质来说，它是批判的和革命的。但是，与黑格尔不同，马克思辩证法是建立在自己的唯物主义基础之上的。马克思把实践理解为人的存在方式，并把物质实践理解为人与自然、人与社会关系的基础，从而赋予否定性的辩证法一个现实的基础，进而用这种否定辩证法来剖析人类社会发展的历程。否定之否定规律表明，事物的发展都是经历三个环节、两度否定实现的：三个环节是指，事物发展过程必然要经历矛盾的开始、展开、解决这样三个阶段；两度否定是指，矛盾的展开对开始的否定，以及矛盾的解决对展开的再否定。在马克思看来，人类社会正是受否定之否定规律的支配，沿着肯定—否定—否定之否定的道路而前进。这一思想充分体现在他对人的异化发展过程与所有制形态的演变的阐释中。

（一）人类社会的发展表现为一个人类本质力量的否定之否定过程

社会历史在本质上是实践的，人类社会发展的历史就是人类实践活动发展的历史。因为人的本质力量正是通过实践活动而得以展现与确证，因此，人类社会发展的历程也是人类本质力量发展的进程。在实践活动中，人类通过一定中介改造客观的对象，使得原本自在的客观对象打上主体的烙印，并按照人所追求的方向改变，变成为我存在之物。一方面，人类正是不断通过改造客观的对象，来满足自己的主体需求，并在改造对象的过程中提升自己的能力；另一方面，人类改造对象的过程也是确证自身本质力量的过程，工具的水平以及改造对象的范围彰显着人类本质力量的大小。因此，人类实践活动是对自身本质力量的一种发展与确证，是对自身的一种肯定。

在原始社会，人们直接占有生产资料，与生产对象直接结合，同时将通过劳动实践获得的劳动成果直接消费，满足自己的需要。因此，不论是劳动本身，还是劳动成果以及劳动目的都是直接为劳动主体的人而存在的。作为实践的劳动本身并没有发生异化，人类本质力量是直接与实践主体统一的。随着人类实践水平的提升，生产工具逐渐发达，人类实践活动的对象逐渐丰富，实践的范围逐渐扩大，人类生产力水平不断提升。这种提升在原本意义上是人类本质力量的提升，是对人类自身能力更高水平的确证。但是，随着进入私有制社会，尤其发展到资本主义私有制阶段，劳动的直接目的不再是劳动主体的工人，劳动成果不再归属于作为劳动主体的工人，劳动过程本身也不属于作为劳动主体的工人，这种作为人类本质力量确证的劳动本身与劳动主体产生了对立，成为一种在劳动主体之外的异己的力量，即劳动发生了异化。正如马克思指出，关键不在于物化，而在于异化、外化、外在化，在于巨大的物的权力不归工人所有，而归人格化的生产条件即资本所有，这种物的权力把社会劳动本身当作自身的一个要素而置于同自己相对立的地位。在这一阶段，劳动主体用劳动对自身进行了一种否定，正如马克思指出的那样，工人生产的价值越多，他自身越贬值。人类本质力量以一种对立的、外在的、异化的方式发展着自身。正如马克思指出，只要人们还处在自然形成的社会中，就是说，只要特殊利益和共同利益之间还有分裂，也就是说，只要分工还不是出于自愿，而是自然形成的，那么，人本身的活动对人来说就成为一种异己的、同他对立的力量，这种力量压迫着人，而不是人驾驭着这种力量。随着生产力水平的进一步发展，即人类实践活动水平的进一步提升，也是人类本质力量的进一步发展，异化劳动必然再一次被自身否定。

马克思指出，在资本主义社会形成了全面的“以物的依赖性为基础的人的独立性”，从而在这种形态下，才形成普遍的社会物质变换，全面的关系，多方面的需求以及全面的能力的体系为每个人的自由发展创造和建立了前提条件。即资本主义社会把异化推向极端的同时，带来了生产力的巨大发展与普遍的社会交往关系，为扬弃异化准备了基础与条件。对资本主义私有制的否定就是在资本主义时代成就的基础上、在生产资料的共同占有的基础上，建立真正的人类共同体，即共产主义共同体。在这一真正的共同体中，人类劳动与劳动主体本身在新的层面上再次直接结合起来，如此，劳动所代表的人类本质力量再次回归劳动主体自身，成为一种对自身能力的确证。正如马克思指出，共产主义是私有财产即人的自我异化的积极的扬弃，因而是通过人并且为了人而对人的本质的真正占有；因此，它是人向自身、向社会的即合乎人性的人的复归，这种复归是完全的，自觉的和在以往发展的全部财富的范围内生成的。—是人和自然界之间、人和人之间的矛盾的真正解决，是存在和本质、对象化和自我确证、自由和必然、个体和类之间的斗争的真正解决。无疑，这是一种否定之否定的过程。

因此，自我可以看到，人类社会发展经历这样的一个过程：劳动主体通过劳动直接确证自身的本质力量，到异化劳动对直接确证自身本质力量的否定，再到扬弃异化劳动、在新的阶段再次实现劳动与劳动主体直接结合确证自身本质力量的过程。这是一个人类本质力量的肯定—否定—否定之否定的过程，即劳动为我而存在—不为我而存在—新的阶段再次为我而存在的阶段。

（二）人类社会的发展之路表现为一个生产资料所有制形式的否定之否定的过程

在生产资料所有制形式的演进方面，人类社会发展表现为一个从原始公有制到否定公有制的私有制再到扬弃私有制的共产主义公有制的过程。在人类社会早期，原始公有制是人类社会第一种生产资料所有制形式，也是人类社会第一种生产资料公有制形式。马克思指出，历史却表明，共同财产是原始形式。这种形式还以公社财产形式长期起着显著的作用。随着生产力的发展，剩余产品的出现，以及原始社会组织形式的解体，原始公有制逐渐遭到了否定，生产资料私有制逐渐建立起来。私有制产生于原始公有制内部，原始公有制的消解与私有制的建立是一个过程。在对原始公有制否定之后，建立起个体的私有制，随着生产力的发展，这种个体私有制被资本主义私有制所取代，成为私有制阶段的最高代表。即靠自己劳动挣得的私有制，即以各个独立劳动者与其劳动条件相结合为基础的私有制，被资本主义私有制，即以剥削他人的但形式上是自由的劳动为基础的私有制所排挤。随着生产力发展，这种资本主义私有制由于其内在矛盾性，必然走向对自身否定，即在更高的阶段上重新建立生产资料的公有制。恩格斯曾经简单描述过这一过程：一切文明民族都是从土地公有制开始的。在已经经历了某一原始阶段的一切民族那里，这种公有制在农业的发展进程中变成了生产的桎梏。它被废除，被否定，经过了或长或短的中间阶段之后转变为私有制。但是在土地私有制本身导致的较高的农业发展阶段上，私有制又反过来成为生产的桎梏——目前无论小地产或大地产方面的情况都是这样。因此就必须地产生出把私有制同样地加以否定并把它重新变为公有制的要求。但是，这一要求并不是要恢复原始的公有制，而是要建立高级得多、发达得多的共同占有形式。而从所有制实现形式而言，人类社会则经历一个从劳动者与劳动条件相统一——劳动者与劳动条件相分离—劳动者与劳动条件再次统一的否定之否定过程。马克思曾经指出：劳动者和劳动条件之间原有的统一有两种主要形式：亚洲村社（原始共产主义）和这种或那种类型的小家庭农业（与此相结合的是家庭工业）。这两种形式都是幼稚的形式，都同样不适合于把劳动发展为社会劳动，不适合于提高社会劳动的生产力。因此，劳动和所有权（后者应理解为对于生产条件的所有权）之间的分离、破裂和对立就成为必要的了。这种破裂的最极端的形式（在这种形式下社会劳动的生产力同时会得到最有力的发展）就是资本的形式。原有的统一的恢复，只有在资本创造的物质基础上，并且只有通过工人阶级和整个社会在这个创造过程中经历的革命，才有可能实现。

因此，人类社会从生产资料公有制形式（原始公有制），到后来出现各种生产资料私有制形式，最后到高级形态的生产资料公有制形式（共产主义公有制），人类社会的所有制形式经历一个“公有—私有—公有”的辩证的否定过程；从生产资料所有制实现形式而言，则经历一个劳动者与劳动资料统一、劳动者与劳动资料分离、再到劳动者与劳动资料在新的层面的统一的辩证否定过程。因此，从生产资料所有制形式发展的过程而言，人类社会发展之路遵循着否定之否定规律。

三、人类社会发展之路的生产力与生产关系、经济基础与上层建筑辩证运动规律

在批判黑格尔哲学之后，马克思转向政治经济学的研究，从现实的社会物质生产关系出发，来剖析人类社会的发展之路，揭示人类社会发展的内在规律。并初步阐释了生产力、生产关系，经济基础与上层建筑辩证运动的社会基本矛盾规律。

（一）“市民社会决定国家”思想的提出

在黑格尔视野中，市民社会和家庭都是国家的理念领域，从属于国家。因此，是国家决定了市民社会，而不是市民社会决定国家。现实的物质利益问题使马克思认识到黑格尔理论的缺陷，并在吸纳费尔巴哈思想的基础上，

对黑格尔哲学进行了相应的批判。从历史与现实出发，马克思指出家庭和市民社会才是国家前提与现实基础，是前者决定了后者，而不是相反。正如马克思指出，家庭和市民社会是国家的前提，它们才是真正的活动者；而思辨的思维却把这一切头足倒置。正是通过对黑格尔哲学的批判，马克思开始走出抽象的唯心主义历史观，开始从现实的物质关系出发，探讨人类社会的发展之路。

（二）在现实的物质生产中考察人类社会发展的历史

马克思从劳动的异化出发，对资本主义社会进行了剖析，提出了人类生产劳动是人类整个社会与全部历史的基础，即整个所谓世界历史不外是人通过人的劳动而诞生的过程，从而初步确定了从人类劳动发展的历史寻求人类社会发展奥秘的路径。马克思用直接的物质生产劳动来说明上层建筑领域的产生与发展，指出家庭、国家、法、道德、科学、艺术，等等，都不过是生产的一些特殊的方式，并且受生产的普遍规律的支配。

这就初步指出了物质生产在整个社会生活中决定性地位的思想。马克思批判了德国哲学家们的错误观念，即他们把历史同自然科学和工业分开，认为历史的诞生地不是地上的粗糙的物质生产，而是在天上的迷蒙的云兴雾聚之处。逐渐从抽象的人向现实的人的概念的转变，明确了应该在物质生产中来考察人类社会发展的思想。马克思确证了历史与人的正确的关系，人是社会的主体，人类社会是现实人的社会，即历史不过是追求着自己目的的人的活动而已。如此，从人本身与物质生产出发来剖析人类社会发展，马克思为揭示人类社会发展规律开辟了自己的道路。

（三）生产力与生产关系辩证运动规律的基本阐释

马克思从物质生产出发揭示人类社会发展规律的思路，即从直接生活的物质生产出发阐述现实的生产过程，把同这种生产方式相联系的、它所产生的交往形式即各个不同阶段上的市民社会理解为整个历史的基础，从市民社会作为国家的活动描述市民社会，同时从市民社会出发阐明意识的所有各种不同的理论产物和形式，如哲学、道德，等等，而且追溯它们产生的过程。马克思从现实的个人出发，揭示了生产力与生产关系、经济基础与上层建筑的矛盾规律。

生产力决定生产关系的辩证运动。在马克思视野中，现实的个人及其实践活动是研究人类社会的起点，现实的个人就是在一定的自然前提与社会环境中进行生产生活的有生命的个人。这些现实中进行生产生活的个人，他们受自己的生产力和与之相适应的交往的一定发展——直到交往的最遥远的形态所制约。而生产力与生产关系——这二者是社会的个人发展的不同方面。马克思指出人类社会的物质生产表现为双重关系：一方面是人与自然的关系，即一定水平的社会生产力；另一方面则是人与人之间的关系，即社会关系或生产关系。生产力与生产关系构成一定社会发展阶段的生产方式。马克思从生产方式这两个方面出发具体阐释了人类社会发展的客观规律。一方面，生产力决定生产关系。历史上不同的所有制形式都是由生产力发展的不同水平所决定的。正如马克指出，私有财产是生产力发展一定阶段上必然的交往形式，这种交往形式在私有财产成为新出现的生产力的桎梏以前是不会消灭的，并且是直接的物质生活的生产必不可少的条件。另一方面，生产关系对生产力具有反作用，当一定的生产关系适合生产力发展时，它能够促进一定生产力的发展，当一定生产关系不再适应生产力发展时，则会阻碍生产力的进一步发展。由于生产力是一个不断发展的因素，因此，在生产力不断发展基础上，生产关系就会不断产生更替，即旧的生产关系不断为新的生产关系所取代，这就是生产关系适应生产力发展规律，正如马克思指出，交往形式的联系就在于：已成为桎梏的旧的交往形式被适应于比较发达的生产力，因而也适应于更进步的个人自主活动类型的新的交往形式所代替；新的交往形式又会变成桎梏并为别的交往形式所代替。

经济基础与上层建筑的辩证运动。现实的个人的实践活动，不仅改变着自己的社会存在和经济基础，而且也改变着自己的社会意识和上层建筑。因为，人的活动除了物质的实践活动以外，还从事着政治、文化与思维的活动，这些活动是人们的物质生产和物质交往的产物。正如马克思指出，发展着自己的物质生产和物质交往的人们，在改变自己的这个现实的同时也改变着自己的思维和思维的产物。不是意识决定生活，而是生活决定意识。在马克思的语境中，市民社会与经济基础以及生产关系的总和是同含义的。马克思指出，在过去一切历史阶段上受生产力所制约、同时也制约生产力的交往形式，就是市民社会。这一名称始终标志着直接从生产和交往中发展起来的社会组织，这种社会组织在一切时代都构成国家的基础以及任何其他的观念的上层建筑的基础。

马克思把社会视为一个有机体，这一有机体正是在生产力与生产关系、经济基础与上层建筑辩证发展运动规律的基础上不断向前发展的，因此，人类社会的发展的基本规律可以简单归结为生产力决定生产关系、生产关系反作用于生产力，经济基础决定上层建筑、上层建筑反作用于经济基础的矛盾运动规律。正是生产力、生产关系（经济基础）与上层建筑的这种作用与反作用，推动着社会形态不断由低级到高级的演进，人类社会历史也就表现为一个受内在规律支配的自然历史过程。正如列宁指出，只有把社会关系归结为生产关系，把生产关系归结于生产力的水平，才能有可靠的根据把社会形态的发展看作自然历史过程。

（四）人类社会发展内在规律的经典总结

马克思运用更加确定的概念对人类社会发展受内在规律支配的思想进行了经典的总结：人们在自己生活的社会生产中发生一定的、必然的、不以他们的意志为转移的关系，即同他们的物质生产力的一定发展阶段相适应的生产关系。这些生产关系的总和构成社会的经济结构，即有法律的和政治的上层建筑竖立其上并有一定的社会意识形式与之相适应的现实基础。物质生活的生产方式制约着整个社会生活、政治生活和精神生活的过程。不是人们的意识决定人们的存在，相反，是人们的社会存在决定人们的意识。社会的物质生产力发展到一定阶段，便同它们一直在其中运动的现存生产关系或财产关系发生矛盾，于是这些关系便由生产力的发展形式变成生产力的桎梏。那时社会革命的时代就到来了。随着经济基础的变更，全部庞大的上层建筑也或慢或快地发生变革。

马克思牢牢抓住生产力这个社会发展的最原始的力量，逐个考察生产关系、上层建筑、社会革命、社会形态在生产力发展基础上的变革与更替，从而论述了人类社会的发展就是一个在生产力基础上社会形态不断从低级到高级演进的客观过程。

第三节 人类社会发展道路表现为统一性基础上的多样性

一、由原始公有制社会向私有制社会过渡过程中所有制形式的多样性

原始社会末期，由原始公有制社会向私有制社会过渡中存在几种代表性的所有制形式，即亚细亚的、古代的、日耳曼的所有制形式。马克思指出，农业公社既然是原生的社会形态的最后阶段，所以它同时也是向次生的社会形态过渡的阶段，即以公有制为基础的社会向以私有制社会为基础的社会的过渡。这些过渡中的所有制形式具有共同特征：第一，单个的人对劳动条件的占有是劳动的前提而非劳动的成果。第二，个人归属于一定的共同体，个人只有在一定共同体中才能存活下去，并且个人不占有私人财产。第三，在劳动过程中，劳动者与劳动资料是直接结合的。第四，这种所有制形式属于自给自足的自然经济，生产的目的是直接满足自己的需要，即创造使用价值而非交换价值。但在具体内容上，这些不同的所有制之间又存在着诸多的差异。

（一）土地所有制形式与经营方式的不同

马克思曾经指出，公社或部落成员对部落土地的关系的这种种不同的形式，部分地取决于部落的天然性质，部分地取决于部落在怎样的经济条件下实际上以所有者的资格对待土地，也就是说，用劳动来获取土地的果实；而这一点本身又取决于气候，土壤的物理性质，受物理条件决定的土壤开发方式，同敌对部落或四邻部落的关系，以及引起迁移、引起历史事件等等的变动。正是由于各地的气候、土壤等自然条件的不同，不同生产力发展基础上经济条件的不同，周边部落环境的影响以及部落迁徙等其他历史条件的影响，造成这些所有制之间土地所有制形式与经营方式存在诸多差异。

（二）个人对共同体的依赖状况和社会结构的不同

亚细亚公社的特点是：（1）共同体（公社）十分牢固，个人对共同体的依赖性最强，共同体是实体，而个人则只不过是实体的附属物，或者是实体的天然的组成部分。（2）存在着由一切小的共同体（公社）组成的总和的统一体，即国家或专制政府，它凌驾于一切小的共同体之上，是土地财产

的更高的或唯一的所有者，公社只不过是财产的世袭占有者，每一个单个的个人事实上失去了财产，或者说财产对这单个的人来说是间接的财产，因为这种财产，是由作为这许多共同体之父的专制君主所体现的统一总体，通过这些单个的公社而赐予他的。（3）水利灌溉设施及重要的交通工具由专制政府统一兴办管理。（4）公社成员以乡村为居住地，以土地为基础，城市不发达。真正的城市只是在特别适宜于对外贸易的地方才形成起来，或者只是在国家首脑及其地方总督把自己的收入作为劳动基金来花费的地方才形成起来。城市不进行生产活动，真正的大城市在这里只能看作王公的营垒，看作真正的经济结构上的赘疣。（5）长期停滞，变化最小、最慢，保持的时间最长久。马克思指出，亚细亚形式必然保持得最顽强也最长久。这取决于亚细亚形式的前提：即单个人对公社来说不是独立的，生产的范围仅限于自给自足，农业和手工业结合在一起等。

古代公社的特点是：（1）拥有小块土地的农民和作为共同体的公社互为存在的前提，公社成员和作为共同体的公社互相保障对方的存在。一方面，公社存在的基础，在于它的成员是拥有小块土地的独立的农民，如果农民失去小块土地，公社就会瓦解。另一方面，农民之所以能拥有小块土地，又是由于有公社的存在为前提。因此，农民要出劳役耕种公有地，把剩余劳动贡献给公社，以保障公社的存在。（2）组成公社的农民是彼此平等的，他有权占有一小块土地作为劳动的客观条件，但他必须亲自参加劳动以继续保持这一小块土地。如果破坏了组成公社的农民之间的平等关系，公社就会瓦解。（3）居民以城市为基础和居住中心，耕地表现为城市的领土。城市公社的任务或是保护本公社的独立，使之不被其他公社消灭或吞并，或是为了扩大生存的客观条件而掠夺其他公社的土地财产。（4）公社是自给自足的经济。主要经济部门有：为直接消费所从事的小农业；妻子和女儿所从事的作为家庭副业的工业，如纺和织；此外，还有个别得到独立发展的工业，如专门的匠人所从事的工业。

日耳曼公社的特点是：（1）共同体是松散的，它不是以实体而存在，而是只存在于集会及其他共同活动之中，公社成员对共同体的依赖性很小。公社共同体通过在遇到战争、举行典礼、解决诉讼等等时为取得相互保证而举行的临时集会来得到保障。（2）公社成员既不是以农村为集中的居住地，也不是以城市为集中的居住地，而是各个家庭居住在森林之中，彼此相隔很远，平时很少联系，只是在集会时才发生联系。在日耳曼世界，单独的住宅所在地就是一个经济整体，这种住宅所在地本身仅仅在属于它的土地上占据一个点；这并不是许多所有者的集中，而只是作为独立单位的家庭。（3）公社的公有地只是被每一个私人所有者当作猎场、牧场共同使用，而不是像在古代公社那样以国家代表的身份来使用。也就是说，这种公有地实际上是个人所有者的公共财产，而不是在城市中另有其特殊存在方式而与单个人相区别的那种个人所有者联合体的公共财产。因而，个人的劳动成果全部归自己，不需要向别的什么人或实体服劳役或交贡赋，因为不存在这样的个人或实体。

这种从原始公有制社会向私有制社会过渡中的所有制形式是多样的，这在一定意义上表明，人类社会的发展过程并不是完全按照单一的模式演变，而是一种总的方向、趋势与具体形式的统一。

二、向共产主义社会过渡的不同道路的设想

通往共产主义是马克思设想的人类社会发展的最终目标指向，在马克思看来，不同的国家和地区走向共产主义可能存在不同的路径。西欧发达资本主义国家向共产主义过渡的路径在于：在生产力高度发达的基础上，无产阶级通过革命手段推翻资产阶级的统治，掌握国家政权，进而对生产资料进行社会化改造，逐步消除私有制。在后期对以俄国为代表的东方社会认识逐渐加深之后，马克思试图构想一条前资本主义国家不经历资本主义制度，但是却能够吸纳资本主义的成果，进而过渡到共产主义的社会发展之路。

（一）发达资本主义国家向共产主义过渡的路径

马克思通过对资产阶级和无产阶级的产生、发展及其相互斗争过程的分析，深刻揭示了资本主义必然灭亡和社会主义必然胜利的历史发展趋势。并提出了由资本主义向共产主义过渡的道路的设想：在资本主义高度发达的生产力基础上，通过无产阶级革命夺取政权，进而逐步扬弃私有制，将生产资料逐渐转变为归全社会支配，这是欧洲发达资本主义国家通往共产主义的基本路径。具体而言，资产阶级在促进生产力巨大发展，创造向共产主义过渡物质基础的同时，也为自己锻造了掘墓人。马克思指出，资本主义生产方式发展到机器大工业阶段以后，生产资料使用社会化、劳动过程社会化和劳动产品社会化为主要内容的生产社会化程度日益提高，这是人类社会物质生

产前所未有的进步。因此，资本主义的发展为共产主义社会创造了高度发达的生产力前提。同时，高度发达的社会化大生产同资本主义私人占有制之间发生了对抗性的矛盾。这一矛盾是生产力和生产关系的矛盾在资本主义生产方式中的集中表现。资本主义生产方式越是占统治地位，越是不断发展，社会的生产和资本主义占有的不相容性，也必然越加鲜明地表现出来。资本主义这种内在矛盾性通过周期性的经济危机表现出来。不断发生的经济危机充分表明，资产阶级本身无法在自身范围内促进社会生产力发展。

无产阶级将推翻将资本主义统治，取得国家政权，实现对社会的改造。资本主义生产方式日益把大多数居民变为无产者，从而就造成一种在死亡的威胁下不得不去完成这个变革的力量。这种生产方式日益迫使人们把大规模的社会化的生产资料变为国家财产，因此它本身就指明完成这个变革的道路，无产阶级将取得国家政权，并且首先把生产资料变为国家财产。无产阶级将利用自己的政治统治，一步一步地夺取资产阶级的全部资本，把一切生产工具集中在国家即组织成为统治阶级的无产阶级手中，并且尽可能快地增加生产力的总量。要做到这一点，当然首先必须对所有权和资产阶级生产关系实行强制性的干涉，也就是采取这样一些措施，这些措施在经济上似乎是不够充分的和无法持续的，但是在运动进程它们会越出本身，而且作为变革全部生产方式的手段是必不可少的。这些措施在不同的国家里当然是必不可少的。

因此，在马克思看来，在生产力高度发达的基础上，无产阶级通过革命推翻资产阶级统治，掌握国家政权，并进而实现对生产资料的社会改造，逐步废除私有制，这是实现向共产主义过渡的基本路径。恩格斯曾经指出：大工业使所有文明国家的社会发展大致相同，以致在所有这些国家，资产阶级和无产阶级都成了社会上两个起决定作用的阶级，它们之间的斗争成了当前的主要斗争。因此，共产主义革命将不是仅仅一个国家的革命，而是将在一切文明国家里，至少在英国、美国、法国、德国同时发生的革命，在这些国家的每一个国家中，共产主义革命发展的较快或较慢，要看这个国家是否有较发达的工业，较多的财富和比较大量的生产力。

总之，立足于西欧资本主义的发展，马克思运用唯物史观的原理，设想了欧洲资本主义国家向共产主义过渡的不同道路。

（二）世界历史背景下东方前资本主义国家向共产主义过渡的路径

随着马克思对东方社会研究的逐渐深入，尤其对俄国农村公社发展状况的掌握，马克思开始对以俄国为首的前资本主义国家如何向共产主义过渡提出了新的设想。资本主义历史必然性仅限于西欧各国，并不能不加区别地应用到土地从来就不是农民私有财产的俄国。进而，马克思恩格斯立足世界历史理论，对以俄国为代表的前资本主义国家如何跨国资本主义发展的“卡夫丁峡谷”向共产主义过渡的道路进行了探索。

第二章 马克思主义中国化发展的内涵分析

第一节 马克思主义中国化的科学内涵

一、把中国革命、建设和改革的实践经验和历史经验提升为理论

马克思主义中国化必须保证其实践性，也就是说，马克思主义中国化不是单纯的理论工作，而是在掌握马克思主义的立场、观点和方法的基础上，结合中国实际解决现实问题。因此，马克思主义中国化的基础是中国人民的实践。

自我党始终强调马克思主义的重要性，将其作为党的指导思想，在建设中国特色社会主义的过程中，党的领导人一直强调发展马克思主义的重要性。不以新的思想、观点去继承、发展马克思主义，不是真正的马克思主义者。21世纪，马克思主义最重要的理论品质是与时俱进。自我必须坚持解放思想、实事求是、与时俱进，从理论和实践的结合中不断研究新情况、解决新问题，不断有所发现、有所创造、有所前进。必须推进马克思主义中国化、时代化、大众化，建设具有强大凝聚力和引领力的社会主义意识形态，使全体人民在理想信念、价值理念、道德观念上紧紧团结在一起。

可以看出，党的领导人始终重视发展马克思主义，认为这是促使马克思主义永葆青春的关键，是推动中国特色社会主义的关键。中国人民需要随着时代的进步无止境地改造客观世界，这就决定了自我必须无止境地推进马克思主义中国化的发展。因此，自我必须在实践过程中不断积累经验，将自我在革命和建设中积累的经验进行分析总结，使其上升为科学理论，从而为自我科学地揭示人类社会发展规律、社会主义建设规律和共产党执政规律，只有这样才能实现真正符合我国发展需求的马克思主义中国化。

马克思主义中国化不仅是理论层面的创新与发展，还需要在充分了解并掌握马克思主义的立场、观点和方法的基础上，运用其结合中国实际总结中国的历史经验。

中国的历史悠久，有丰厚的历史和文化积淀。在中华民族的文明发展史中，积累了丰富的历史经验。这种历史经验是中华民族伟大智慧与创造力的结晶，同时也是维系全国各族人民团结一致、奋勇向前的精神力量的源泉。实现马克思主义中国化，要求自我要坚持马克思主义的指导，同时要全面深刻地了解中国的历史状况、社会状况以及中国社会的特点及发展规律，要全面系统地分析并总结中国历史发展中积累的丰富经验，并将其提炼为理论融入马克思主义中国化的发展之中，使中国经验成为中国历史传统中的重要组成部分，用中国发展经验推进马克思主义中国化的发展。只有这样，自我才能真正达到对于马克思主义的理论和中国的实践之完整、统一、深入地理解和把握。

马克思主义中国化的重点是实现马克思主义与中国实际有机结合，要求自我将马克思主义的基本原理同中国社会主义现代化建设的实践经验结合在一起。一方面要坚持用马克思主义的基本原理来指导社会主义现代化建设；另一方面要将中国社会主义现代化建设的经验结合马克思主义进行提炼和升华。

二、推动马克思主义与中华民族优秀传统文化相结合

通过历史实践可以看出，外来文化植入本国的关键在于找到恰当的结合点和生长点，以此实现外来文化与本土文化的有效对接，实现外来文化在本土文化发展潮流中的渐进式融入，最终以本土文化的形式存在。比如，产生于印度的佛教文化在传入中国的过程中与中国本土文化相结合，逐渐形成了不同于印度佛教文化的中国佛教文化。对于中国本土文化来讲，马克思主义最初也是一种外来文化，马克思主义创始人受西方文化的教育和熏陶，其思维方式和语言特点明显地带有西方文明的痕迹，这种语言文字方面存在的障碍，使马克思主义难以被普通的中国人所完全理解，更谈不上在中国进行传播。黑格尔曾经说过，一个民族除非用自己的语言来习得那些最优秀的东西，否则这些东西就不会真正成为它的财富。因此，马克思主义中国化同样要遵循文化传播的本土化规律，即马克思主义在传播过程中，必须与中国社

会生活和传统文化相结合，以一种为中国人民所理解和接受的民族形式——中国本土文化的形式存在。

需要注意的是实现马克思主义与中国优秀文化的有机结合是一个有机地融合过程，而不是对中国文化进行简单复制而实现的，关键在于将马克思主义基本原理和中华民族的优秀传统文化融合在一起，形成马克思主义的中华民族语言进行表达。完成这一工作的前提是充分了解中国传统文化，并做到取其精华，去其糟粕。中国传统文化虽然包含积极因素，但其内部也有许多不可弥补的缺陷。对于当前的现代化社会建设来说，自我需要自由、平等、民主、科学、创新和发展等新的思想观念，中国传统文化并不能直接产生这些思想观念，因此需要自我灵活运用马克思主义的立场、观点进行整理发掘，提炼出其中的精华，并赋予其时代特征，实现传统文化的现代转型。

马克思主义与中国传统文化的有机结合包含以下两方面的含义。第一，用中国优秀文化的表达方式和中国老百姓所喜闻乐见的语言形式，深入浅出地阐明马克思主义的基本原理；第二，要在马克思主义文化的冲击和指导下，促进中国传统文化的现代转型，即用马克思主义对中国传统文化进行的强有力地冲击，使其不得不改变其惰性，走向变革，同时将中国传统文化中具有生命力的内容融入马克思主义新型现代文化之中，使其通过文化转型而获得生存。

整体来说，马克思主义中国化实际上就是指将马克思主义基本原理同中国实际有机结合。让马克思主义符合中国国情，解决中国的实际问题，同时又使中国丰富的实践经验上升为理论，并且同中国的历史传统、中国的优秀文化相结合，不断赋予中马克思主义以鲜明的实践特色、民族特色和时代特色。

第二节 马克思主义中国化的历史必然性

一、中国共产党人的觉醒是马克思主义中国化的前提条件

（一）中国共产党创立和大革命时期对马克思主义的认识

很多优秀的中国共产党人都意识到一个问题，那就是运用马克思主义必须结合中国国情，要让马克思主义的基本原则符合中国社会的要求。

李大钊致力于在中国介绍和传播马克思主义，是最早论述马克思主义与中国实际相结合并进行尝试的伟大实践者。他对马克思主义中国化的尝试，主要从四个方面展开。第一，反驳“马克思主义不适合中国国情”的论调，强调马克思主义对解决中国问题的指导作用。第二，论述马克思主义与中国实际情况相结合的必要性。第三，对马克思主义理论本身进行阐释、改造，实现马克思主义在中国实际应用，也就是在马克思主义理论内容中国化方面进行实践，以此更好地让中国人民理解和接受马克思主义，为此他倡导马克思主义理论宣传的通俗化。第四，把马克思主义理论用于中国实际，用于分析中国问题，确立中国救亡图存的革命目标和路线、方针，并在实践中丰富和发展马克思主义。

陈独秀也是优秀的共产党人，优秀的马克思主义传承者。他指出马克思的学说和行为有两大精神，分别为“实际研究的精神”和“实际活动的精神”。自我研究他的学说不能仅仅研究其学说，还必须将其学说实际应用于社会的革命，而不要把马克思学说当作老先生、大少爷、太太、小姐的消遣品。因此，自我需要研究和探讨的应该是社会上的各种情形，而不是某一种特定情形，其中最关键的是当前所处社会的政治和经济情况。毛泽东同志从青年时期开始就注意到了这个问题，他表示，在掌握了马克思主义关于阶级斗争的学说后，最先开展的工作就是将其结合中国的实际阶级斗争情况进行分析，而这也是最重要的问题。马克思主义、列宁主义和世界各国共产党是一致的，但当应用到各国去，应用到实际中去才行。要在斗争中把列宁主义形成自己的理论武器，即以马克思主义、列宁主义的精神来制定出适合客观情形的策略才行。解决中国的问题，自然要根据中国的情形，决定中国的办法。马克思主义是时代的产物，因此自我不能直接把它整个拿来应用，而是应该充分思考马克思的唯物史观怎样应用于中国今日的政治经济情形，以争取民族的独立和解放。马克思主义与中国实际的结合，革命的理论永不能和革命的实践相离，应该时刻在考虑中国国情的基础上应用马克思主义。

（二）长征途中获得了最终觉悟

在长征途中中央召开了遵义会议，开始确立毛泽东同志的正确路线及其在党内的实际领导地位，中国共产党从此转危为安，取得了红军长征的胜利。红军到达陕北后，掀开了马克思主义中国化新的一页，开始了全党对马克思主义中国化的新觉醒。毛泽东同志随即坐下来进一步攻读马克思主义哲学书籍，研究马列主义理论，从理论上总结党成立后两次胜利、两次失败的经验教训。随着中国共产党的领导地位的确定，全党开始认识在土地革命战争时期坚决反对教条主义，坚持结合中国实际运用马克思主义的重要性和必要性。

二、正确认识时代主题是马克思主义中国化的逻辑起点

在建党初期，中国共产党人从不自觉到自觉、由少数人自觉到多数人自觉的逐步觉醒，最后取得全党共识的过程；同时，这一觉醒还经历了从认为马克思主义中国化可以一劳永逸、一蹴而就地解决，到认识到马克思主义中国化是随着中国具体实际不断变化而摆在中国共产党面前永无止境的永恒课题和任务的历程。马克思主义中国化必须随着时代演进、中国历史任务、历史背景的发展变化，不断实现相“结合”的历史性新飞跃，不断产生中国化的马克思主义的重大新成果，从而进一步达到既使马克思主义理论中国化，又使中国革命丰富的实际马克思主义化的双向过程。

从历史实践的角度来看，马克思主义中国化是必然的，也就是说，为了中国的发展必须将马克思主义基本原理与中国具体实际有机结合在一起，这不仅是马克思主义理论本身的特质，同时也是中国革命、建设和改革实践的特点。任何民族、任何国家在接受一种根本不同于自己的异质文化时，都有一个将其民族化，即按照自己民族的特点加以具体运用，并有所取舍、有所侧重、有所发展、有所改造的任务，否则外来文化就不可能在这一国家中立足。马克思主义所具有的革命性、实践性、批判性、创新性的特点，尤其要求如此。特别是实践性是马克思主义的本质要求，是马克思主义区别于其他学说的最显著特征。理论和实践的统一、“说明世界”和“改变世界”的统一，是马克思主义的根本要求。因此，必须将马克思主义理论和各国的具体实际相结合，只有这样才能充分发挥马克思主义的力量，才能在具体实践中将其转化为无产阶级和广大人民“改造世界”的物质力量；同时，这种结合也使马克思主义理论在实践中不断得到检验、丰富和发展，从而解决人们认识中绝对真理与相对真理的统一问题。马克思主义产生在西方，但它的科学理论和科学方法论却是人类共同的思想财富，是具有普适性的真理性认识。不过这种普遍真理只能是任何坚定不移和始终一贯的革命策略的基本条件，为了

找到这种策略，需要的只是把这一理论应用于本国的经济条件和政治条件。恩格斯曾说，自我的理论是发展的理论，而不是必须背得烂熟并机械地加以重复的教条。马克思、恩格斯强调，马克思主义的基本原理应该结合实际运用而不断适应，应该随时随地都要以当时的历史条件为转移。从本质上说，马克思主义理论为人们观察世界、思考问题，提供了科学的世界观和方法论，它要求人们在运用这一理论解决实际问题时必须结合各国的具体实际，要充分考虑各国独特的政治、经济和文化条件，以此解决各国的革命和建设问题。运用马克思主义理论时，要依据矛盾的普遍性和特殊性的辩证关系，根据不同环境下的实际变化，来确定革命或建设的理论、路线、政策和策略。列宁曾指出，马克思主义者必须考虑生动的实际生活，必须考虑现实的确切事实，而不应当抱住昨天的理论不放，因为这种理论和任何理论一样，至多只能指出基本的、一般的东西，只能大体上概括实际生活中的复杂情况。列宁还特别强调，东方各国共产党人面临着全世界其他共产党人所没有遇到过的一个任务，就是他们必须以共产主义的一般理论和实践为依据，适应欧洲各国所没有的特殊条件，善于把这种理论和实践运用于主要群众——农民，需要解决的斗争任务不是反对资本主义而是反对中世纪残余这样的条件。

一些人没有正确认识马克思主义中国化的含义，认为无论是马克思主义中国化还是中国化的马克思主义都是悖论，持这一观点的人提出，马克思主义是在世界各国都可以普遍应用的普遍性真理，应该属于最一般的科学，因此，马克思主义应该同数学、物理学等自然科学一样是普遍适用的，不存在因国家、民族情况不同而需要具体化的问题。正如没有中国化的数学、物理学等，也不会有中国化的马克思主义。如果马克思主义需要中国化，那么它就不是普遍真理。这种观点认为，关于最一般规律的科学是没有也不会有什么中国化问题的。马克思主义本身的特点决定了它不应该被中国化，因为既然承认它是关于自然、社会、思维的最一般规律的科学，作为科学的世界观、方法论，作为有普遍价值的理论，就决定了它具有不受地域限制的特点。这种观点混淆了社会科学和自然科学的不同，看不到社会科学具有一定特殊性，是不值一驳的。

第三节 马克思主义中国化的重要意义

一、马克思主义中国化推动了中国革命、建设和改革事业发展

自我党在建立之初就已经对马克思主义中国化有了一定的认识，但是从提出到最终确定经历了一个复杂、曲折的过程，在此期间自我党获得过胜利，也经历过曲折和失败，最终实现了由不自觉到自觉、由少数人的觉醒到多数人的觉醒，最后成为全党的共识。在革命实践中，中国共产党人逐渐意识到马克思主义中国化的重要性，他们深刻地意识到想要夺取中国革命和建设的胜利就必须实现马克思主义和中国具体实际的有机结合。以此为基础，自我党实现了马克思主义中国化的第一次历史性飞跃，该阶段的最显著成果就是提出毛泽东思想，并确立了其作为全党的指导思想的地位。在毛泽东思想的指引下，自我党领导人民最终夺取了新民主主义革命和社会主义革命、建设的伟大胜利。

中国革命、建设和改革事业的内在需求，决定了马克思主义的根本指南地位，决定了马克思主义中国化的必然。理论在一个国家的实现程度，总是决定于理论满足这个国家的需要的程度。马克思主义基本原理是适合中国社会需要的，同时自我又把它与中国具体实践相结合，使马克思主义中国化的马克思主义理论成果。正如毛泽东同志所指出的，马克思列宁主义来到中国之所以发生这样大的作用，是因为中国的社会条件有了这种需要，是因为同中国人民革命的实践发生了联系，是因为被中国人民所掌握了。任何思想，如果不和客观的、实际的事物相联系，如果没有客观存在的必要，如果不为人民群众所掌握，即使最好的东西，即使马克思列宁主义，也是不起作用的。

马克思主义中国化是马克思主义基本原理和中国具体实际相结合的体现，是自我党结合中国实际对马克思主义的丰富、发展和创新，它切实反映了马克思主义在中国的实际发展，并且这个发展过程会随着时代的进步而不断变化。实践是一个不断发展的过程，因此实践的科学理论也必须不断发展。因此，自我党永葆青春的关键就在于保持党的先进性，这就要求自我必须不断进行理论和实践创新，要求自我要不断提高党的领导水平和执政能力。随

着时代进步，国内外形势不断变化，自我党的历史经验也在不断地丰富，为了保证马克思主义中国化成果的先进性，自我必须不断结合中国实际总结马克思主义，不断进行理论和实践创新。

自我只有深入贯彻落实科学发展观，继续解放思想，推动科学发展，促进社会和谐，才能针对面临的重大问题制定和贯彻正确的方针政策；才能改进和完善党的领导方式和执政方式，进一步健全党的领导体制和工作机制；才能有效提升党员干部的思想理论素质以及领导能力和水平；才能在党的领导下，促进中国特色社会主义事业的不断发展。

二、马克思主义中国化具有重要的认知意义

（一）马克思主义中国化帮助人们更好地认知中国

认知是一个全面了解的过程，对个人、民族和国家来说都是如此，真正的认知要求自我对其过去和现在充分了解，还要以此为基础分析现在、预测未来。然而，当自我谈到中国过去的传统时，更多指的是古代中国的东西，也就是前天的过去，对于刚刚过去的昨天却不够重视，这个昨天就是百年中国人民的奋斗史，也可以说是马克思主义中国化的历史，不去认真了解这段历史，怎么能说了解中国呢？因为今天的中国就是从这个昨天走过来的。

在建党初期中国共产党人就意识到马克思主义与中国实际结合的重要性，在中国革命和建设中一直以马克思主义为指导，结合中国具体实际促进中国的改革和发展。新中国是以马克思主义为指导思想建立起来的社会主义性质的国家，中国特色社会主义首先是社会主义而不是其他主义，中国特色社会主义理论体系是马克思主义中国化的理论成果，所以，无视马克思主义中国化，就不会真正认识和理解整个中国，就不会真正理解中国的国家性质、大政方针和国情变化，就不会真正理解中国共产党的执政理念和政策依据，就不会真正理解国家与社会的内在统一关系，就不会真正理解人民当家做主的真正内涵。中华人民共和国是人民当家作主的社会主义国家，人民民主专政是其国体，任何法律、制度的制定和实施都要以此为前提，比如，人民代表大会制度就是其政体，它具有制定法律的神圣使命。中国共产党是中国无产阶级的先锋队，同时是中华民族的先锋队，共产党的先锋队性质内在规定着坚持党的领导地位的合法性基础，并且，只有坚持党的领导才能真正实现人民当家作主。所以，坚持党的领导、人民当家作主和依法治国是内在统一

的，三者共同形成具有中国特色的政治文明架构。

马克思主义中国化并不是单纯在指导思想上发挥作用，其成果在社会各个领域都具有重要作用。毛泽东思想和中国特色社会主义理论体系是马克思主义中国化的飞跃性理论成果。除此以外，马克思主义中国化带给中国社会的还有经济生活、政治生活、文化生活等各个领域的重大变化，对全国各族人民的生活产生重大影响，可以说，中华大地无不打上马克思主义中国化的烙印。因此，无论是从内部读懂中国，还是向外界解读中国，都不能离开马克思主义中国化这条主线，离开它就不是已读懂中国，就不是在正确解读中国，甚至是在歪曲、曲解中国。

（二）马克思主义是武装先进分子的思想武器

人不可能是完全独立的人，而是处于一定社会关系中的人，而社会存在决定社会意识，个体价值立场会受到其社会关系的影响，其中最根本的因素是经济地位，包括拥有或支配生产资料在内的权利因素。在人类处于商品经济很不发达的历史时期，包括私有制在内的多种所有制、私有财产权、多元价值观都是现实存在，人处在什么状况一般就会有什么样的思想倾向，这就是立场问题。

目前，中国仍处于社会主义初级阶段，多种所有制和多元价值体系并存，推行市场经济制度。在这样的背景下，人们在社会中的立场各不相同，在立法、执法、行政和具体规范的设计、制定、操作中，站在不同的立场上就会有不同的指向，政策、法规就会偏向于维护不同群体的利益。比如，作为私有企业主或所有制企业的老板，他们在参政议政的过程中，很难不去维护自身的利益；农民兄弟自然想的是他们的利益；既得利益者也不愿放弃已经形成的利益格局。

如果人们都将个人私利放在第一位，那么国家和社会的整体利益就无法得到保障，社会生产力得不到进一步解放和发展，中国特色社会主义建设将停滞不前。因此，私营企业主和从业人员不能只顾自己发财，党员干部不能为了一己私欲以权谋利，人们应该放下一己之利，去思考全体人民的利益乃至全人类的利益。而想要做到这一点就要接受马克思主义，用先进的世界观和科学的方法论来武装自己的头脑，深刻认识社会发展的基本规律和人类解放的未来前景，树立信仰，追求理想，为推进社会的不断进步而奋斗。这就是为什么当年有许多出生资本家、地主、上层社会的有志之士，能够背叛其家庭，投身社会主义事业，为天下劳苦大众打江山、谋利益的原因，比如，革命导师恩格斯和中国共产党的许多革命领袖，都曾出身富贵，他们勇于抛弃个人的荣华富贵和家庭财产，济贫济困，舍弃小我以实现大我。当今国际共产主义运动看似是低潮期，在资本扩张的全球化强势潮流和普遍私有化浪潮中，西方资产阶级新自由主义价值观四处传播，个人主义、唯利是图成为许多人衡量价值的标准。在此不利环境中，马克思主义的理论学习对于提升人们的认识水平和确立当代中国的核心价值观就显得更为重要，可以说，在当前的市场经济环境中，这是让先进分子实现个人认识上的自我超越，让党和国家坚持走中特色社会主义道路的认知前提。

三、马克思主义中国化催化中华民族伟大复兴中国梦的诞生

（一）中国梦是马克思主义中国化的延续和升华

中国梦是我国各民族人民追求的共同理想，它并不是凭空出现的，而是与马克思主义中国化理论一脉相承的必然产物，中国梦反映了当前我国的发展目标，具有独特内涵和时代意蕴。

首先，中国梦凝聚着中国共产党几代领导人的宏伟构想。

在中国共产党的领导和全国各族人民的共同努力下，推翻了压在中国人民头上的三座大山，毛泽东同志在宣布新中国成立之时，庄严宣布“中国人民从此站起来了”！之后党的第一代领导集体勾画了实现社会主义现代化的宏伟蓝图，力图早日甩掉贫穷落后的帽子。以邓小平同志为核心的第二代中央领导集体就构想和提出了中国发展的“三步走”目标。在这一基础上，以江泽民为核心的第三代中央领导集体提出了“两个一百年”的构想。以胡锦涛同志为总书记的党中央领导集体在创立和完善科学发展观的过程中，更加明确提出了“两个一百年”的目标。习近平总书记明确提出并全面吹响实现中华民族伟大复兴中国梦的号角。

其次，中国梦的提出是顺应民意的表现。

中华民族复兴是中华儿女的共同愿望，但是这个愿望的实现需要一定现实基础做支撑。新中国成立后，改革开放为我国经济带来了飞跃式发展，而在具有一定物质基础后，人们看到了民族复兴的希望。随着中国综合国力的增强和国际影响的增大，过去任何时候都没有像今天这样能够唤起海内外

中华儿女的一致而且强烈的欲望——早日实现中华民族的伟大复兴。在这一重要历史时刻，领导和执政的中国共产党领导人顺应民意，不失时机地提出实现中华民族伟大复兴中国梦的响亮号召，就像画龙点睛，为中国这条百年沉睡的“中国龙”增添了腾飞的力量，中国梦是中华儿女努力奋斗的目标，全世界华人在中国梦的号召下凝聚在一起，向美好未来奋进和发展。

再次，中国梦是推动社会进步的理想信念。

理想信念是支撑一个民族、一个国家不断前进的灵魂，是全体人民推动社会进步的思想动力，没有理想信念的民族不可能拥有光明的未来。所以，实现中华民族伟大复兴的中国梦，就是这种具有统合性、能够激发社会进步正能量的理想信念。可以看出，中国梦是顺应民意的，它切实反映了中国当前发展阶段人们的共同理想，它适应了国家形势发展的需要，同时也满足了社会现实的实际要求。

最后，中国梦推进了社会主义核心价值体系的培育和践行。

中国梦以社会主义核心价值体系为理论支撑，以社会主义核心价值观为价值取向，它具有深刻的价值内涵。社会主义核心价值体系和核心价值观是社会主义先进文化的重要体现，在现实依然存在纷繁复杂的社会思潮的局面中，必须以社会主义核心价值体系引领社会思潮。由此可见，话语引导具有潜移默化的作用。因此，自我必须紧握话语权，用话语引导的方式引导社会思潮，进行有效的话语引导必须实现话语对接，因为采用朴实的大众化的语言表达可以获得更好地引导效果，并且在自己的语言上率先垂范，朴实的语言风格一下子拉近了与民众的距离，也树立了亲民、务实的优良作风。其中，中国梦的概念就是中华民族共同理想的大众化表述，它能将古老的民族传统与现实的理想信念联结起来，能将中国共产党人的梦与每个家庭的梦、单位的梦、个人的梦联系在一起，能使中国梦、世界梦、各国梦相互对话。中国梦实现了话语对接，它的语言表达是大众化、世界化的，因此中国梦在国内外都可以与人们产生共鸣。

（二）马克思主义及其中国化理论成果是中国梦基本原理和行动指南

中国梦的提出和构建需要一定理论支持，马克思主义和马克思主义中国化成果就是其理论支持，是其基本原理和行动指南，是其可以获得人们支持的理论支柱。中国梦不是空中楼阁，是可以实现之梦，是理性之梦，是理想信念，凝结人类智慧，包含丰富的理论内涵，中国梦不仅仅内涵一定的理想信念，而且内涵实现理想的现实路径。习近平总书记一直强调中国人应该树立理想信念，并对其进行了阐述。“空谈误国，实干兴邦”，在运用马克思主义基本原理对中情和时代特征进行深刻分析的基础上，在对世界社会主义500年的发展趋势与规律、中国共产党执政规律、中华民族的复兴规律认识和把握的基础上，新时期的中国梦赋予当代中国工人、农民、青少年、军队等各行各业劳动者以共同理想和奋斗目标，赋予社会主义以新的发展动力，赋予世界大国以新型关系，赋予中国共产党以更加从严治党的执政要求。因此，中国梦的基本原理就是马克思主义及其中国化理论。

马克思主义中国化理论成果是马克思主义和中国具体实际的有机结合，它具有马克思主义的科学性、实践性和先进性等特质，也切实符合中国社会的实际发展需求，而中国梦则是中国人民的共同梦想，因此马克思主义中国化理论成果是中国梦的基本原理。中国革命的历史已经证明，在中华民族危亡之时，只有社会主义才能救中国。“走自己的路，建设有中国特色的社会主义”，这是马克思主义普遍原理与中国社会主义现代化建设和实现中华民族伟大复兴的具体实际相结合得出的基本结论。中国改革开放的现实成就已经表明，在和平发展年代，只有中国特色社会主义才能发展中国，才能完成社会主义现代化事业，才能使国家富强、民族昌盛、人民幸福、世界和平，从而才能实现中华民族伟大复兴的中国梦。因此，正确解读中国梦的重要前提是正确理解马克思主义和马克思主义中国化的理论成果，要认真学习马克思列宁主义、毛泽东思想、邓小平理论、“三个代表”重要思想、科学发展观、习近平新时代中国特色社会主义思想，以此指导中国特色社会主义建设的伟大事业。

第四节　马克思主义中国化的理论前提和现实基础

一、马克思主义中国化的理论前提

马克思主义的基本原理和立场、观点和方法是马克思主义中国化的基本前提和理论基础。

（一）马克思主义基本原理概述

马克思主义基本原理是马克思主义中国化的基本构成要素。在研究马克思主义中国化时必须弄清马克思主义的基本原理，要掌握其含义和内容，在此基础上研究马克思主义基本原理是马克思主义中国化的理论前提的原因。

马克思主义是一个复杂的思想体系，它具有十分丰富的理论内涵，其本身由哲学、政治经济学和科学社会主义三个部分组成，这三个部分都有一以贯之的立场、观点和方法，同时每个部分也都有自己的理论基础、应用发展和具体结论等若干层次。在这种情况下，需要弄清马克思主义的“基本原理”是指哪个层次，是单讲哲学、政治经济学、科学社会主义各自的基础层次，还是三个组成部分中一以贯之的基本立场、观点和方法；是着眼于那些基本立场、观点和方法，还是着眼于那些经过分析论证得出的具体学说。在这些不同侧重点之间，需要有一个统筹全局的理论定义。自我认为，马克思主义基本原理是指在马克思主义哲学、政治经济学、科学社会主义三个组成部分中一以贯之的基本立场、观点和方法。这是自我划清马克思主义与非马克思主义、反马克思主义的标准之一。现在世界上有很多理论都使用了“马克思主义”的称谓，如弗洛伊德的马克思主义、存在主义的马克思主义、结构主义的马克思主义、现象学的马克思主义、后马克思主义，等等，名目繁多。以上这些思想理论的确与马克思主义之间存在一定联系，其中也包含一些可供马克思主义借鉴的合理思想，但必须明确的是它们的基本立场、观点、方法和马克思主义的基本立场、观点、方法有根本区别。因此，这些所谓的“马克思主义”并不是真正的马克思主义。自我经常说的要坚持马克思主义的基本原理，也就是要坚持马克思主义的基本立场、观点和方法。

对于一切理论体系来说，通常都包含两部分内容，即“不可改变的部分”和“可改变的部分”，马克思主义也是如此。对于马克思主义来说，由基本立场、主要观点和方法等构成的理论内核属于不可改变的部分，这些是使马克思主义成为马克思主义并贯彻于其各个方面的理论和实践之中的内容，改变了就不是马克思主义了。而由材料基础、论证过程、具体观点和相关推论等构成的理论外围内容则是可以改变的，唯其不断发展变化，才能显示出马克思主义理论的生命力。

这就需要明确马克思主义的基本立场、主要观点和方法。针对这个问题，从不同的角度和层次可以得到不同的答案和表述。而自我认为，马克思主义的立场、观点、方法是马克思主义科学思想体系的精髓所在，创始于马克思和恩格斯的学说中，又贯穿于列宁主义、毛泽东思想和中国特色社会主义理论体系之中。掌握和坚持马克思主义，最根本的是坚持和运用其立场、观点、方法研究解决实际问题。划清马克思主义同反马克思主义的界限，基本前提是澄清在马克思主义的立场、观点、方法上的模糊认识。

马克思主义始终具有鲜明的政治立场。马克思主义始终坚持以人为本，站在广大人民群众的立场思考问题，诚心诚意为人民谋利益。为了什么人的问题，是一个根本的问题、原则的问题。自我党坚持以人为本，人民当家作主，为最广大人民群众谋福利。无产阶级的运动是绝大多数人的、为绝大多数人谋利益的独立运动。马克思主义的目的是为人民群众谋求根本利益，把全人类解放和人的全面发展作为最高价值追求。正因为这样，马克思主义才能成为自我革命、改革和建设的强大思想武器。

马克思主义理论是揭示客观规律的科学知识。马克思主义理论是科学理论，是关于自然、人类社会和思维规律的科学认识，这也决定了马克思主义最重要的三个组成部分，即马克思主义哲学、政治经济学和科学社会主义。马克思主义包含一系列相互联系的基本观点，比如，关于辩证唯物主义和历史唯物主义的基本观点；关于社会形态和社会基本矛盾运动规律的基本观点；关于社会主义必然代替资本主义的基本观点；关于劳动价值论和剩余价值论的基本观点；关于社会主义革命和无产阶级专政的基本观点；关于无产阶级政党的基本观点；关于世界观、人生观、价值观的基本观点；关于社会主义本质和社会主义建设的基本观点等。这些基本观点贯穿于马克思主义科学思想体系之中。

马克思主义方法是指导人们正确认识和改造世界的根本思想方法和工作方法。马克思主义的强大生命力在于其实践性，马克思主义方法是人们认识世界、改造世界的强大武器和重要手段。世界观中包含方法论，方法论中渗透着世界观，马克思主义的世界观和方法论是有机统一的。虽然随着时代发展，自我面临的形势不断变化，马克思主义依旧可以帮助自我解决各种实际问题，是自我推进社会发展的重要思想武器。

自我党始终强调坚持马克思主义，这就要求自我坚持马克思主义方法，具体来说，也就是坚持唯物辩证法、实事求是、群众路线的思想方法和工作方法。坚持唯物辩证法，要求自我按照世界的本来面貌认识世界，客观地而不是主观地、发展地而不是静止地、全面地而不是片面地、系统地而不是零散地、普遍联系地而不是孤立地观察事物、分析问题、解决问题，在矛盾对立统一过程中把握事物发展规律。坚持实事求是，要求自我一切从实际出发，理论联系实际，不断研究新情况、解决新问题，时刻保持思想认识的先进性和时代性，在实践中坚持解放思想、与时俱进、求真务实。坚持群众路线，要求自我做到一切依靠群众，从群众中来、到群众中去，充分调动各方面群众的积极性、主动性、创造性。

（二）马克思主义中国化理论前提的确定

马克思主义是为了无产阶级争取解放的思想武器，它致力于为广大无产阶级谋福利，支持他们在革命中取得胜利。新民主主义理论是马克思主义基本原理和立场观点方法与中国革命实际相结合的成果，它的理论基础和指导思想主要是马克思主义国家与革命学说、“两个策略”思想以及“民族和殖民地问题理论”。

列宁指出，一切革命的根本问题是国家政权问题。这是因为一个国家必然存在阶级矛盾，这是国家的本质，历史上一切剥削阶级正是依靠掌握国家政权这个工具，来达到维护自己统治地位的目的的。所以，被剥削、被压迫阶级要改变自己的政治和经济地位，就必须首先夺取政权，革命阶级只有掌握了国家政权，才有可能实现革命的最终目的。列宁强调，无论从革命这一概念的严格科学意义来讲，或是从实际政治意义来讲，国家政权从一个阶级手里转到另一个阶级手里，都是革命首要的、基本的标志。因此，无产阶级必须用暴力打碎资产阶级国家机器，不用暴力破坏资产阶级的国家机器并用新的国家机器代替它，无产阶级革命是不可能进行的。这是无产阶级革命的基本原则。

毛泽东同志是一个坚定的马克思主义者，在中国革命中他始终坚持以马克思主义为指导思想。他运用马克思主义暴力革命的原则，结合中国革命的具体实际，分析并总结中国革命积累的独创性经验，提出了农村包围城市的理论。他明确指出，革命的中心任务和最高形式是武装夺取政权，是战争解决问题，在中国，离开了武装斗争，就没有无产阶级的地位，就没有人民的地位，就没有共产党的地位，就没有革命的胜利，这个拿血换来的经验，全党同志都不要忘记中国与西方资本主义国家有本质区别，具有自身独有的特征，因此，毛泽东同志把武装斗争作为中国革命的主要形式。提出的农村包围城市道路对当时的中国革命胜利具有极为重要的决定性作用。

“两个策略”思想主要是针对孟什维克的右倾机会主义策略，列宁强调，无产阶级应该而且能够掌握民主革命的领导权；农民是无产阶级的可靠同盟者，无产阶级想要取得民主革命的胜利，就必须实现工农联盟；在无产阶级夺取民主革命胜利后，必须建立无产阶级和农民的革命民主专政；民主革命和社会主义革命是既有联系又有区别的两个革命阶段，无产阶级在取得民主革命胜利后，应不失时机地向社会主义革命转变。毛泽东同志结合中国实际创造性地运用了这一基本理论，根据中国革命所处的世界历史时代和中国社会性质，提出了新民主主义革命理论。他指出，中国革命是世界革命的一部分。中国半殖民地半封建社会的性质决定了中国革命的历史进程必须分两步走：第一步是民主主义革命；第二步是社会主义革命，这是性质不同的两个革命过程。而所谓民主主义，现在已不是旧民主主义，而是新民主主义，即工人阶级领导的人民大众的反对帝国主义和反对封建主义的革命。中国革命分“两步走”的实质是“第一步，改变这个殖民地、半殖民地、半封建的社会形态，使之变成一个独立的民主主义的社会。第二步，使革命向前发展，建立一个社会主义的社会”。由第一步新民主主义革命转变为第二步社会主义革命的关键是坚持无产阶级领导权。在新民主主义理论的指引下，建立了工人阶级领导的以工农联盟为基础的包括资产阶级在内的广泛的统一战线，开创了具有中国特色的革命道路，取得了新民主主义革命的伟大胜利，建立了中华人民共和国，进而新民主主义革命转变为社会主义革命，使中国正式进入社会主义发展阶段。

毛泽东同志在充分结合中国国情和社会具体实际的基础上，运用“两个策略”思想和列宁过渡时期理论提出了新民主主义社会经济结构。这种社会经济结构以社会主义国有经济为主导，合作社经济、私人资本主义经济、个体经济和国家资本主义经济为辅助，五种经济成分并存。毛泽东同志认为，在新民主主义国家制度下建立并发展社会主义社会，必须允许一定资本主义的存在和发展，这是结合当时中国的具体实际产生的思想论断。他指出，没有私人资本主义经济和合作社经济的发展，要想在殖民地半殖民地半封建的废墟上建立起社会主义社会来，那只是完全的空想。新中国成立以来，党结合当时的实际情况适时地制定了过渡时期总路线，为了促进中国社会发展，规定在一个相当长的时期内，逐步对生产资料私有制进行社会主义改造。

列宁在“民族和殖民地问题理论”中明确指出，被压迫民族的无产阶级革命很多时候反对的并不是本国的资产阶级，而是同时反对来自本国的封建主义压迫和国际资产阶级压迫。因此，无产阶级要联合本国的资产阶级反对共同的敌人。“殖民地革命在初期并不是共产主义革命，然而，如果它从一开始就由共产主义先锋队来领导，革命群众就将逐渐获得革命经验，走上达到最终目的的正确道路”。在这里，列宁明确指出了被压迫民族和殖民地、半殖民地革命的基本道路以及共产党在民族民主革命中应采取的基本方针策略，这些对于中国革命具有直接的指导意义。党的二大在列宁“民族和殖民地问题理论”指引下制定了民主革命纲领。毛泽东同志的新民主主义理论实际上是“民族和殖民地问题理论”与中国具体实际的有机结合，在全面、正确分析中国革命，掌握其性质、对象、任务、动力和前途的基础上，明确了资产阶级的两面性，成功地创立了同资产阶级建立统一战线的理论和策略，提出了符合中国革命的总路线和纲领，完善了党的二大制定的民主革命纲领，丰富并发展了“民族和殖民地问题理论”。

二、中国革命独创性经验是马克思主义中国化的现实基础

马克思主义中国化的关键在于马克思主义与中国具体实际的有机结合，中国革命积累的独创性经验是提出和发展马克思主义中国化的现实基础。毛泽东同志运用马克思主义基本原理的立场、观点、方法，科学分析、系统总结中国革命积累的独创性经验，将两者有机结合形成了新民主主义理论。

在错综复杂的形势下，自我党面临全新的挑战和问题，但同时也提供了许多解决这些课题的历史条件。中国共产党要肩负起领导抗战和新民主主义革命取得胜利的历史使命，就必须正确认识和处理民族矛盾和阶级矛盾的关系。把马克思主义关于社会革命的基本原理同中国的社会历史条件和中国革命的特点结合起来，对整个中国民主革命的历史经验进行系统的总结，从根本上有针对性地回答和解决这些重大课题。毛泽东同志揭示了中国革命发展的客观规律，系统阐述了新民主主义革命的路线、纲领和政策，并深刻、准确地分析了共产主义与三民主义之间的相同点和差异，从政治上和理论上对国民党鼓吹的谬论进行了有力的批驳，澄清了革命队伍中一些人的模糊观

念，维护了抗日民族统一战线，坚持了团结抗战，指明了实现民族独立人民解放的正确道路，从而使新民主主义理论形成完整的体系。

毛泽东同志全面系统地总结了中国革命的独创性经验，他通过总结这些革命经验总结出“三大法宝”的重要思想和科学论断，也科学、准确地揭示了中国资产阶级民主革命过程中的两个基本特点：第一，无产阶级同资产阶级建立或被迫分裂革命的民族统一战线；第二，主要的革命形式是武装斗争。把握中国革命基本特点是中国共产党制定正确政治路线的主要内容和客观依据，也是党的自身建设面临的特殊的规律性问题。党的失败和胜利，党的后退和前进，党的缩小和扩大，党的发展和巩固都是同党的政治路线密切地联系着，也是同党对于统一战线问题、武装斗争问题之正确处理或不正确处理密切地联系着的。因此，毛泽东同志总结出自我党在中国革命中面临的三个基本问题，即统一战线问题、武装斗争问题和党的建设问题，同时他站在中国共产党领导中国革命的高度提出，“正确地理解了这三个问题及其相互关系，就等于正确地领导了全部中国革命的科学论断。”毛泽东同志不仅总结出这三个基本问题，还对其关系进行了深刻形象地揭示。他指出，统一战线和武装斗争，是战胜敌人的两个基本武器，而党的组织，则是掌握统一战线和武装斗争这两个武器以实行对敌冲锋陷阵的英勇战士。因此，毛泽东同志指出统一战线、武装斗争和党的建设，是自我党在中国革命中夺取胜利的三个法宝。

马克思主义是中国共产党的指导思想和行动指南，马克思主义中国化是结合中国具体实际对马克思主义的发展和创新。在新时代中国特色社会主义建设中，自我必须继续推进马克思主义中国化。因此，自我必须掌握马克思主义中国化的理论基础和具体实践，只有从马克思主义中国化的科学内涵、马克思主义中国化的历史必然性、马克思主义中国化的重要意义以及马克思主义中国化的理论前提和现实基础几个方面进行分析，才能为更好地研究马克思主义中国化提供基础。

中国在外力的推动下逐步开启了现代化的进程，并在中国共产党的领导下走上了社会主义道路，走社会主义道路实现中国的现代化成为中国共产党的历史使命。

第三章 马克思主义大众化的原则、方法、途径、机制

第一节 当代中国马克思主义大众化的基本原则

一、理论与实际相结合的原则

（一）理论与实际相结合原则的科学内涵

1. 理论与实际相结合的科学内涵

中国共产党人只有在他们善于应用马克思列宁主义的立场、观点和方法，善于应用列宁斯大林关于中国革命的学说，进一步地从中国的历史实际和革命实际的认真研究中，在各方面做出合乎中国需要的理论性的创造，才叫理论和实际相联系，这是对理论联系实际科学内涵最为精辟地表述。其意思是：首先，要善于把握对实际有方法论意义的科学理论；其次，必须在科学理论的指导下，开展对中国革命和建设实际问题的调查研究；最后，理论与实际相结合既要切实解决实际问题，又要将实践经验上升为新的理论。

2. 理论与实际相结合的基本要求

“中国道路”实践要求理论与实践相结合必须是：理论与人们所处的时代性实践指向要求相结合，理论与人们所处的当下现实的具体空间实践相结合，理论与人们解决和处理各种关系的实践活动相结合。因此，要做到理论与实际相结合：一是要吃透理论，不仅要认识马克思主义的一般原理和当代中国马克思主义的结构和内容，更要注重把握马克思主义的立场、观点和方法，深入理解和运用对实际具有方法论意义或直接指导意义的科学理论；二是要搞清实际，在科学理论的指导下认真开展对实际问题的调查和研究，

不仅要有对实际的感性认识，更要上升到对其本质的理性把握；三是要重视理论联系实际的结果，不仅要求切实解决各方面的问题，而且要求将实践经验上升为新的理论。自我党正是坚持了理论与实际相结合的原则，才走出了新民主主义革命道路和中国特色社会主义道路。

（二）理论与实际相结合的必要性

理论与实践相结合是马克思主义的一个基本原则，也是马克思主义的本质所在。正是因为马克思主义者自始至终都坚持理论与实践相结合，才使得马克思主义这个科学理论为人民大众所认识、掌握、使用，成为人民大众认识世界、改造世界的强大思想武器。

1. 实践是理论的源泉和发展动力

理论只有与实践相结合，才能从实践中汲取养分，同时通过理论的创新促进实践的创新，从而真正保持马克思主义大众化的可持续发展和保证马克思主义大众化满足实践需要。当代中国马克思主义大众化，就是通过开展中国特色社会主义理论体系宣传普及活动，通过人民群众理解、掌握和运用中国特色社会主义理论体系，使人民群众拥有马克思主义的思想观念、思维品质，并成为人民群众发挥中国特色社会主义实践主体作用的强大思想武器。

2. 理论与实践相结合是马克思主义的本质所在

马克思主义重视理论学习，更重视理论与实践紧密结合。马克思曾说：他的理论不在于解释世界，而在于改造世界。马克思主义的“本本”是要学习的，但必须是同我国的实际情况相结合的“本本”，而不是脱离实际情况的本本主义。自我什么时候坚持马克思主义理论联系中国的实际，坚持用马克思主义中国化的理论成果指导革命和建设，就会取得一个又一个胜利；自我什么时候背离理论联系，就会导致失败、挫折的悲剧。可见理论与实践相结合是马克思主义的本质要求。

（三）如何实现理论与实践相结合

马克思主义理论的生命力在于它能在实践中真正做到理论武装人民群众，人民群众能以掌握的科学理论指导自己的实践。

1. 要准确把握理论与实践相结合的主要内容

马克思主义的基本理论是人民大众从事“中国道路”实践的行动指南

和思想武器。中国特色社会主义理论体系是当代中国马克思主义大众化的主要内容，对它的认识要做到：其一，放在马克思主义的整个理论体系中去认识，不能把中国特色社会主义理论体系和马克思主义对立起来；其二，放在社会主义现代化建设的未来发展的整个历史阶段来认识，不能把它看成到此为止的既成结果。要避免用静态的、片面的观点看待马克思主义，要在实践中用发展的眼光看待马克思主义。

2. 要认清理论与实践相结合的实际状况

将当代中国马克思主义大众化放在和平与发展的大时代背景和经济全球化与新科技革命的新时代特征的背景下认识，放在中国特色社会主义建设和改革进入发展黄金机遇期和攻坚克难阶段的国情中认识，放在人民群众思想意识多元化和价值观多元化的意识形态背景中认识。要以当代中国社会主义现代化建设的实践为中心，以自我正在做的事情为中心。着眼于马克思主义理论的运用，着眼于提高对实际问题的理论思考，着眼于新的实践和新的发展。用马克思主义中国化的最新成果指导实践，紧密结合全面建成小康社会，进一步推进社会主义现代化建设实践，研究回答广大人民群众关心的重大理论和实际问题，坚持把马克思主义宣传普及与群众物质利益结合起来，才能使中国特色社会主义理论体系真正为人民大众所认同、理解和掌握。实践证明，只有把理论与实践紧密结合起来，当代中国马克思主义大众化的推进活动才能卓有成效。

3. 要注重理论与实践相结合的过程性

马克思主义掌握人民群众的过程，就是马克思主义从理论变为现实的过程。只有在实践中推进当代中国马克思主义大众化，才能逐步使其转化为广大人民群众的理想信念和价值追求，在进一步的“中国道路”实践中又不断丰富和发展马克思主义。因此，从整体的观点看，理论和实践相结合是一个理论指导实践，实践经验上升为理论，用新的理论指导新的实践的不断深入、循环往复、永无止境的过程。因为事物是不断发展的，实践也是复杂的，要把这两者有机地联系起来，自然是一个长期的过程。理论与实践一次结合的成功，不能说明下一次结合的成功，新的成功需要新的努力、新的结合。

4. 要找到理论和实践相结合的结合点

当代中国马克思主义要发挥理论的威力，必须结合当代中国的实际，回答和解决现实问题。就当代中国来说，离开建设中国特色社会主义的实践需要来解读马克思主义，纵然你把马克思主义读一千遍一万遍，也还是一个假马克思主义者。马克思主义的力量就在于解决现实问题，离开客观现实去研究、宣传马克思主义，必然使马克思主义成为苍白无力的教条。

二、坚持与时俱进的理论创新原则

创新是一个民族进步的灵魂，是一个国家兴旺发达的不竭动力，也是一种理论永葆生机活力的源泉。马克思主义本身也总是随着时代、实践、科学的发展而不断发展。纵观中国共产党的发展史，正是由于中国共产党人与时俱进地把马克思主义的基本原理同中国实际相结合，才成功创立了毛泽东思想、邓小平理论、“三个代表”重要思想、科学发展观等中国化的马克思主义。大众化要持续推进，获得理想的效果，必然要求大众化根据时代发展的要求，不断解放思想、实事求是、与时俱进地在观念、内容、形式、方法、手段和体制机制等方面改进创新，不断总结和创造新经验，不断为马克思主义大众化增添新内容，如此，马克思主义才能焕发出生机与活力，并最终为广大人民群众所理解、掌握和运用。

（一）与时俱进是马克思主义的重要理论品质

时代在不断变化发展，每个时代都有属于它自己的思想。马克思主义自 19 世纪 40 年代在欧洲诞生以来，之所以能够永葆其活力，其根本原因就在于它是随着时代的变化发展而不断地从理论和实践两个方面与时俱进地拓展与完善。

1. 时代课题决定着理论的走向

不同的时代有不同的课题，在回应时代课题基础上所形成的理论体系反映着时代的精神。当代中国马克思主义也是为了回应当代中国特色社会主义发展道路上所遇到的时代课题而产生的理论，它具有鲜明的时代特色。中国特色社会主义理论体系是马克思主义中国化的最新成果，是当代中国的马克思主义，是回应当代中国发展变化的新要求，是推进和发展中国特色社会主义事业的思想武器。这种理论创新是在立足改革开放的实际与引领未来发展方向的结合中向前推进的，是在顺应当今世界时代的深刻变化与当代中国发展内在要求的统一中不断发展的，因而充分体现了马克思主义与时俱进的理论品质。

2. 理论与时代变化紧密结合

对不断发生变化的时代和实践做出科学准确的判断和分析，使理论更加符合实际情况，并指导人们的新实践，是时代赋予当代中国马克思主义的使命和重任。在资本主义大工业时期产生的马克思主义，它之所以具有强大而又旺盛的生命力，主要在于在其发展过程中不断与各国实践和时代特点相结合，在于它具有与时俱进的理论品质。当代中国马克思主义正是随着改革开放新时期伟大实践的不断开拓而不断创新和发展的，它将马克思主义基本原理与中国特色社会主义建设的实际相结合，在坚持中发展，在发展中坚持，并且不断地进行新的理论创新，进一步丰富和发展了马克思主义，突出体现了强烈的时代性，并把传承性和时代性有机地结合起来。

（二）与时俱进是马克思主义大众化的内在诉求

马克思和恩格斯一再强调他们的理论不是教条，而是行动的指南。马克思主义从来就不是书斋里的学问，而是人民群众实践经验的科学总结，是人们认识世界、改造世界的强大思想武器，只有被广大人民群众所理解、所掌握，才能转化为强大的物质力量，在实践中发挥应有的作用。新的历史条件下，马克思主义大众化处于不断地实现其理论自身的创新，并以开放的体系吸收人类文明的一切成果，确立了人民大众对于当代中国马克思主义“大众化”的最本质、最真实、最实际的需求，因为人民需要的是能够顺应时代发展、把握时代脉搏、回答时代课题、具有时代气息的理论；需要的是能够以正在做的事情为中心，不断给人民带来最真实的利益福祉的理论；需要的是能够贴近大众生存发展实际、贴近大众思想认识实际、贴近大众学习生活实际，真正说出人民心里话的理论；需要的是能够为“中国道路”实践中所遇到的“深水区”“险滩”指明方向的理论。

当下中国社会发展中经济体制、社会结构和利益关系深刻变革调整下的各种矛盾以及热点、难点问题亟须理论来解疑释惑，许多重大理论问题亟待回答……这一切都需要与时俱进的马克思主义理论来回答，这充分反映了当代中国马克思主义的与时俱进是马克思主义大众化发展的内在诉求。

（三）理论创新是马克思主义大众化的重要途径

理论创新是一个国家、一个民族、一个政党生存发展的强大动力，是社会进步的重要标志。在世情、国情、党情继续发生深刻变化的复杂情况下，马克思主义大众化只有勇于推进实践基础上的理论创新，才能指导人们建设中国特色社会主义的新的伟大实践，才能凝聚人心、凝聚改革共识，推动进步与发展，促进中华民族伟大复兴“中国梦”的实现。

1. 当代中国马克思主义大众化必须大力推进理论创新

马克思曾经指出，理论只要说服人，就能掌握群众；而理论只要彻底，就能说服人。理论创新是马克思主义生命之所系，力量之所在。这就要求自我在马克思主义大众化的过程中不断推进理论创新，同时以马克思主义的理论创新指导其大众化过程。推进马克思主义大众化进程中的理论创新，是推进中国特色社会主义建设的理论保障。如此，才能引领思想多元化、利益复杂化、社会急剧转型的中国走向稳定繁荣。

2. 当代中国马克思主义大众化必须创新实施路径

第一，实现当代中国马克思主义传播生动化。在思想多元化、阅读浮躁化、生活娱乐化的现实环境下，推动中国马克思主义大众化尤其要强调载体的丰富、形式的创新，创造出一批马克思主义中国化、时代化、大众化的成功范例。运用大众常用语言、结合大众熟悉的典型事例、采取多样化形式等有效方式，与广大基层群众的实际理解能力、文化习俗和思维方式有机结合。

第二，推进马克思主义经典著作通俗化。加强对经典原著、对马克思主义史学上重要人物的唯物辩证地解析研究。正如“一千个读者眼中有一千个哈姆雷特”，关于马克思主义，也会有不同的理解与解读。在马克思主义大众化的过程中，加强对马克思主义史学上重要人物的唯物辩证的解析研究，有助于自我了解历史，更有助于自我面向未来，避免重蹈覆辙。

第三，回归马克思主义人性化。推动马克思主义大众化需要摒弃将马克思主义教义化、呆板化、混乱化，应突破照本宣科、固定模式的禁锢，才能真正还人们以马克思、恩格斯及马克思主义理论的本来面目，回归人性，体现贴近实际、贴近生活、贴近群众的要求。马克思对真理的执着追求，对友谊的珍爱，对家人亲情的眷恋……这对于广大青年来说，无疑是亲近、亲密接触马克思、马克思主义的桥梁，也是马克思主义大众化的生动教材。

第四，强化理论回应现实问题意识。马克思主义理论要想掌握群众，实现党的创新理论成果与群众理论需求的有效对接，就必须具备令人信服的解释力，针对热点、难点、焦点问题，不断探索和回答什么是社会主义、怎样建设社会主义，建设什么样的党、怎样建设党，实现什么样的发展、怎样发展，实现什么样的改革、怎样改革等重大理论和实际问题。只有这样，才能不断推进马克思主义大众化进程。

3. 明确当代中国马克思主义大众化的需求指向

坚持与时俱进地推进当代中国马克思主义的理论创新，就是要高扬马克思主义的优秀理论品质，敏锐把握时代特征，准确反映时代要求，使中国特色社会主义理论不断得到丰富和发展，始终走在时代发展的前列。为了建设和发展中国特色社会主义，实现中华民族的伟大复兴——“中国梦”，人民群众比任何时候都更加需要用马克思主义中国化的最新成果来武装，比任何时候都更需要用发展着的马克思主义作为指导和引导。关注人民大众的需要和诉求，维护人民大众的政治、经济、文化、社会等各项合法权益，对人民群众普遍关心的重大理论实践问题和热点、难点问题，运用马克思主义立场观点方法做出科学、通俗的解答，积极主动、深入持久地宣传普及中国特色社会主义理论体系特别是科学发展观，使其得到广大人民群众的普遍认同和真诚信仰，万众一心地把全面建成小康社会、实现伟大“中国梦”事业不断推向前进。

三、坚持“三贴近”原则

“三贴近”原则是指：当代中国马克思主义大众化要贴近“中国道路”实际、贴近当下社会生活、贴近人民大众需求，做到把马克思主义理论与人民大众的“中国道路”实践和当下社会生活紧密结合起来，在“中国道路”实践中真正行之有效地推进当代中国马克思主义大众化。“三贴近”原则是马克思主义实践观、群众观的体现，是自我党理论宣传工作的一条历史经验。“三贴近”原则也是当代中国马克思主义大众化必须遵循的基本原则。

（一）“三贴近”原则的科学内涵

一是贴近实际。所谓实际，就是“中国道路”实践的实际。推进当代中国马克思主义大众化就是要立足于“中国道路”实践的实际——社会主义初级阶段这个中国当前最大的实际。只有从中国基本国情出发，始终坚持解放思想、实事求是、与时俱进、开拓创新，并且适应现阶段经济、政治、文化、社会发展的实际状况和要求，同时适应不断发展变化的客观现实，才能真实反映改革开放和现代化建设的实践。

贴近“中国道路”实践的实际，要求自我遵循马克思主义的认识论，坚持一切从实际出发，而不能从“本本”和概念出发，不解决任何实际问题；贴近“中国道路”实践的实际，要求自我适应群众的接受能力，形成与社会主义初级阶段基本经济制度相适应的思想观念，不能超越阶段，用脱离实际的说教强加于人；贴近“中国道路”实践的实际，就要贴近中心，贴近大局，不能远离改革开放和现代化建设的主战场，搞“两层皮”；贴近“中国道路”实践的实际，就要说实话，鼓实劲，求实效，不能只求场面上的轰轰烈烈，搞外在繁华的形式主义。

二是贴近当下社会生活。所谓生活，就是丰富多彩的人民群众追逐“中国梦”的实际生活。推进当代中国马克思主义大众化真正落到实处就是要把马克思主义基本理论和主要观点真正地深入到广大人民大众追求“中国梦”的“中国道路”实践的日常生活中去，反映客观现实，把握社会主流，解决具体矛盾，从而更好地把当代中国马克思主义大众化融入人民群众生活之中，并且不断地使其服务生活、引导生活。

贴近当下社会生活，要始终把当代中国马克思主义大众化工作视点对准火热的生活，关注朴素平凡的生活细节，聚焦丰富多彩的生活场景，展示未来生活的美好前景，激励人民群众同心协力，奋发图强，为创造更加美好的新生活而共同奋斗；贴近当下社会生活，就要求自我以生活为源泉，忠实地反映和表现生活，不能用抽象的概念裁剪生活，不能违背生活现实，闭门造车；贴近当下社会生活，就要抓住生活本质，解决生活难题，不能停留在社会表象解读和形式主义说教，要满足人民大众在“中国道路”实践中的精神文化生活新要求。

三是贴近人民大众需求。广大人民群众是当代中国马克思主义大众化真正落到实处的主体。推进当代中国马克思主义大众化就是要充分体现广大人民群众意愿、满足广大人民群众需求，讲广大人民群众想说的话、办广大人民群众想办的事，使人民大众切身体验到当代中国马克思主义大众化是代表最广大人民群众的根本利益。

贴近人民大众需求，就是要牢固树立人民立场，做到“权为民所用、利为民所谋、情为民所系”，以群众满意不满意、高兴不高兴、赞成不赞成、答应不答应作为当代中国马克思主义大众化的根本出发点和落脚点；贴近人民大众需求，就是要高度重视人民大众在当代中国马克思主义大众化中的主体地位，吸引群众广泛参与，不能把群众当成被动接受的对象；贴近人民大众需求，就是要高度重视实现人民大众的切身利益，使当代中国马克思主义大众化的所有工作都是着眼于为人民群众办实事、办好事，着眼于为人民大众实现美好生活。

（二）当代中国马克思主义大众化需要坚持“三贴近”原则

“中国道路”实践是在国际形势风云变幻、国内矛盾错综复杂的状态中进行的波澜壮阔的“中国特色”的社会主义现代化建设道路，当代中国马克思主义大众化也是在社会经济成分、组织形式、就业方式、利益关系和分配方式进一步多样化，思想文化领域发生了深刻变化，各种观念相互交织，社会思想空前活跃，社会意识出现多样化趋势，人们的精神文化需求迅速增长，呈现出多方面、深层次、高要求的状态。只有按照“三贴近”要求，努力使当代中国马克思主义大众化紧扣群众思想脉搏，引导人民大众在解放思想中统一思想，引发人民大众共鸣，才能增强当代中国马克思主义大众化工作的吸引力和感召力；才能巩固马克思列宁主义、毛泽东思想、邓小平理论、“三个代表”重要思想和科学发展观在意识形态领域的指导地位；才能巩固全党全国人民团结奋斗的共同思想基础，为人民大众坚定走“中国道路”提供强大的精神动力和智力支持。

（三）“三贴近”原则的精神实质在于实践

实践是实现当代中国马克思主义大众化的力量之源。重视实践是马克思主义区别于其他理论科学的显著特征。当代中国马克思主义大众化，就是把马克思主义基本原理具体化、通俗化，使广大人民群众便于接受。马克思主义只有被广大人民群众所掌握并运用到实践当中去，并成为广大人民群众认识世界、改造世界的强大思想武器，才能转化为推进“中国道路”实践的物质力量。

“中国道路”的实践，使我国成为世界第二大经济实体。这不仅是“中国道路”正确性的有力证明，更是当代中国马克思主义大众化的结晶。随着理论不断地被用于指导实践，以及理论不断地被实践所检验，理论本身也逐渐被广大人民群众所掌握，从而达到内化其心灵，外化其行为，也即达到了当代中国马克思主义的大众化。当然，自我在推进当代中国马克思主义大众化的过程中，既要防止马克思主义庸俗化，又要不断接受实践的检验，把正确的理论与“中国道路”实践的实际相结合，总结提炼人民群众在“中国道路”实践中创造的新鲜经验，并上升为指导中国特色社会主义发展的新的理论成果，进一步丰富和发展马克思主义。以邓小平理论、“三个代表”重要思想和科学发展观为主要内容的中国特色社会主义理论体系，就是马克思主义与中国实际相结合，并被实践所证明了的正确的科学理论。所以，“中国道路”的实践是当代中国马克思主义理论大众化的力量之源，离开了中国特色社会主义的实践，当代中国马克思主义大众化就是无本之木、无水之源。

第二节 当代中国马克思主义大众化的方式方法

一、用提高利益可见度方法，推进工农大众群体认知当代中国马克思主义

工农大众是中国当代最基层、最根本的“中国道路”实践者，对利益诉求最为直接。他们接受、信仰马克思主义具有以下特性：

（一）务实性

工农大众心目中的马克思主义思想的价值在于“实”，他们总是以周边生活、自身经验来验证、衡量马克思主义的有用性。他们较多考虑大众化与自身利益的相关性，离开切身利益就没有兴趣接受马克思主义。他们需要的是马克思主义要贴近他们的生活，对于远离现实生活的空洞说教都遭到他们的冷漠对待甚至拒斥。

（二）直觉性

工农大众没有高深的理论素养和需求，接受马克思主义喜欢简单的是非认定、榜样模仿。诸如：中国改革开放辉煌成就，体现践行社会主义核心价值观的感动中国人物、道德楷模、最美的人、事，等等，最乐意被接受。工农大众接受马克思主义是以直观行为和榜样为主。

（三）期望性

工农大众属于社会底层，对生活状况改善的欲望最为强烈，他们常常处于心理迫切期望状态。马克思主义就是解放全人类的科学思想，最符合工

农期望心理。应充分展现马克思主义为人民大众服务的特性，推动当代中国马克思主义在工农群众中的大众化。

二、用增强社会责任感方法，促进知识分子群体认同当代中国马克思主义

知识分子是具有较高理论水平和文化素养的人群，他们在革命和建设时期，在推动马克思主义大众化方面发挥了重要的作用。在走“中国道路”中的知识分子对研究创新宣传普及实践中国特色社会主义理论体系具有重要的推动和引领作用。为此：

（一）引导知识分子马克思主义化

知识分子通常具有较高的文化水平和研究能力，有追求马克思主义的愿望，但是他们并不是自发完成马克思主义化的。自我应通过引导知识分子尊重人民群众的历史创造主体地位，建立对人民群众的深厚感情，树立为人民服务的理念；引导知识分子从本职工作出发，明白自身成长与国家发展的关系；引导知识分子自觉掌握马克思主义的世界观和方法论，正确认识当前发展阶段的现实问题，从而坚定对中国特色社会主义道路的信念，自觉融入马克思主义大众化的进程中去。

（二）积极推动知识分子参与中国特色社会主义的建设实践

知识分子积极参与中国特色社会主义实践，一方面能够发挥他们的建设者作用，实现其社会价值；另一方面他们创造性地开展中国特色社会主义实践，可以为马克思主义理论体系的不断完善贡献自己新的思想火花。

三、用强化历史使命感方法，要求青年学生群体接受当代中国马克思主义

（一）青年学生的基本情况

青年学生这里主要是指当代中国大学生，包括所有高等院校在读的专科生、本科生和研究生。青年学生是一个基数庞大的群体，而且青年学生作为社会主义事业建设者和接班人的地位决定着这个群体是马克思主义大众化的重点对象。

高等学校可以以思想政治理论课为主渠道，开展马克思主义大众化教育，依托校园文化和学生活动开展的第二课堂教育，让学生自主接触社会获

得教育，在全面学习和体悟中掌握马克思主义。

（二）学生通过内化“三观”、外化实践来实现马克思主义大众化

首先，要内化“三观”，掌握马克思主义的科学世界观，端正人生观和价值观。引导青年学生树立辩证唯物主义和历史唯物主义的世界观，帮助他们认清社会发展的客观规律，正确评估国际、国内政治形势，选择正确的立场、观点和态度；引导青年学生树立正确的人生观，帮助他们确立正确的人生态度和崇高的人生目标，自觉把个人的前途与祖国的命运紧密地联系在一起，以便在投身中华民族伟大复兴中实现自己的人生价值；引导大学生树立正确的价值观，帮助他们自觉传承中华民族传统美德，加强社会公德、职业道德、家庭美德、个人品德建设，提高对各种社会思潮和价值观念的鉴别能力。

其次，要外化实践，掌握马克思主义的科学方法论，获取行动指南。毛泽东同志说过，“对于马克思主义的理论，要能够精通它、应用它，精通的目的全在于应用”。青年学生作为文化知识水平较高、热爱祖国且较为系统地接受过马克思主义理论教育的特殊群体，除了自身学习实践马克思主义以外，还肩负着宣传马克思主义的重要任务。自我应该充分调动大学生的积极性，组织优秀大学生承担理论宣讲任务，在高等学校成立马克思主义研究宣传的社团组织，鼓励大学生在理论宣传中深入了解社会现实，加深对理论的理解，成为马克思主义大众化队伍的重要力量。

四、用提升理论说服力方法，引领中等收入群体学习当代中国马克思主义

随着时代的发展、社会的进步，当代中国马克思主义大众化面临的物质基础、社会环境、传播条件等都发生了巨大的变化。在推进当代中国马克思主义大众化的过程中，要充分利用大众传媒，拓展传播渠道，出版一系列具有吸引力和感染力的理论刊物，推出一批读者愿看、爱看的文章和书籍，打造一批有影响力的广播电视理论宣传品牌；要重视现代网络技术的运用，打造马克思主义大众化理论传播的新平台，运用好“大数据”，办好重点新闻网站理论频道和微博，创建一批思想理论类网站，夯实思想引领的网上阵地。为了使群众更好地了解中国特色社会主义理论，必须采取灵活多变的、生动活泼的、广大群众乐于接受的理论宣传方式。例如，报刊书籍等出版物

宣传方式，可以使群众全面深入学习；视频、音频等音像材料传播方式，可以使群众产生形象直观的认识；课堂、讲座等理论教育方式；参观、调研等实践学习方式等。

第三节　当代中国马克思主义大众化的有效途径

一、培养当代中国马克思主义大众化的人才队伍

为保证当代中国马克思主义大众化各项任务的完成，必须建立一支高素质的当代中国马克思主义大众化的人才队伍，这支队伍具有坚定的马克思主义信仰和扎实的理论基础，善于用马克思主义立场、观点、方法分析实际问题；这支队伍宣传知识丰富、通晓现代传播手段，语言表述生动感人、说理深入浅出，以人民群众喜闻乐见的朴实、直白和准确语言向人民群众进行当代中国马克思主义宣传；这支队伍思想品德高尚、群众意识强，能在实践中深入群众、深入基层，并结合群众的实际问题而采用灵活多样的传播形式。由于推进马克思主义大众化是一项复杂艰巨的工作，它要求从事这项工作的专业队伍必须做到：

（一）政治素质方面

首先要坚定共产主义的信仰。推进马克思主义大众化的工作者本身首先应该是一个马克思主义者，只有坚定马克思主义信仰和基本立场，坚持马克思主义的世界观、人生观、价值观，坚持马克思主义的科学精神，坚持辩证唯物主义与历史唯物主义的世界观不动摇，才能在工作中坚持正确的政治导向。

（二）理论素养方面

作为推动当代中国马克思主义大众化的主体，只有对马克思主义理论体系和科学精神有一个完整、准确的理解把握，具备扎实的理论功底，才能站得高看得远，才会有较强的洞察力以及分析问题和解决问题的能力，才能有较强的预见性，理解、执行拥护党的基本路线、基本纲领，才能做到理论联系实践，在回答和解决实际问题的过程中结合新的实践推进理论创新，满足人民群众不断发展的理论需求。

（三）灌输技能方面

灌输是马克思主义大众化的重要环节，承担这一任务的人员应掌握灌输的基本知识和技能，充分研究受众，了解不同群体的思想情感、价值追求、生活习惯、认知水平等，积极探索创新宣传教育形式，运用多种传媒尤其是新兴媒体传播理论，把深奥的理论同通俗化的方法结合起来，使理论真正具有说服力和影响力。

（四）人格魅力方面

推进当代中国马克思主义大众化队伍中的成员，其高尚的道德能够使人产生敬佩、信服、亲切的心理感受，增强感染力，使人们心悦诚服地接受理论教育，具有广泛、持久、内在的隐性教育价值。这支队伍要有令人敬重和信赖的道德修养，有牢记为人民服务的宗旨意识，坚持正确的价值取向和道德准则，树立良好的共产主义道德、职业道德、社会公德；要有强烈的社会责任感和正确的行为规范，理论联系实践的作风，能够用真理的力量说服人，用高尚的品德感染人。他们自身的道德风貌对于马克思主义的传播普及具有很大的影响，言行一致具有示范作用。

此外，推进马克思主义大众化队伍的成员，要努力做到理论联系实际、密切联系群众、批评与自我批评；还应该不断提高科研能力、组织管理能力、表达写作能力等各种能力。这样，就如毛泽东同志所说，如果自我党有一百个至二百个系统地而不是零碎地、实际地而不是空洞地学会了马克思列宁主义的同志，就会大大地提高自我党的战斗力量。可见，人才队伍非常重要。

二、开展多样化的宣传普及活动

当代中国马克思主义大众化作为一个“化”大众的过程，有一个人民大众愿意不愿意、主动不主动学习接受理论的过程，这就需要通过外力引导的形式，即开展理论宣传普及活动来推进当代中国马克思主义大众化，这是推进当代中国马克思主义大众化的直接途径。面对当前阶层群体多样化、人们思想观念的新变化、认知水平多层次化、受众接受方式多元化等特征，要提高宣传普及当代中国马克思主义的实效，就必须在研究受众、创新方式、拓展平台等方面有所突破。

（一）开展宣传普及活动要研究受众

受众理论是传播学的基本理论之一。受众是传播活动中听众、观众和读者的总称，即信息传播的接受者。在“中国道路”实践中推进马克思主义大众化，就是理论传播的过程，其目的是使人民大众认知、理解、掌握当代中国马克思主义，因而要研究受众——人民大众特点，在尊重受众的差异性中体现层次性，在扩大受众范围中突出重点人群，在尊重受众地位中开展平等交流与沟通，调动他们参与的积极性、主动性、能动性，增强当代中国马克思主义大众化宣传普及工作的针对性和实效性。

（二）开展宣传普及活动要创新方式

创新当代中国马克思主义大众化的宣传普及方式方法，对于推进当代中国马克思主义大众化起着至关重要作用，因为宣传普及方式、途径、载体能否吸引人、感染人，直接影响到人民大众对理论的理解、接受。因此，当代中国马克思主义大众化的宣传普及活动，应适应新形势和人民大众的需求，避免填鸭式的“硬性灌输”，应做到理论表述通俗化、宣传教育形式多样化、传播手段现代化以及多种传播媒介的综合运用，真正做到用马克思列宁主义的分析方法，用人民的语言，很有说服力地去说明马克思列宁主义的普遍真理。

（三）开展宣传普及活动要拓展平台

当代中国马克思主义大众化的宣传普及要建立以家庭为起点，学校为核心，社会为延伸的全方位、立体化平台，来保障当代中国马克思主义大众化的落实。家庭是育人的第一所学校，家庭教育是学校、社会教育的基础和补充，对于当代中国马克思主义大众化的宣传普及至关重要；学校是进行系统教育的场所，是人文素质培养提升、价值观念塑造的主要阵地，是系统全面地进行当代中国马克思主义大众化的宣传教育的主要平台；人们在家庭和学校教育中所形成的思想、理念、价值观等，都要在社会实践中得以检验和调整，并最终形成自己的世界观、人生观和价值观。因此，社会是延伸、检验家庭和学校当代中国马克思主义大众化成效的根本场所。当然，在发挥学校、家庭、社会各自独特作用的同时，要整合各方教育资源形成合力，拓展当代中国马克思主义大众化宣传的平台。

三、解决群众利益问题

“中国道路”经过多年的实践，已将我国发展成为世界第二大经济实体，人民群众的生活水平已奔向小康，但在中国社会主义社会取得重大成就的同时，也出现了辉煌成就与凸显问题、发展黄金期与矛盾凸显期并存的状况，人民大众对自身利益的诉求越来越强烈，经济社会发展中的深层次问题越来越显现。因此，在“中国道路”实践中的当代中国马克思主义大众化，只有将解决思想问题与解决实际问题相结合，关注人民大众的利益诉求，实现人民大众的美好生活愿望，才能提高人民大众对当代中国马克思主义的认同度和接受度。

（一）关注民生

人民大众对一种理论的态度，不仅取决于这种理论是否科学，还取决于这种理论能否反映、满足人们的现实需要和维护他们的利益。人民群众最基本、最直接的利益就是民生，即基本生活状态、基本发展机会和基本权益保障等。“中国道路”实践中的当代中国马克思主义大众化，只有在关注民生，切实维护人民群众的利益，实现人民群众的愿望过程中，才能得到人民大众的认同。

（二）维护社会公平正义

社会公平和正义是人类社会的崇高境界，是社会主义和共产主义的首要价值所在。在经济快速发展的同时，我国的收入分配差距以及城乡差距、区域差距、行业差距等持续拉大，社会阶层分化日益明显，利益失衡现象频现，贫富悬殊日益扩大，社会公正问题凸显。因此，在“中国道路”实践中的当代中国马克思主义大众化，必须高度重视收入分配问题，合理调整国民收入分配格局，进一步完善社会保障体系，把社会成员之间在社会利益上的差异限制在一定范围内，为人民群众提供公平的机制、环境、条件和发展机会。通过维护和实现社会公平正义，体现中国特色社会主义制度的优越性，才能增强当代中国马克思主义理论的说服力。

（三）加强党风廉政建设

当代中国马克思主义大众化是把党的意识形态上升为社会意识形态的过程，而在“中国道路”中的党员干部的思想品德素养、工作生活作风等状况，对推进当代中国马克思主义大众化具有重要的影响作用。针对党风问题，必须下大力气克服党风方面存在的问题，加强党风廉政建设，根除“四风”，坚决消除腐败。如此，党员干部才能真正成为马克思主义的宣传者、践行者，才能发挥党员先锋模范作用，才能提升当代中国马克思主义对人民大众的吸引力和感召力。

第四节　当代中国马克思主义大众化的有效机制

一、当代中国马克思主义大众化的管理机制

（一）当代中国马克思主义大众化的领导体系

中国共产党是中国特色社会主义事业的领导核心，当然也是推进当代中国马克思主义大众化的领导核心。实现当代中国马克思主义掌握大众、大众掌握当代中国马克思主义，自觉投身“中国道路”实践中去，离不开党的坚强领导。自我党是当代中国马克思主义理论创新者，有长期从事人民大众思想政治教育的实践经历，有丰富的马克思主义中国化、大众化、时代化的经验。当代中国马克思主义大众化是个系统工程，不仅需要专门的理论队伍，而且需要调动社会各方面的力量，这只有在中国共产党的坚强领导下才能实现。党通过制定正确的路线、方针、政策来保证当代中国马克思主义大众化沿着正确的方向前进。

（二）当代中国马克思主义大众化的行政管理

当代中国马克思主义大众化不仅是党委部门的事情，也是行政部门的事情。党的领导主要是宏观上的政治、思想、组织的领导，要健全大众化管理体制，必须把它纳入行政管理的轨道。努力使行政、业务部门认识到：用当代中国马克思主义统领人民大众的思想，牢固树立中国特色社会主义共同理想是人民大众“中国道路”实践的前提和基本要求。行政、业务部门的领导者要将当代中国马克思主义大众化纳入整个工作计划，有明确分工负责，有具体工作目标，同时应积极为当代中国马克思主义大众化创造条件，提供人、财、物等方面的保证。

二、当代中国马克思主义大众化的保障机制

当代中国马克思主义大众化是一个系统的、复杂的、长期的意识形态工作，要在人民大众的“中国道路”实践过程中，牢固确立马克思主义在意识形态领域的主导地位，让当代中国马克思主义大众化——中国特色社会主义理论体系真正地渗入到人民大众的思想意识中去，就必须建立和不断完善当代中国马克思主义大众化的保障机制，以保障大众化顺利进行、大众化目

标如期实现。

（一）路线保障

路线保障主要是指在推进当代中国马克思主义大众化的进程中坚持群众路线。群众路线是中国共产党的根本领导方法和工作方法。当代中国马克思主义大众化的过程是人民群众认识真理、掌握真理、运用真理、检验真理、发展真理与理论服务人民群众相统一的过程。人民群众是大众化的主体，人民群众的主体地位决定了马克思主义大众化必须按照“一切为了群众，一切依靠群众，从群众中来，到群众中去”的基本原则，切合人民群众的需要和利益，为群众办实事，解决群众的实际问题。正如毛泽东同志所强调：共产党人的一切言论行动，必须以合乎最广大人民群众的最大利益，为最广大人民群众所拥护为最高标准。

（二）人才保障

当代中国马克思主义大众化是对人民大众进行中国特色社会主义理论体系的灌输和引导教育过程。为保证此项任务的完成，必须建立一支理论水平高、思想道德素质过硬的大众化理论队伍。首先有坚定的政治信仰。推进当代中国马克思主义大众化的工作者本身首先应该是一个马克思主义者，只有坚定马克思主义信仰和基本立场，坚持马克思主义的世界观、人生观、价值观，坚持马克思主义的科学精神，才能在工作中坚持正确的导向。其次有较高的马克思主义理论素养。对马克思主义理论体系和科学精神有一个完整、准确的理解把握，做到能回答和解决人民大众在“中国道路”实践中遇到的实际问题。最后有灌输技能。灌输是当代中国马克思主义大众化的重要环节，要求灌输者充分研究了解人民大众中的不同群体、不同阶层的思想情感、价值追求、认知水平，等等，积极运用多种传媒载体，把深奥的理论传播转化为人民大众喜闻乐见的通俗化形式，同时还要从人民大众的“中国道路”实践中，总结人民大众创新的大众化方法和手段。当然，这支人才队伍还应不断提高科研能力、组织管理能力、表达写作能力等各种能力。

三、当代中国马克思主义理论大众化的评价反馈机制

推进当代中国马克思主义大众化的工作重在成效，要全面客观了解在“中国道路”实践中人民大众对中国特色社会主义理论体系的认知、领悟、运用状况，就应构建科学的评价反馈机制。

当代中国马克思主义理论大众化的评价反馈机制即是当代中国马克思主义理论大众化的评价机制和反馈机制的综合。它是对在“中国道路”实践过程中实施的当代中国马克思主义理论大众化的成效进行评估，并将根据一定的评价指标体系对评价对象的实效性、人民大众的满意度等评估结果再次运用于当代中国马克思主义理论大众化的过程，以此来推动“中国道路”实践中的当代中国马克思主义理论的大众化。

“中国道路”实践中的当代中国马克思主义理论大众化是一个复杂的系统性的工程，建立当代中国马克思主义理论大众化的评价反馈机制要避免单一化、简单化。为此，一要建立一个覆盖面广、健全完善的当代中国马克思主义理论大众化的评价反馈工作网络，各级各类信息工作部门要加强联系沟通，畅通自下而上的信息沟通渠道；二要采用多种方式、通过多种渠道收集“中国道路”实践中的当代中国马克思主义理论大众化信息，更多、更准确地把握人民大众在推进当代中国马克思主义大众化进程中的思想状况及其发展变化的轨迹，了解比较人民大众思想的变化状况以及在这一过程中产生的新问题；三要深入调研，可通过各级党委宣传部、媒体、科研机构对“中国道路”实践中的人民大众开展经常性的专题调查与典型性调查，听取他们对推进当代中国马克思主义理论大众化的方法、手段的反馈意见；四要在全面收集信息的基础上，对调查反馈结果进行科学的定量分析和定性分析，总结经验，发现问题，将分析结果传递到有关决策、管理、组织实施部门，促使他们解决问题，保证当代中国马克思主义大众化良性运行；五要重视和分析人民大众对当代中国马克思主义理论大众化的反应，建立反馈机制，畅通反馈渠道，重视反馈内容，尊重和落实人民大众意愿和要求，从而增强人民大众接受和理解马克思主义理论积极性和主动性；六要因地制宜制定当代中国马克思主义理论大众化的评价机制，正确评价在不同阶段、地区、群体中推进当代中国马克思主义大众化工作的成效，及时修正当代中国马克思主义理论大众化中的失误和偏差，更加有针对性地提高不同群体、不同阶层对当代中国马克思主义的认同度和接受度。

第四章 “中国道路”与马克思主义大众化

第一节 “中国道路”的内涵

一、“中国道路”的要义分析

“中国道路”内涵丰富、寓意深刻，可以从它的本质要求、总体布局、价值目标三个方面来认知把握。

（一）“中国道路”的本质要求

党的十八大报告中阐述了“中国道路”的本质要求：一是坚持党的领导。中国共产党成为中国革命、建设和改革的领导者，是历史和人民的选择，波澜壮阔的奋斗历程证明了没有共产党就没有新中国，党领导全国人民进行的“中国道路”探索和实践所取得的辉煌成就，充分说明中国共产党是中国人民不断开创中国特色社会主义事业的领导核心。二是立足基本国情。准确把握国情并从国情出发，来制定党的路线、方针、政策，是中国共产党人始终遵循的基本原则，毛泽东同志曾说认清中国的国情，乃是认清一切革命问题的基本根据。当前中国最基本的国情是我国仍处于并将长期处于社会主义初级阶段。与之相应，人民日益增长的物质文化需要同落后的社会生产之间的这一社会主要矛盾没有变，我国是世界上最大的发展中国家的国际地位没有变。只有立足于我国当前的基本国情，一切从现有的客观实际出发，才能从根本上掌握中国特色社会主义建设规律，从而顺利将“中国道路”推向前进。三是坚持党的基本路线。坚持以经济建设为中心、坚持四项基本原则和改革开放，即“一个中心，两个基本点”的党的基本路线，这是“要管一百年，动摇不得”的基本路线。四是明确根本任务。我国的社会主义是建立在半殖民地半封建社会基础之上的商品经济不发达的社会主义，要实现国家富强、民族振兴、人民幸福这一根本任务，就必须大力解放、发展生产力，努力破除一切阻碍中国经济社会进步的体制机制障碍。

（二）“中国道路”的总体布局

党的十八大报告第一次全面提出了“中国道路”的“五大建设”总体布局，即建设社会主义“市场经济、民主政治、先进文化、和谐社会、生态文明”。“五大建设”总体布局的提出，反映了新一届党中央领导集体对“中国道路”有了更加全面系统整体建设的认识和规划，与在中国特色社会主义实践中逐步形成的“五位一体”总布局是紧密相连的，都是中国共产党不断深化“中国道路”认识的结果。因“中国道路”是在中国特色社会主义实践之中的，所以，“五位一体”总布局包含了“五大建设”总体布局，“五位一体”总布局发展完善的过程，就包含了“中国道路”总体布局的发展。“中国道路”的“五大建设”总体布局是一个有机整体，其中生态文明建设是基础，社会建设是条件，经济建设是根本，民主政治建设是保证，先进文化建设是灵魂，它描绘出了“美丽中国”的绚丽蓝图。

（三）“中国道路”的价值目标

“中国道路”的价值目标：一是促进人的全面发展。历史唯物主义认为，人民大众是历史的创造者，在“中国道路”实践过程中，人民大众既是实践主体，也是实践成果享受的主体。人的自由全面发展是人类社会发展追求的终极目标，在当代中国社会，中国特色社会主义道路就是促进人的全面发展的必由之路，在那里每个人的自由发展是一切人的自由发展的条件。二是逐步实现全体人民共同富裕。走共同富裕道路是中国共产党自成立以来就坚持的坚定信念，是中国共产党人对中国人民的庄严承诺：自我坚持走社会主义道路，根本目标是实现共同富裕。三是建设富强民主文明和谐的社会主义现代化国家。这是我党在科学认识和准确把握社会主义建设规律以及顺应世界现代化发展趋势而制定的奋斗目标，实现这一宏伟目标就必须坚定不移地走“中国道路”。

“中国道路”以其深刻的科学内涵，系统回答了当代中国特色社会主义建设事业的领导力量、发展总体布局、发展价值目标等问题，展示了中国人民在新时代实现中华民族伟大复兴的宏伟愿景。

二、“中国道路”的理论基础

“中国道路”的探索是在“十月革命一声炮响之后，中国接受了马克思主义，才有了明确的方向和光明的前途。在马克思主义中国化的理论指导下，取得了新民主主义革命和社会主义革命、社会主义建设和改革的成功。“中国道路”在改革开放过程中得以开创，也是在当代中国马克思主义理论指导下，逐步从开创走向发展完善的。所以，“中国道路”的理论基础是马克思主义，是马克思主义不断中国化的历史成果，中国道路的本质是对马克思主义的科学理论和科学社会主义基本原则的继承和发展。

（一）“中国道路”是马克思主义历史辩证法的运用和体现

唯物史观揭示了人类社会是多样性的统一，人类社会历史发展是多样性和统一性的辩证统一。在马克思看来，各民族历史的演进千差万别，各自独特的实践水平和民族文化状况以及国内外情况决定了不同民族发展道路的差异性。“中国道路”的统一性体现在唯物史观所揭示的人类社会历史发展的规律，即社会主义必然代替资本主义的历史规律。“中国道路”的多样性体现在坚持从中国实际出发探寻适合中国国情的现代化道路，没有照搬西方极力推销的模式。“中国道路”贯彻了“具体问题具体分析”这一马克思主义活的灵魂。

（二）“中国道路”是马克思主义政治经济学的运用和体现

“中国道路”的开创，标志着领导“中国道路”实践的党中央领导集体工作重心，开始从“越穷越革命，越穷越先进”转向“以经济建设为中心”。为了彻底冲破市场经济姓“资”姓“社”问题，中国共产党人与时俱进地运用马克思主义政治经济学的核心范畴：诸如，商品、货币、资本、市场、竞争等马克思批判资本主义的理论工具，根据中国国情，创造性地提出“社会主义市场经济”，解决了社会主义能不能搞市场经济、能不能发挥资本的作用等制约“中国道路”发展的大问题。今天“全面深化改革”更是强调“市场在资源配置中起决定作用”。这都说明，“中国道路”灵活运用了马克思主义政治经济学。

（三）“中国道路”是科学社会主义基本原理的运用和体现

“中国道路”开创之初，就强调要实现“共同富裕”。党的十八大报告中指出：“促进人的全面发展，逐步实现全体人民共同富裕”是“中国道路”

的价值目标；社会主义和资本主义的根本区别在于，资本主义“以人为手段”，必将导致两极分化，而社会主义“以人为目的”，人民共享发展成果；“中国道路”坚持中国共产党的领导，坚持共同富裕，坚持人的全面发展等。这些都与科学社会主义发展目标紧密相连，都充分体现出“中国道路”坚持了科学社会主义的理论和原则。

三、“中国道路”的实践要求

“中国道路”的实践是全方位的，其要求也是多维度的。

（一）“中国道路”实践以中国特色社会主义理论体系为行动指南

中国特色社会主义理论体系是包括邓小平理论、“三个代表”重要思想以及科学发展观等重大战略思想在内的科学理论体系。“中国道路”是中国共产党领导中国人民为摆脱西方列强的欺辱、本国统治阶级的压迫，实现民族独立、人民解放、国家富强而进行的艰辛探索得来的。它是基于对中国具体国情的不断深入认识，也是基于对社会主义及其本质的不断准确把握，对两者的认识把握只有上升到理论层次，为“中国道路”探索实践提供理论支撑，才能推进“中国道路”探索取得实质性的突破。今天“中国道路”的实践，正是有了中国特色社会主义理论指导，才有了明确而坚定的方向，才取得如此辉煌的成就。

（二）“中国道路”实践以中国特色社会主义制度为保障

“中国道路”探索、实践、发展都是建立在对社会主义正确认识和准确把握基础上的，“中国道路”具有鲜明的社会主义特色。今天坚持、发展的“中国道路”，为什么没有偏离社会主义发展方向，就是因为有中国特色的社会主义制度做保障。已有的历史昭示，只有把“中国道路”探索的成果以制度化的形式确立下来，“中国道路”才能保持正确方向并不断前进发展，因为制度“关系到党和国家是否改变颜色”何为中国特色社会主义制度？它是根据我国的具体国情所制定的一整套制度体系，它保障“中国道路”的实践发展。

（三）“中国道路”实践以中国优秀传统文化为精神支撑

“中国道路”根植于中国传统文化之中。“中国道路”的探索、实践是汲取以爱国主义为核心的民族精神和以改革创新为核心的时代精神营养而不断深入推进的。中华民族的厚德载物、自强不息、天下兴亡、匹夫有责等文化理念和文化精神，激励了无数仁人志士对“中国道路”的不懈探索，走出一条具有中国特色的发展之路；中华民族优秀传统文化强调人与自然、人与社会、人与他人、人与自身的和谐融合的“崇和尚中”文化理念，保障了今天“中国道路”不走偏激之路，不走极端之路；中华民族优秀传统文化中的“包容尚贤”特性，使广大人民群众对“中国道路”实践中实施的各种改革措施以及出现的各种社会改革矛盾和不合理现象都能以包容心态对待，都能吸收国际、国内各种促进经济社会发展道路、模式的精华，丰富完善“中国道路”的自身特色。

第二节 马克思主义大众化

一、马克思主义、中国化的马克思主义、当代中国马克思主义的内涵

（一）马克思主义

马克思主义诞生于19世纪。自我可从多角度来回答什么是马克思主义：从它的创造者、继承者的角度，马克思主义是由马克思、恩格斯创立的，并由其后各个时代、各个民族的马克思主义者不断丰富和发展的观点和学说的体系；从它的阶级属性的角度，它是无产阶级争取自身解放和人类解放的科学理论，是关于无产阶级斗争的性质、目的和解放条件的学说；从它的研究对象的角度，它是关于整个自然、社会和思维发展规律的科学理论体系，是无产阶级和全人类解放的科学理论；从它的组成角度，马克思主义包括马克思主义哲学、政治经济学、科学社会主义三个基本部分。总之，马克思主义是一个科学完整并不断发展完善的科学理论体系，是在实践基础上科学性和革命性高度统一的科学理论体系，其中马克思主义的立场、观点和方法是马克思主义科学理论体系的精髓。

（二）中国化的马克思主义

中国化的马克思主义是指马克思主义中国化的理论成果，它是在马克思主义的基本原理与中国具体实践相结合的过程中产生和发展起来的马克思主义。它主要形成了两人理论成果：一个是指导中国革命取得伟大胜利的理论——毛泽东思想；另一个是指引中国特色社会主义事业走向辉煌的理论——中国特色社会主义理论体系。

（三）当代中国马克思主义

关于当代中国马克思主义的两次论述：第一次是“改革开放的伟大历史进程”中，论述“中国特色社会主义理论体系”时指出：在当代中国，坚持中国特色社会主义理论体系，就是真正坚持马克思主义。第二次是“推动社会主义文化大繁荣”中，关于“社会主义核心价值体系”有关论述中提出：大力推进理论创新，不断赋予当代中国马克思主义鲜明的实践特色、民族特色、时代特色。开展中国特色社会主义理论体系宣传普及活动，推动当代中国马克思主义大众化。科学发展观是马克思主义同当代中国实际和时代特征相结合的产物，是马克思主义关于发展的世界观和方法论的集中体现……开辟了当代中国马克思主义发展新境界。科学发展观是中国特色社会主义理论体系最新成果。坚持中国特色社会主义理论体系，就是真正坚持马克思主义。中国特色社会主义理论体系是当代中国马克思主义理论的集中体现。

（四）中国特色社会主义理论体系

中国特色社会主义理论体系，是在和平与发展成为时代主题的历史条件下，在我国改革开放和社会主义现代化建设的伟大实践中，在总结我国社会主义建设正反两方面历史经验和改革开放以来新鲜经验，并汲取其他社会主义国家兴衰成败经验教训的基础上，逐步形成和发展起来的。中国特色社会主义理论体系，就是包括邓小平理论、“三个代表”重要思想、科学发展观在内的科学理论体系，是对马克思列宁主义、毛泽东思想的坚持和发展也包括党的新一届领导集体回答新的历史条件下，党和国家发展的一系列重大理论和现实问题的执政理念、工作思路和信念意志。它是被实践证明了的关于在中国建设、巩固和发展社会主义的正确的理论原则和经验总结，是中国共产党集体智慧的结晶，是马克思主义中国化最新成果，是新时期全党全国各族人民团结奋斗的共同思想基础，是实现中华民族伟大复兴“中国梦”的根本指针。在当代中国，坚持中国特色社会主义理论体系，就是真正坚持马克思主义。

1. 中国特色社会主义理论体系的形成和发展

中国特色社会主义理论体系是对马克思列宁主义、毛泽东思想的继承和发展，是被实践证明了的关于在中国建设、巩固和发展社会主义的正确的理论原则和经验总结，是中国共产党集体智慧的结晶。

以邓小平同志为主要代表的中国共产党人，重新确立了实事求是的思想路线，把党和国家的工作中心转移到经济建设上来，实行改革开放，开始了建设社会主义的新探索。邓小平同志提出了“建设有中国特色的社会主义”的重大命题。制定了党在社会主义初级阶段的基本路线，概括了改革开放以来党关于社会主义建设的一系列科学理论观点，构成了“建设有中国特色的社会主义理论”的轮廓。邓小平理论第一次比较系统地初步回答了在中国这样的经济文化比较落后的国家如何建设社会主义、如何巩固和发展社会主义这一系列基本问题，是中国特色社会主义理论体系的开创之作。

中国共产党人十分注重在总结实践经验的基础上推进理论创新。始终关注两大问题：一个是在新的历史条件下不断加强党的建设，巩固党的执政地位；一个是坚持党的基本路线，加快社会主义现代化建设。他对这两个问题进行了长期理论思考和实践探索，形成了“三个代表”重要思想。“三个代表”重要思想用一系列紧密联系、相互贯通的新思想、新观点、新论断，进一步回答了什么是社会主义、怎样建设社会主义的问题，创造性地回答了建设什么样的党、怎样建设党的问题，丰富和发展了中国特色社会主义理论体系。党的十六大将“三个代表”重要思想写入党章，实现了党的指导思想的又一次与时俱进。进入新世纪新阶段，在推进中国特色社会主义事业的历史进程中深刻回答了我国社会主义经济建设、政治建设、文化建设、社会建设以及生态文明建设和党的建设中的重大问题，提出了科学发展观。

邓小平理论、“三个代表”重要思想、科学发展观之所以被统称为中国特色社会主义理论体系，是因为它们都坚持以马克思列宁主义、毛泽东思想为指导，都坚持以中国特色社会主义为主题，都坚持实事求是的思想路线，都以社会主义初级阶段这一基本国情为立论基础，都坚持把实现好、维护好、发展好最广大人民的根本利益作为出发点和落脚点；它们都注重总结改革开放不同时期、不同阶段的新鲜经验，注重探索和回答不同时期、不同阶段遇到的新矛盾、新问题，在理论创新和理论发展方面都做出了各自的独特贡献；它们既相互贯通又层层递进，体现了改革开放以来党的理论创新成果阶段性和系统性的内在统一。

习近平总书记集中全党智慧，围绕改革发展稳定、内政外交国防、治党治国治军做出一系列新的阐述，提出许多富有创见的新思想、新观点、新论断、新要求，深刻回答了新的历史条件下党和国家发展的重大理论和现实问题，形成了一系列最新成果，丰富和发展了中国特色社会主义理论体系，进一步深化了自我党对中国特色社会主义规律和马克思主义执政党建设规律的认识。

2. 中国特色社会主义理论体系的主要内容

中国特色社会主义理论体系，紧紧围绕“什么是社会主义、怎样建设社会主义”“建设什么样的党、怎样建设党”“实现什么样的发展、怎样发展”这三大基本问题展开，在建设中国特色社会主义的思想路线、发展道路、发展阶段、发展战略、根本任务、发展动力、依靠力量、国际战略、领导力量和根本目的等问题上，提出了一系列紧密联系、相互贯通的思想理论观点，构成了一个科学的理论体系。其内容主要包括：

（1）中国特色社会主义的思想路线

党的思想路线是一切从实际出发，理论联系实际，实事求是，在实践中检验真理和发展真理。实事求是是党的思想路线的核心，也是中国特色社会主义理论体系的精髓。党在改革开放以来的不同时期，根据不同实践环境和具体任务，针对在贯彻实事求是思想路线中存在的突出问题，分别突出强调了解放思想、与时俱进、求真务实等，其目的和归宿都是实事求是。要坚持把马克思主义基本原理同中国具体实际相结合，不断推进马克思主义中国化，用发展着的马克思主义指导新的实践。

（2）建设中国特色社会主义总依据理论

我国正处于并将长期处于社会主义初级阶段，这是当代中国的最大国情。坚持和发展中国特色社会主义，必须始终清醒地以社会主义初级阶段为依据，从这个最大的实际来思考和解决当代中国的一切问题。我国社会现阶段的主要矛盾是人民日益增长的物质文化需要同落后的社会生产之间的矛盾。在不同的历史阶段又呈现出一系列阶段性特征，这是社会主义初级阶段基本国情在新世纪新阶段的具体体现。要始终立足我国社会主义初级阶段基本国情，牢牢把握我国发展的新的阶段性特征，坚持党的基本理论、基本路线、基本纲领、基本经验和基本要求。

（3）社会主义本质和建设中国特色社会主义总任务理论

社会主义的本质是解放生产力，发展生产力，消灭剥削，消除两极分化，最终达到共同富裕。解放和发展社会生产力是社会主义的根本任务。实现社会主义现代化和中华民族伟大复兴，是建设中国特色社会主义的总任务。“中国梦”是实现中华民族伟大复兴的形象表达，其基本内涵是国家富强、民族振兴、人民幸福；实现“中国梦”必须坚持“中国道路”、弘扬中国精神、凝聚中国力量。

（4）社会主义改革开放理论

改革开放是决定当代中国命运的关键抉择，是党在新的时代条件下带领全国各族人民进行的新的伟大革命，是当代中国最鲜明的特色。中国特色社会主义是在改革开放的进程中不断发展的，改革开放只有进行时没有完成时。改革开放是有方向、有立场、有原则的，是不断推动社会主义制度的自我完善和发展，而不是对社会主义制度改弦易辙。要正确处理改革、发展、稳定的关系，加强顶层设计和“摸着石头过河”相结合，整体推进和重点突破相促进，提高改革决策科学性，广泛凝聚共识，形成改革合力。要坚定不移地实行对外开放的基本国策，实施互利共赢开放战略，全面提高开放型经济水平。

（5）建设中国特色社会主义总布局理论

必须在坚持以经济建设为中心不动摇的前提下，坚持全面协调可持续发展的思路，全面落实经济建设、政治建设、文化建设、社会建设、生态文明建设“五位一体”的总布局，促进现代化建设各方面相协调，促进生产关系与生产力、上层建筑与经济基础相协调，建设社会主义市场经济、社会主义民主政治、社会主义先进文化、社会主义和谐社会、社会主义生态文明。要把生态文明建设放在突出地位，融入经济建设、政治建设、文化建设、社会建设各方面和全过程。

（6）实现祖国完全统一的理论

按照“一个国家，两种制度”的构想，实现祖国和平统一，符合中华民族的根本利益。坚定不移地贯彻“一国两制”“港人治港”“澳人治澳”和高度自治的方针，严格按照特别行政区基本法办事，促进香港、澳门长期繁荣稳定。遵循“和平统一、一国两制”的方针和现阶段发展两岸关系、推进祖国和平统一进程的八项主张，坚持新形势下发展两岸关系的四点意见，牢牢把握两岸关系和平发展的主题，真诚为两岸同胞谋福祉，维护国家主权和领土完整，维护中华民族根本利益，最终解决台湾省问题，实现祖国统一。

（7）中国特色社会主义外交和国际战略理论

和平与发展是当今时代主题，求和平、谋发展、促合作已经成为不可阻挡的时代潮流，中国的前途命运日益紧密地同世界的前途命运联系在一起。要适应世界多极化和经济全球化的发展趋势，始终坚持独立自主的和平外交政策，维护国家主权、安全、发展利益，在和平共处五项原则的基础上同所有国家发展友好合作关系，坚持走和平发展道路，始终不渝地奉行互利共赢的开放战略，推动建设持久和平、共同繁荣的和谐世界，既通过维护世界和平发展自己，又通过自身发展维护世界和平。

（8）中国特色社会主义建设的根本目的和依靠力量理论

人民是国家的主人，全心全意为人民服务是自我党的根本宗旨。发展中国特色社会主义必须坚持以人为本，始终做到发展为了人民、发展依靠人民、发展成果由人民共享。人民群众是历史的创造者，是中国特色社会主义事业的主体力量。包括知识分子在内的工人阶级和广大农民是推动我国生产力发展和社会全面进步的根本力量，在社会变革中出现的新的社会阶层是中国特色社会主义事业的建设者。要尊重劳动、尊重知识、尊重人才、尊重创造，发展和壮大爱国统一战线，促进政党关系、民族关系、阶层关系、海内外同胞关系的和谐，最广泛、最充分地调动一切积极因素，团结一切可以团结的力量，不断为中华民族的伟大复兴增添新的力量。

（9）国防和军队现代化建设理论

国防和军队建设在中国特色社会主义事业总体布局中占有重要地位，是国家安全的坚强后盾。中国人民解放军是人民民主专政的坚强柱石，是捍卫社会主义祖国的钢铁长城，是建设中国特色社会主义的重要力量。把经济建设搞上去和建立强大的国防是我国现代化建设的两大战略任务，要坚持国防建设和经济建设协调发展的方针。坚持党对军队的绝对领导是我军永远不变的军魂。中国人民解放军必须建设成为一支强大的现代化正规化革命军队。要坚持以军事斗争准备为龙头牵引军队现代化建设，着力提高以打赢信息化条件下局部战争能力为核心的多样化军事任务能力。大力发展以军事信息系统为支撑的现代化武器装备体系。大力开展国防教育，进一步巩固和发展军爱民、民拥军的生动局面。

（10）中国特色社会主义建设的领导核心理论

中国共产党是中国特色社会主义的领导力量和根本保证。中国的问题关键在党。要把中国特色社会主义伟大事业同党的建设新的伟大工程贯通起来，以改革创新精神全面推进党的建设，坚持以党的执政能力建设、先进性和纯洁性建设为主线，坚持党要管党、从严治党，扎实推进党的思想建设、组织建设、作风建设、反腐倡廉建设和制度建设，不断提高党的建设科学化水平，提高拒腐防变和抵御风险的能力，使党始终成为中国特色社会主义事业的坚强领导核心。中国特色社会主义理论体系，从整体上进一步深化和丰富了对共产党执政规律、社会主义建设规律、人类社会发展规律的认识，开拓了马克思主义中国化的新境界。

3. 中国特色社会主义理论体系的历史地位

（1）马克思主义中国化第二次历史性飞跃的理论成果

中国特色社会主义理论体系是马克思主义中国化的最新成果，总体上属于马克思主义基本原理同中国具体实际相结合的第二次历史性飞跃的理论成果。中国特色社会主义理论体系，坚持运用辩证唯物主义和历史唯物主义的根本方法，创造性地分析当今世界和当代中国的实际，做出了一系列新的理论概括；坚持马克思主义关于无产阶级政党必须植根于人民的政治立场，贯彻马克思主义的群众观点，对人民群众在实践中创造的新鲜经验进行了理论上的总结和升华；坚持马克思主义与时俱进的理论品质，体现了马克思主义理论创新的巨大勇气，既生动而具体地坚持了马克思列宁主义、毛泽东思想，又生动而具体地发展了马克思列宁主义、毛泽东思想，赋予马克思主义新的鲜活力量。在当代中国，坚持马克思主义，就必须坚持中国特色社会主义理论体系；坚持中国特色社会主义理论体系，就是真正坚持马克思主义。

（2）新时期全党全国各族人民团结奋斗的共同思想基础

共同思想基础，是一个政党、一个国家、一个民族赖以存在和发展的根本前提。社会主义既是一种崭新的社会制度和社会运动，也是一种理想和价值追求，必然要用共同的思想和意志来凝聚和统一人民的思想。面对深刻变化的国际国内环境，面对人们思想观念多元、多样、多变的新情况，只有坚持用马克思主义中国化最新成果武装全党、教育人民，用中国特色社会主义共同理想凝聚力量，才能真正统一全党全国各族人民的思想，最大限度地团结和凝聚不同社会阶层、不同利益群体的智慧和力量，为实现既定目标而共同奋斗。中国特色社会主义理论体系把社会主义发展与民族复兴的历史任务紧密联系在一起，把实现社会主义现代化与人民共同富裕紧密联系在一起，把国家兴盛与个人幸福紧密联系在一起，是引领、激励全国各族人民的强大精神力量。改革开放以来，自我之所以能够经受住20世纪80年代末90年代初国内严重的政治风波以及国际上东欧剧变、苏联解体的严峻考验，之所以能够从容应对关系我国主权和安全的国际突发事件，战胜来自政治、经济、社会领域和自然界的各种困难和挑战，赢得世界的赞誉和尊重，从根本上说，就是因为自我有党中央的坚强领导，有社会主义的制度优势，有中国特色社会主义理论体系给予的信念力量和指导作用。

事实深刻表明，中国特色社会主义理论体系是能够把全国各族人民紧密团结在一起的共同思想基础，是自我战胜一切风险和挑战的主心骨。在未来前进的道路上，无论遇到什么样的艰难险阻，自我都要坚持中国特色社会主义理论体系不动摇。

（3）实现中华民族伟大复兴“中国梦”的根本指针

实现中华民族伟大复兴，这是中华民族近代以来最伟大的梦想。这一梦想，既饱含着对近代以来中国历史的深刻洞悉，又彰显了全国各族人民的共同愿望和宏伟愿景，为党带领人民开创未来指明了前进方向。“中国梦”深刻地道出了中国近代以来历史发展的主题主线，深情地描绘了近代以来中华民族生生不息、不断求索、不懈奋斗的历史。实现“中国梦”必须以科学理论为指导。中国特色社会主义理论体系是自我党继往开来、与时俱进，团结带领全国各族人民沿着中国特色社会主义道路实现中华民族伟大复兴唯一正确的理论。在这个理论体系的指引下，当代中国共产党人和中国人民以一往无前的进取精神和波澜壮阔的创新实践，谱写了中华民族自强不息、顽强奋进新的壮丽篇章。

改革开放以来，我国以世界上少有的速度持续快速发展起来，社会主义和马克思主义在中国大地上焕发出勃勃生机，给人民带来更多福祉，使中华民族大踏步赶上时代前进潮流，迎来伟大复兴的光明前景。中国特色社会主义理论体系及其指导下的创新实践，体现了中国社会主义的发展规律，也将对世界社会主义和人类进步事业产生深远影响。

二、当代中国马克思主义与中国特色社会主义理论体系

在当代中国，坚持中国特色社会主义理论体系，就是真正坚持马克思主义。科学发展观是中国特色社会主义理论体系最新成果。中国特色社会主义理论体系是当代中国马克思主义的集中体现。当然也包括当下党的新一届领导集体，回答当下人民大众如何进一步实践“中国道路”的一系列重大执政理念、工作思路和信念意志。这一理论是党和人民集体智慧的结晶，是全国人民的共同思想基础，是实现“中国梦”的根本指针。

开展中国特色社会主义理论体系宣传普及活动，推动当代中国马克思主义大众化实质上就是要求在实践中，使马克思主义中国化的最新成果——中国特色社会主义理论体系在中国普及化、通俗化和大众化。推进马克思主义中国化、时代化、大众化，坚持不懈用中国特色社会主义理论体系武装全党、教育人民。进一步强调了在当代中国，坚持马克思主义，就必须坚持中国特色社会主义理论体系；坚持中国特色社会主义理论体系，就是真正坚持马克思主义。在走“中国道路”过程中，一定要使中国特色社会主义理论体系成为人民大众推进中国特色社会主义建设实践的指导思想和行动指南。

（一）从中国马克思主义的含义分析，当代中国马克思主义就是指中国特色社会主义理论体系

中国马克思主义是马克思主义基本原理与中国的实际相结合的理论成果，它包括毛泽东思想和中国特色社会主义理论体系，即凡是讲中国马克思主义就是指马克思主义中国化的这两个理论成果。自我可以作一个同理推演，即在今天凡是讲当代中国马克思主义就是指中国特色社会主义理论体系。当然，在说当代中国马克思主义就是中国特色社会主义理论体系时，应强调当代中国马克思主义与马克思主义和毛泽东思想是源与流的关系，是一脉相承的，决不能将它与马克思主义和毛泽东思想割裂开来、对立起来。

（二）从中国马克思主义发展的历史过程来分析，当代中国马克思主义就是指中国特色社会主义理论体系

从马克思主义传入中国，并为中国仁人志士所认同传播的历史过程来看，自我可以将马克思主义在中国发展至今的历程分为两个阶段：

第一个阶段是从新民主主义革命到社会主义革命和社会主义建设的初期。这个阶段，马克思主义与中国革命和建设的实践相结合，形成了马克思

主义中国化的第一个理论成果——毛泽东思想。可以说，毛泽东思想就是这个时期的中国马克思主义。

第二个阶段就是中国特色社会主义建设时期。这个阶段，马克思主义（包括毛泽东思想）的基本原理与我国改革开放、建设中国特色社会主义的伟大实践相结合，形成了包括邓小平理论、“三个代表”重要思想以及科学发展观等重大战略思想在内的中国特色社会主义理论体系。按我国现行历史划段来看，在当代形成的马克思主义中国化的最新成果——中国特色社会主义理论体系，当然地就是当代中国马克思主义。

（三）从马克思主义中国化的动态层面分析，当代中国马克思主义就是中国特色社会主义理论体系

马克思主义中国化是动态意义上的概念，可从三个方面理解：其一，马克思主义中国化，就是用马克思主义的立场、方法来解决中国的实际问题，把马克思主义的基本理论同中国的实际相结合创造新的理论。其二，马克思主义中国化就是把在马克思主义指导下中国共产党进行的革命、建设和改革的实践经验上升为理论，这些理论观点是从中国的实际出发，对党的实践经验进行的理论总结和概括。其三，马克思主义中国化就是把马克思主义同中华民族的优秀历史文化相结合，使马克思列宁主义从其原有的欧洲形式、俄国形式变为中国形式，使其成为中国老百姓所喜闻乐见的，具有中国作风和气派的马克思主义。建设有中国特色社会主义的理论，是马克思主义同中国实际相结合的最新成果，是当代中国的马克思主义。中国特色社会主义理论体系坚持和发展了马克思列宁主义、毛泽东思想，凝结了几代中国共产党人带领人民不懈探索实践的智慧和心血，是马克思主义中国化最新成果。在当代中国，坚持中国特色社会主义理论体系，就是真正坚持马克思主义。科学发展观是马克思主义同当代中国实际和时代特征相结合的产物，是马克思主义关于发展的世界观和方法论的集中体现……开辟了当代中国马克思主义发展新境界。科学发展观是中国特色社会主义理论体系最新成果。

至此，当代中国马克思主义就是包括邓小平理论、“三个代表”重要思想和科学发展观，以及党的新一届领导集体的重大战略思想在内的中国特色社会主义理论体系。因此，本书凡涉及“当代中国马克思主义”，其确定性的含义均为中国特色社会主义理论体系。

综上所述，中国特色社会主义理论体系是马克思主义中国化的最新成果，是当代中国的马克思主义，当代中国马克思主义也即中国特色社会主义理论体系。由此可以认为，党的十七大提出的推动当代中国马克思主义大众化就是推动中国特色社会主义理论体系的大众化。

三、毛泽东思想与中国特色社会主义理论体系的关系

准确把握毛泽东思想和中国特色社会主义理论体系的关系，必须看到毛泽东思想和中国特色社会主义理论体系共同的思想基础和本质特征，看到二者之间的继承发展与交汇融合，不能把二者割裂开来，更不能把二者对立起来。

（一）毛泽东思想与中国特色社会主义理论体系分别属于马克思主义与中国实际相结合的两次历史性飞跃的理论成果

两者形成和发展于不同的历史时期，其理论形成的时代背景和实践基础也不同。毛泽东思想主要形成于战争与革命的时代背景下，长期的民族民主革命斗争实践是毛泽东思想形成的主要实践基础。中国特色社会主义理论体系形成于和平与发展的时代背景下，以经济建设为中心，改革开放是中国特色社会主义理论体系形成的实践基础。

两者的主要内容不同。毛泽东思想主要包括新民主主义理论、社会主义革命和初期的社会主义建设理论等。中国特色社会主义理论体系包括邓小平理论、“三个代表”重要思想以及科学发展观等重大战略思想，其主要内容包含社会主义初级阶段理论、社会主义本质理论、社会主义市场经济理论、改革开放理论、社会主义和谐社会理论、社会主义发展理论等。

（二）毛泽东思想和中国特色社会主义理论体系同属于马克思主义中国化的理论成果，都是与马克思列宁主义一脉相承而又与时俱进的理论成果

毛泽东思想和中国特色社会主义理论体系，都是马克思主义同中国实际相结合的产物，都是在深刻把握时代特征和基本国情，努力推动马克思主义中国化的过程中产生的。

毛泽东思想和中国特色社会主义理论体系，都立足于中国特殊国情，有着共同的发展目标，就是把中国建设成为社会主义现代化国家，实现中华民族的伟大复兴；有着共同的价值追求，就是实现最广大人民的根本利益。

在社会主义建设时期，毛泽东思想和中国特色社会主义理论体系，都始终坚持社会主义基本经济制度，坚持人民民主专政的国体和以人民代表大

会制度、中国共产党领导的多党合作和政治协商制度、民族区域自治制度为主体的社会主义基本政治制度，坚持以马克思主义意识形态为指导的社会主义基本文化制度，在社会主义建设上都坚持共同的基本原则。

（三）中国特色社会主义理论体系是对毛泽东艰辛探索社会主义建设规律重要思想成果的继承和发展

毛泽东思想中包含的许多关于社会主义建设的思想被中国特色社会主义理论体系继承下来，成为中国特色社会主义理论体系的直接思想来源。如果没有对毛泽东思想的坚持和发展，就不可能有中国特色社会主义道路的开辟和中国特色社会主义理论体系的形成和发展。

中国特色社会主义理论体系，既坚持和继承了毛泽东探索社会主义建设规律留给自我的重要思想成果，又以改革开放新的实践为基础丰富和发展了这些重要思想成果。中国特色社会主义理论体系在建设中国特色社会主义的思想路线、发展道路、发展阶段、根本任务、发展战略、发展方式、发展动力、发展目的、依靠力量、领导力量以及祖国统一等基本问题上，形成了一系列独创性的重大理论观点，系统回答了中国这样一个十几亿人口的发展中大国如何摆脱贫困、加快实现现代化、巩固和发展社会主义的一系列重大问题，深化和丰富了对共产党执政规律、社会主义建设规律、人类社会发展规律的认识，把马克思主义与中国实际相结合的历史进程发展到一个崭新的更高的阶段。

总之，在马克思主义中国化历史性进程中产生的毛泽东思想和中国特色社会主义理论体系，是前后接续、继承发展、与时俱进、高度统一的关系。中国特色社会主义理论体系源于毛泽东思想，坚持毛泽东思想；同时，又根据时代特征、实践经验，创造性地发展了毛泽东思想。中国特色社会主义理论体系把从毛泽东思想中汲取的宝贵精神财富与改革开放和现代化建设中形成的理论创新和实践创新成果有机地融为一体，将继承与坚持、发展与创新有机地融为一体，集中体现了马克思主义中国化的最新成果。它们之间既是一脉相承的，又是与时俱进的，它们是统一的科学思想体系。

四、中国马克思主义大众化

中国马克思主义大众化就是通过人民大众喜闻乐见的方式，将抽象理论转变为具体形式，并“内化为人民群众的思想观念”。推动当代中国马克思主义大众化，是坚定“中国道路”的需要，是全国各族人民统一思想、树立共同理想的需要。

（一）马克思主义大众化

马克思主义大众化就是把马克思主义由抽象理论转变为具体形式、由深奥思辨转变为通俗易懂、由被少数人所理解和掌握转变为被广大人民群众所理解和掌握，并转化为人民大众的思想、价值观和行为方式，成为他们改造主客观世界的思想武器；就是通过多种形式进行宣传、普及和推广，把深奥的理论用简单质朴的语言讲清楚，把深刻的道理用群众喜闻乐见的方式说明白，使抽象的理论逻辑转变为形象的生活逻辑，让科学理论从书斋走向生动的社会实践，成为人民大众普遍认同的强大思想武器。

理论上讲，马克思主义大众化包含有三个层面：第一层面是马克思主义通俗化，即马克思主义理论由抽象转化为具体生动、通俗易懂；第二层面是马克思主义理论由被少数人理解和掌握转向被广大人民群众所理解和掌握；第三层面是广大人民群众自觉运用马克思主义理论指导生产、生活实践，使马克思主义与他们的日常生活联系起来。这三个层面是层层推进、不断深入的，有着密切联系。第二个层面是指马克思主义普及程度的提高；第一层面是第二层面的前提和实现条件，是提高马克思主义普及程度的途径；第三层面是最终目的，而第二层面是第三层面的理论基础。

从实践上讲，马克思主义大众化的实质，就是把马克思主义普遍原理同大众生产生活实际相结合，形成具有大众特点的马克思主义理论，以指导广大人民群众实践的过程；是一个“化”大众与“大众”化有机结合的过程；是把来自广大人民群众实践的马克思主义重新交给人民群众，回到大街小巷、田间地头、工厂车间，他们将掌握的马克思主义理论转化为自觉行动，用以指导生产和生活实践，并在实践发展中不断创造出新鲜经验的过程。将马克思主义与民众生产、生活实践联系起来，用马克思主义指导人民大众的实践，是马克思主义大众化的最终目的，而人民大众对马克思主义理论的理解是实现这一目的的理论基础。

（二）马克思主义中国化、时代化、大众化的关系

马克思主义中国化与时代化、大众化是同一过程，三者统一于中国社会主义现代化的建设实践。没有马克思主义的中国化，就谈不上马克思主义

的大众化；反过来，将马克思主义与当代社会发展实际相结合，当代中国将马克思主义进行大众化的同时也就实现了马克思主义的中国化，这个过程在中国特色社会主义建设中不断得到发展和提升。

马克思主义中国化，就是把马克思主义的基本原理和中国实际、中国历史、中国文化结合起来，使马克思主义在中国实现民族化和具体化；就是用马克思主义来解决中国的问题，同时又将中国丰富的实践经验上升为理论，并且同中国的历史传统、优秀文化相结合，以形成具有中国特性、中国作风和中国气派的中国化的马克思主义理论。

马克思主义时代化，就是把马克思主义同当前时代的发展、时代的特征结合起来，使之能够适应时代需要、把握时代脉搏、回答时代课题。马克思主义时代化总是同一个国家的马克思主义本国化、民族化联系在一起，在中国就是同马克思主义中国化联系在一起的。

马克思主义中国化的过程，既是马克思主义基本原理同中国具体实际相结合的过程，也是马克思主义基本原理同时代特征相结合的过程。马克思主义中国化内在地包含了马克思主义时代化、大众化。

马克思主义大众化与马克思主义中国化是相互衔接、相互促进的，既不能等同，也不能相互取代。

五、当代中国马克思主义大众化

（一）当代中国马克思主义大众化

它特指当代中国马克思主义，即中国特色社会主义理论体系的大众化；泛指在当代中国条件下的马克思主义大众化，既包括马克思主义基本理论的大众化，也包括马克思主义中国化理论成果的大众化。当下推动当代中国马克思主义大众化，就是通过广泛而深入的理论宣传普及活动，使中国特色社会主义理论体系由精深的理论走向大众，和千百万人民群众的生活、社会实践相结合，为大众所理解、接受和信仰，成为人们精神世界的坐标和实践的指南。把中国特色社会主义理论体系内化为人民群众的思想观念，用当代中国马克思主义的基本理论、观点、方法认识世界、改造世界，发展中国特色社会主义。推动当代中国马克思主义大众化，既是坚持和发展马克思主义的需要，也是推进中国特色社会主义事业发展的需要，也是坚定“中国道路”的需要。大力推动当代中国马克思主义大众化，对于在社会主义初级阶段统一全国各族人民的思想，增进中国特色社会主义道路认同感，树立中国特色社会主义共同理想，坚定我国广大人民群众走中国特色社会主义道路的信念，巩固中国共产党的阶级基础和扩大中国共产党的群众基础具有重大的理论意义和实践意义。

（二）马克思主义大众化与当代中国马克思主义

在当代中国，推进马克思主义大众化，就是进一步丰富、发展、践行当代中国马克思主义。

马克思主义大众化是进一步丰富当代中国马克思主义的需要。理论来源于实践，又指导实践的深化与发展。当代中国马克思主义，来源于亿万群众所从事的中国特色社会主义实践，而马克思主义大众化能够使这个“经验的结晶”得以宣传普及，为广大人民群众所理解、所掌握，并且在正确理解和掌握的基础上，去指导中国特色社会主义的经济、政治、文化、社会、生态建设等实践。“中国道路”的每一步发展，必然会促进当代中国马克思主义内涵的不断丰富，要让人民大众认识到它不断发展的实质和必然性，就离不开马克思主义大众化。

马克思主义大众化是深入践行当代中国马克思主义的需要。马克思主义的认识论认为，理论来源于实践又必须回到实践中去指导实践，否则，任何理论都只能是空洞的、抽象的、僵化的理论。当代中国马克思主义是指导中国改革开放，指导全面小康社会和中华民族伟大复兴宏伟目标实现的科学理论。只有为人民群众所理解、所接受、所运用的理论才能真正地服务于“中国道路”。要充分发挥当代中国马克思主义在改革开放进程中的指导作用，就必须推进马克思主义大众化，把当代中国马克思主义理论转化为人民的自觉追求，在社会主义建设和改革实践中推进现实问题的解决，才能成为强大的物质力量。

马克思主义大众化是不断发展当代中国马克思主义的需要。马克思主义具有与时俱进的理论品质。当代中国马克思主义就是马克思主义与时俱进发展创新的结果。理论创新是马克思主义理论本身的根本要求，也是引导社会前进的强大力量。“任何国家的共产党，任何国家的思想界，都要创造新的理论，写出新的著作，产生自己的理论家，来为当前的政治服务，单靠老祖宗是不行的。”通过推动马克思主义大众化，才能使广大群众的实践有方向、有动力，才能统一全国各族人民的思想，增进中国特色社会主义道路认同感，树立中国特色社会主义共同理想。因此，推动马克思主义实现大众化，是坚持和发展马克思主义的需要，是推进中国特色社会主义事业发展的需要，也是坚定“中国道路”的需要，坚定中国特色社会主义理论体系的需要，对巩固中国共产党的阶级基础和扩大中国共产党的群众基础具有重大的理论意义和实践价值。

第三节 “中国道路”与马克思主义大众化的关系

一、“中国道路”是马克思主义大众化的动力源泉

（一）“中国道路”实践推进马克思主义理论发展

马克思主义始终根据具体的、现实的实践提供鲜活的素材，来推进自身的创新发展。人民大众在中国共产党的领导下，进行了波澜壮阔的“中国道路”实践，为解决实践过程中遇到的社会主义建设问题，创立了“邓小平理论”；为解决如何在21世纪保持中国共产党的先进性，形成了“三个代表”重要思想；为解决怎样发展的问题提出用“科学发展观”；为推进“中国道路”的深入发展，制定了“全面深化改革”“全面依法治国”“全面造成小康社会”“全面从严治党”等一系列战略举措。可见，“中国道路”实践催生了当代中国马克思主义理论，它只有为人民大众所掌握，才能成为“中国道路”实践的行动指南。正如毛泽东同志所说，经过实践得到了理论的认识，还须再回到实践去才有价值。

“中国道路”有着历史的承续和承载，是中华民族的仁人志士在前赴后继艰难探索的过程中逐渐形成的。自我应将马克思主义历史辩证法交给人民大众，让他们用历史的、辩证的观点和方法来看待“中国道路”的选择，使人民大众认识到经济文化落后的国家走上现代化，既要遵循现代化过程的一般逻辑，又要考虑特殊国情的后发外生性质，“中国道路”是在不断实践探索中对现代化的实现路径做出的一种理性选择；深刻体悟到这条道路关乎党的命脉，关乎国家前途、民族命运、人民幸福。

（二）实践检验“中国道路”正确与否

马克思主义大众化的实质，就是把马克思主义普遍原理同大众生产、

生活实际相结合，形成具有大众特点的马克思主义理论，以指导广大人民大众实践。实践既是马克思主义大众化的出发点，又是落脚点。人民大众在马克思主义大众化过程中，认识到“中国道路”不是在“论战”中“辩”出来的，更不是在书斋里琢磨出来的，而是在实践探索中干出来的，“中国道路”是坚持马克思主义与中国的社会主义建设实践相结合的产物。要坚持马克思主义，坚持走社会主义道路。但是，马克思主义必须是同中国实际相结合的马克思主义，社会主义必须是切合中国实际的有中国特色的社会主义。正是将马克思主义普遍原理同我国的具体实际结合起来，正确判断出和平与发展是时代的主题，明确了我国最大的基本国情是处于并将长期处于社会主义初级阶段，通过“摸着石头过河”，冲破“姓资姓社”的禁锢，并在大胆实践、锐意创新的过程中，走出了一条中国特色的社会主义之路。

二、马克思主义大众化成果是“中国道路”的行动指南

（一）理论指引“中国道路”探索发展

列宁曾指出，“没有革命理论，就没有革命行动”，因为，“中国道路”实践既要冲破思想禁锢、习惯束缚，又要突破改革发展瓶颈、利益固化藩篱；同时，前无古人的全新社会主义建设道路实践探索，在当下“中国道路”具体实践过程中呈现的新特征、面临的新挑战、遭遇的新问题，都急切需要科学理论来指导人民大众进行“中国道路”实践，而在人民大众的“中国道路”实践过程中形成的当代中国马克思主义理论——中国特色社会主义理论体系，最能成为实践的行动指南。正如马克思所说，理论在一个国家的实现程度，取决于理论满足于这个国家的需要的程度。

（二）理论保障“中国道路”开拓发展

“中国道路”是前无古人的实践，需要全国各族人民既有“摸着石头过河”的勇气，又有“顶层设计”的智慧，并且具有勇于突破锐意创新的精神，拥有马克思主义理论的正确指导，才能“过险滩、破藩篱”。我国创造了世界瞩目的“中国奇迹”，日益展示出“中国道路”的巨大优越性。只有使马克思主义大众化，才能引导大众自己解放自己，不断激发大众的主体性，推进“中国道路”的实践，促进中华民族伟大复兴“中国梦”的实现。所以，要推进马克思主义中国化时代化大众化，坚持不懈用中国特色社会主义理论体系武装全党、教育人民。

三、马克思主义大众化与“中国道路”的互动关系

“中国道路”与当代中国马克思主义相互结合于中国特色社会主义实践过程，具有内生性的螺旋式发展过程，它们都以对方的存在作为自身存在的前提条件。“中国道路”为当代中国马克思主义理论得以运用提供条件，并推动其与时俱进地发展；当代中国马克思主义是“中国道路”开辟和发展的行动指南，为“中国道路”向纵深拓展提供理论支撑；它们在动态的各自内在发展过程中，体现出它们是相互依赖、相互促进的辩证统一有机体。

（一）理论与实际相结合过程要求当代中国马克思主义大众化与“中国道路”双向互动

首先，要善于把握对实际有方法论意义的科学理论；其次，必须对“中国道路”中的“中国问题”进行调查研究，弄清实际情况；最后，理论与实际相结合既要解决实际问题，又要将实践经验上升为新的理论。这就要求用当代中国马克思主义理论解决“中国道路”实践遇到的问题，又要将“中国道路”实践经验通过“由表及里、由此达彼”的过程，概括提炼为新的理论。

（二）理论与实践相结合实现当代中国马克思主义大众化与“中国道路”双向互动发展

马克思主义重视理论与实践紧密结合。马克思曾说，他的理论不在于解释世界，而在于改造世界；毛泽东同志曾指出，马克思主义的“本本”必须是同我国实际情况相结合的“本本”；自我需要结合中国实际的马克思主义。马克思主义理论的生命力在于它能武装人民群众指导人民实践，“中国道路”实践的不断深入，要求指导其行动的马克思主义理论创新不止步，它越创新就越能指导“中国道路”实践深入，“中国道路”在新的实践阶段，又为它的创新发展提供物质条件和运用需求。当代中国马克思主义正是在指导“中国道路”实践过程中得到不断丰富、发展，而“中国道路”也将在它的指引下不断向纵深推进发展。它们在相互紧密结合过程中，实现自身发展的同时推动双向互动发展。

（三）“中国道路”与当代中国马克思主义大众化统一于中国特色社会主义实践

“中国道路”和当代中国马克思主义都源自中国特色社会主义实践。无论“中国道路”的开创、发展，还是当代中国马克思主义的丰富、完善，

都是在中国特色社会主义实践中完成的，它们之间的相互联系、相互作用的双向互动发展过程是以“人民大众”为桥梁纽带。人民大众接受、掌握、运用当代中国马克思主义的状况，影响制约“中国道路”实践的深度和广度；人民大众参与“中国道路”实践的积极性，以及“中国道路”发展状况，影响决定着当代中国马克思主义运用发展程度；中国特色社会主义实践进程决定了“中国道路”的发展程度，也决定了当代中国马克思主义发展的高度。

四、当代中国马克思主义大众化的内容指向

推动当代中国马克思主义大众化，就是要推动中国特色社会主义理论体系的大众化。众所周知，中国共产党在领导中国革命、建设和改革的长期实践中，实现了马克思主义中国化的两次历史性飞跃，产生了两大理论成果。第一次飞跃的理论成果是毛泽东思想，是被实践证明了的关于中国革命和建设的正确的理论原则和经验总结。在社会主义现代化建设和改革开放的新时期，自我党坚持马克思主义的思想路线，围绕“中国特色社会主义”这一当代中国的主题，不断探索和回答什么是社会主义、怎样建设社会主义，建设什么样的党、怎样建设党，实现什么样的发展、怎样发展，进行什么样的改革、怎样改革等重大理论和实际问题，不断推进马克思主义中国化，开辟了中国特色社会主义道路，形成了中国特色社会主义理论体系，从而实现了马克思主义中国化的第二次理论飞跃。中国特色社会主义理论体系，就是包括邓小平理论、“三个代表”重要思想以及科学发展观等重大战略思想在内的科学理论体系。这个理论体系，坚持和发展了马克思列宁主义、毛泽东思想，凝结了几代中国共产党人带领人民不懈探索实践的智慧和心血，是马克思主义中国化最新成果，是党最可贵的政治和精神财富，是全国各族人民团结奋斗的共同思想基础。中国特色社会主义理论体系是不断发展的开放的理论体系。实践证明，马克思主义只有与本国国情相结合、与时代发展同进步、与人民群众共命运，才能焕发出强大的生命力、创造力、感召力。在当代中国，坚持中国特色社会主义理论体系，就是真正地坚持马克思主义。因此，当代中国马克思主义大众化的实质，就是要促进人民大众对中国特色社会主义理论体系的认同、理解与信任，只有用大众化了的中国马克思主义，才能增强人民大众对当代中国马克思主义的认同，才能让当代中国马克思主义放射出更加灿烂的真理光芒。

五、当代中国马克思主义大众化的目的指向

在“中国道路”的实践过程中，推进当代中国马克思主义大众化，目的是让人民大众——“中国道路”的“剧作者和剧中人”，对当下中国共产党领导的“中国道路”，有一个全面客观的认知，有一个辩证理性的认同，有一个积极乐观的参与。

（一）人民大众认知“中国道路”选择的必要性

大力推进当代中国马克思主义大众化，要让人民大众拥有马克思主义的立场、观点和方法，清晰认识到在全球社会主义遭受挫折，处于低迷的形势下，中国特色社会主义能在世界范围内绽放光彩，走出一条“国家富强，人民幸福”的“中国道路”，这说明，只有中国特色社会主义道路才能发展中国。

（二）“中国道路”选择的历史必然性

“中国道路”来之不易，它是在改革开放的伟大实践中走出来的，是在中华人民共和国成立 70 多年的持续探索中走出来的，是在对中华民族五千多年悠久文明的传承中走出来的，具有深厚的历史渊源，这就将“中国道路”放在历史的维度上，阐明了其生成的历史必然性。独特的文化传统，独特的历史命运，独特的国情，注定了中国必然走适合自己特点的发展道路。

（三）人民大众认同“中国道路”的过程性

“中国道路”是在拥有 14 亿多人口、五千年历史文化传统国家进行的具有中国特色的社会主义道路实践过程，这个过程必然带有探索性、试验性、曲折性，要通过当代中国马克思主义大众化，使人民大众树立辩证唯物主义观点，用辩证否定的方法看待“中国道路”的过程性问题。

“中国道路”日渐成型、成熟，并在世界范围产生影响，但在当今世界经济全球化、政治民主化、文化多元化的现代社会，“中国道路”的实践面临国际、国内复杂多变的形势。这就需要用马克思主义的辩证法、马克思主义社会发展理论来教育引导人民大众，使他们对“中国道路”实践过程中的“中国问题”辩证地认识、理性地评判、公正地批评，用过程性的观点看待“中国道路”的实践发展进程。

（四）人民大众投身“中国道路”实践的积极性

通过“当代中国马克思主义大众化”，使人民大众熟悉理解党的新一

代领导集体的治国理政精神实质，深刻领悟“中国梦”是“每一个中华儿女的共同期盼”实现“中国梦”必须走“中国道路”。“中国道路”就是实现中华民族伟大复兴之路，就是实现国家富强、民族振兴、人民幸福“三位一体”的“中国梦”之路，就是改善民生、缔造人民美好生活之路。

人民大众在“当代中国马克思主义大众化”的过程中，体悟到当代中国的马克思主义者带领人民大众所走的“中国道路”，就是一条为广大人民群众求解放、谋福祉的道路。“中国道路”是国家富强之路，是人民幸福之路，人民大众在理论认知和美好生活的事实体验中，增强参与“中国道路”的积极性、主动性。

第五章 经典马克思主义与习近平新时代中国特色社会主义思想

第一节 新时代中国特色社会主义思想的多维解读

一、习近平新时代中国特色社会主义思想的基本意涵与具体意指

首要的，就是要搞清楚“新时代中国特色社会主义思想”这个概念的基本内涵和专有指向。这是自我准确理解和深入把握它的一项基础性工作。

顾名思义，“新时代中国特色社会主义思想”是由3个关键词即新时代、中国特色社会主义、思想有机组合成的。其中，中国特色社会主义虽处在关键的连接位置，但它本身内涵很明确，靠它自身不会提供更多的新信息，更多的新信息来自前面的限定词。缘于此，自我现在分析这一概念，重心应放在“新时代”“思想”这两个关键词上。

众所周知，对于中国特色社会主义因不断发展而面临新情况、确立新目标、提出新任务，自我一般的用语是“新时期、新阶段”，而新时代则是一个具有特定意指的“重词”，即它必须针对重大而突出的变化和战略性、全局性变动，经由权威机构、权威人物率先正式提出，方可确立。自我知道，即使是始于20世纪七八十年代伟大的改革开放所形成的新征程，自我大都以“中国特色社会主义新时期”来指认它，因为改革开放并没有改变自我的社会主要矛盾；而在党的十九大前夕，国内基本上都是以“中国特色社会主义新时期、新阶段、新征程”来指认中国。

二、习近平新时代中国特色社会主义思想的过往史、完成式与进行时

当下提出习近平新时代中国特色社会主义思想，是有特定所指的，即

以习近平同志为核心的中国共产党提出的一系列治国理政新理念、新思想、新战略。党的十九大报告中特意用“形成了”，这也就意味着“新时代中国特色社会主义思想”有自己的“完成式”。

之所以谓之为“完成式”，是因为其中很多重要内容不仅明确提出，形成相对完备的体系和完整逻辑，而且产生了广泛深远的影响和卓有成效的实践价值。

不难看出，作为“完成式”的习近平新时代中国特色社会主义思想，确实在很多地方实现了重大创新和理论推进，但自我不要忘了，它是思想创新和思想传承、理论创新和理论承接、实践创新和实践接续的有机统一，不是空穴来风，不是空中楼阁。恰恰相反，是在中国特色社会主义原有理论、既有成果基础上的创新推进、丰富深化。在此意义上，习近平新时代中国特色社会主义思想的提出，有其不可忽略的“前史”，或者说“过往史”；完成式的背后有“过去式”。

其中，“五位一体”总体布局思想，即全面落实经济建设、政治建设、文化建设、社会建设、生态文明建设五位一体总体布局，是新时代中国特色社会主义思想的重要组成部分。

另外，邓小平同志在改革开放之初，就提出“两个文明”一起抓的战略布局；继后的江泽民同志在提出物质文明、精神文明、政治文明三个文明一起抓的基础上提出中国特色社会主义经济、文化、政治“三大纲领”的战略布局；到胡锦涛同志那里，则更加明确地提出社会主义经济建设、政治建设、文化建设、社会建设“四位一体”战略布局。“五位一体”的总体布局显然是“四位一体”战略布局水到渠成式的深化。在上述双重意义上，都可以明显看出，习近平新时代中国特色社会主义思想有其过去式和过往史。

实际上，除了要清楚习近平新时代中国特色社会主义思想的完成式、过往史，自我同样还要关注它的“现在时”，即在当下的中国特色社会主义新征程伟大实践中，自觉坚持“8 个明确”，围绕“14 条基本方略”，清醒认识到“自我的工作还存在许多不足，也面临不少困难和挑战”，知难而进、迎难而上，针对它们找出更好的解决办法，提出新的思路策略，奉献新的观念和思考，进而实现对既成的“新时代中国特色社会主义思想”的丰富和细化、推进和深化，以至提出新话题、建构新议题，在最大程度上返本开新、推陈出新、革故鼎新。

立足于习近平新时代中国特色社会主义思想的“完成式”，追溯其“过往史”，预期和思索其“进行时”，寻找其相对完整的发展程式，揭示其相对整全的演进图谱，这样，自我才能有效把握“习近平新时代中国特色社会主义思想”的全貌。

三、习近平新时代中国特色社会主义思想的历史定位与时代担当

要想全面把握和深入理解习近平新时代中国特色社会主义思想，搞清楚它的历史定位和时代担当，是非常必要的。关键是掌握以下五点：

（一）“又一次飞跃”

具体指习近平新时代中国特色社会主义思想，是马克思主义基本原理同中国具体实际相结合的又一次飞跃。

“历史性飞跃”，即马克思列宁主义同中国实际相结合有两次历史性飞跃，产生了两大理论成果。第一次飞跃的理论成果是被实践证明了的关于中国革命和建设的正确的理论原则和经验总结，它的主要创立者是毛泽东同志，自我党把它称为毛泽东思想。第二次飞跃的理论成果是建设中国特色社会主义理论，自我党把它称为邓小平理论。“新时代中国特色社会主义思想”是以习近平同志为核心的党中央紧密结合时代的新变化和实践的新发展，以问题为导向，在中国特色社会主义进入新时代的伟大实践和攻坚克难的征程中，积极探索，以革命的理论勇气和实践智慧，依据和运用马克思主义基本原理从根本上正确把握当前中国的时代问题，形成对当前中国的科学认知、科学判断、科学决策、科学思考。其实质是在当代中国“历史新变革、历史新方位、矛盾新转化、历史新使命、时代新课题”中形成的“理论新发展”“理论新革命”，奉献出很多对中国特色社会主义的全新的判断、全新的思考，写出了科学社会主义的“新版本”，写出了中国特色社会主义理论体系的“新篇章”。它是当之无愧的马克思主义中国化的“第三次历史性飞跃”。

（二）两“思”交融

具体指习近平新时代中国特色社会主义思想是“新时代”之思和新“时代之思”两种思维的有机统一体。

所谓“新时代”之思，是指对一种新历史时代的分析、判断和思考，在这里“新时代”作为对象而存在的，习近平总书记提出“时代是思想之母”，

大体上意义接近。习近平新时代中国特色社会主义思想最基本的意蕴就是指它是对中国特色社会主义步入新时代进行的思考、思维，是对这种新时代的思考、思维。

而所谓新“时代之思”，这里的“时代之思”是一个具有特定意义的组合词，是根据“思”的性质、类型、地位而言的，即它不是一般的、普泛意义上的思考、思想，而是基于时代重大问题、重大特征而实现对这个时代的本质性把握、根本性理解，是一种大智慧视野下的大思考。在此意义上的“时代之思”，也就是马克思提出的“时代精神的精华”，具有哲学的高度和深度。由此新“时代之思”就是对时代本质、时代根本的新观察、新分析、新思考。显然，习近平新时代中国特色社会主义思想无疑也是这种意义上的新“时代之思”，它是在深入分析当今世界大格局及其加快演变所形成的大发展、大变革、大调整的态势，抓住新时代最根本、最重要的变化——社会主要矛盾演变出新内容、新形式，以及深刻把握新时代最基本的主题即在新的时代背景下怎样更好地发展中国特色社会主义基础上而做出的对新时代的新洞察、新洞悉。更重要的是，在习近平新时代中国特色社会主义思想那里，这两种思维实现了奇妙、微妙而又绝妙的融合，互相交织，密不可分。

（三）三“新”一体

习近平新时代中国特色社会主义思想无疑在很多方面都称得上是创新。有学者仅就“新境界”，列举了四个——马克思主义新境界、中国特色社会主义新境界、党治国理政新境界、管党治党新境界。自我之所以以三“新”一体来概括，主要是立足于最基本、最重要的方面来说的，那就是：马克思主义中国化的最新成果，中国特色社会主义理论体系的最新境界，世界 21 世纪马克思主义的最新贡献、集大成者。三者有机地融合成一体。

之所以谓之“马克思主义中国化的最新成果”，就是指它紧紧结合当前中国实际，直面当前中国社会发展的各种大问题、大难题，运用马克思主义的基本立场、基本观点、基本方法和基本原理进行观察、分析、思考，形成一些重大的新判断、新分析、新思考、新观念、新方略，并形成很多契合中国当前实际重大的正确性认识、真理性思想和实效性策略。当然，也指在此过程中，它同时把中华文明和中华优秀文化思想有机地融合进来，并充分彰显中华文化的风格、中华文明的风格，比如，它的很多语言表达、很多话语风格，特别具有中华民族色彩。这是习近平新时代中国特色社会主义思想的一个突出特点。

之所以谓之“中国特色社会主义理论体系的最新境界”，首先是因为习近平新时代中国特色社会主义思想属于中国特色社会主义理论体系的重要组成部分。自我知道，党的十七大报告中最早提出“中国特色社会主义理论体系”这个重要新概念，将邓小平理论、“三个代表”重要思想和科学发展观，统称为中国特色社会主义理论体系。之所以将它们合称为中国特色社会主义理论体系，根本上是因为它们围绕共同的主题即“建设中国特色社会主义”，结合不同历史阶段、历史时期的历史特征、突出问题，从理论和实践结合上系统回答了坚持和发展什么样的中国特色社会主义、怎样坚持和发展中国特色社会主义的问题，进而形成一系列理论成果。

之所以谓之“21 世纪世界马克思主义的最新贡献、集大成者”，是因为它是“中国特色社会主义理论体系的最新境界”，同时也是站在 21 世纪的时代高度，把握世界发展趋势、世界社会主义发展趋势做出的时代判断、时代分析、时代回应，提出了很多新思想、新观点，其中不少新思想、新观点无疑是站在 21 世纪这个时代的新制高点上对马克思主义经典观点、正统思想的重大突破、重大推进。更重要的是，这些重大突破、重大推进，不仅具有重大的世界意义，是当今世界范围内其他社会主义国家建设和左翼运动、左翼政党应该借鉴和吸收的创新，而且是世界范围内在 21 世纪具有引领性地位的率先创新。

（四）四“性”合一

具体指习近平新时代中国特色社会主义思想同时具有科学性、时代性、实践性、革命性，而且它们相互交织，你中有我、我中有你，互相支撑。

所谓具有科学性，主要指它以马克思主义这个巨大的科学思想库为依据，坚持并运用其基本立场、基本观点、基本原理、基本方法，结合世界客观发展情势、中国当下实际，紧紧围绕中国特色社会主义呈现出来的现实问题，科学地分析、针对性地思考所得出的符合中国特色社会主义实际、符合世界发展客观规律、符合社会主义发展本质要求并在现实实践中不断被证明是正确和卓有成效的科学思想。所谓时代性，主要指它以马克思主义的宽广眼界观察世界，以科学思维审视时代，充分吸纳借鉴当代人类社会文明成果，始终站在时代前列谋划发展、引领中国进步，牢牢抓住新时代的本质特征并做出具有时代特色的判断、分析，成为“时代精神的精华”。所谓实践性，主要指它在科学总结以往中国特色社会主义实践成功经验的基础上，紧密结合党的十八大以来的中国特色社会主义实践和时代特征，聚焦于新时代中国特色社会主义实践中出现的重大问题，进行科学分析，而且还要把这种科学分析的思想成果反馈于实践，用来指导中国特色社会主义实践，实现所谓“从实践中来、到实践中去”，改变旧貌，解决问题，使中国特色社会主义向更好状态、更高水平发展，并在这种发展中与时俱进，在实践中得到进一步的丰富和发展。所谓革命性，既指它强调针对客观实际的变化，思想理论一定随之推陈出新、返本开新、革故鼎新，也指它不是书斋中偏重于“解释世界”的纯学问，而是要积极投身于中国特色社会主义实践，攻坚克难，解决问题，革除时弊，化除风险，实际地改变世界、改善环境，又指它要在中国特色社会主义实践中保持自我反思、自我批判精神，在必要时及时自我更新，不断深化发展。

（五）多能并举

具体指习近平新时代中国特色社会主义思想在新时代中国特色社会主义伟大实践中，具有多种具体的、现实的、实际的具体功能。

第一，政治宣言、政治动员功能。习近平新时代中国特色社会主义思想是自我党迈进新时代、开启新征程、续写新篇章的政治宣言，即它宣示中国特色社会主义进入了新时代，面对新的社会主要矛盾及其衍生的问题，中国共产党要以新的精神状态、新的革命勇气、新的担当意识、新的发展观念破解新的难题、化解新的矛盾；为此，习近平新时代中国特色社会主义思想内在地要求全党全国人民必须准确把握党的十九大确立的重大判断、重大战略、重大任务、重大举措，切实把思想和行动统一到党的十九大精神上来，不断开创中国特色社会主义事业新局面，具有重要的政治动员功能。

第二，思想指导、行动指南功能。习近平新时代中国特色社会主义思想是自我党和国家在新时代建设中国特色社会主义的指导思想，它为新时代建设中国特色社会主义指明了努力方向、前进目标、战略规划，同时也是“全党全国人民为实现中华民族伟大复兴而奋斗的行动指南”，全党全国人民要依循这些努力方向、前进目标，遵照战略规划，聚焦主题，解决问题来展开行动。

第三，精神支柱、力量源泉功能。习近平新时代中国特色社会主义思想不但散发着真理的光辉，而且，它还在基础上规划了美好可行的未来，即中华民族伟大复兴“两个百年”梦，这必将极大地鼓舞全党全国人民，牢固树立“四个自信”，发扬大无畏革命精神战胜各种艰难险阻，不断从胜利走向新的胜利。

第四，检验尺度、评判标准功能。习近平新时代中国特色社会主义思想作为思想指导和行动指南，当然内在地要求自我认真贯彻和落实，为了在具体工作中更好地贯彻和落实，它专门细化出“八个明确”和“十四个坚持”作为行动方略，它们固然是更为精细的行动指南，同时也是对新时代中国特色社会主义实践及其具体工作是否正确、是否合理、是否有效的检验尺度、评判标准。

四、习近平新时代中国特色社会主义思想的经验总结与未来前瞻

理论强则党强，思想富则国富。正如恩格斯所告诫过的，一个民族要想站在科学的最高峰，就一刻也不能没有理论思维。那么，对于自我来说，这种科学的理论思维从哪里来?

自我党之所以能够不断发展壮大，之所以能够带领人民创造举世瞩目的伟业，一个根本原因，就在于始终坚持科学理论的指导，坚持把马克思主义基本原理同中国革命、建设、改革的具体实际相结合，不断推进马克思主义中国化，实现了党的指导思想和基本理论的与时俱进。随着实践发展不断丰富发展马克思主义，不断赋予马克思主义新的生命活力，这就是当代中国形成科学的指导理论和理论思维最根本、最重要的途径。

作为马克思主义中国化最新成果的习近平新时代中国特色社会主义思想，也正是在这种结合中形成和初步发展起来的。从理论和实践结合上系统回答新时代坚持和发展什么样的中国特色社会主义、怎样坚持和发展中国特色社会主义，这个重大时代课题，坚持以马克思列宁主义、毛泽东思想、邓小平理论、“三个代表”重要思想、科学发展观为指导，坚持解放思想、实事求是、与时俱进、求真务实，坚持辩证唯物主义和历史唯物主义，紧密结合新的时代条件和实践要求，以全新的视野深化对共产党执政规律、社会主义建设规律、人类社会发展规律的认识，进行艰辛理论探索，取得重大理论

创新成果，形成了新时代中国特色社会主义思想。

第二节 新时代中国特色社会主义思想理论特质的三维阐析

鉴于习近平新时代中国特色社会主义思想对当代中国具有极为重要的意义，正确理解、深刻把握和通透领会其理论特质，无疑是必要的基础性工作，这可以从三个维度进行：①结合其形成过程和主要内容具体分析，其理论特质表现为四种统一，即问题导向与突出的问题意识的统一、实践创新与理论创新的互动统一、人类关怀和民生情怀的有机统一、综合性分析和辩证性思考的统一。②结合其理论属性概括分析，其理论特质表现为六“性”合一，即科学性与系统性、实践性与时代性、价值性与革命性融为一体。③结合其理论效度概括分析，其理论特质表现为八“度”共存，即有高度、有深度、有宽度、有厚度、有亮度、有温度、有风度、有气度。全面准确理解这些特质，有助于自我相应地形成深化、发展习近平新时代中国特色社会主义思想的基本思路。

习近平新时代中国特色社会主义思想，作为党和国家在新时代凝神聚力以建设中国特色社会主义的政治宣言、指导思想、战略纲领和行动指南，作为中国共产党和中国人民夺取新时代新胜利的伟大旗帜，需要全党全国人民认真学习、深入领会、贯彻落实。其中，对其理论特质的准确理解和深透把握是必要的基础性工作。因为深入搞清楚其理论特质有助于自我更好地把握其精神实质、根本目的、核心诉求、主要内容和基本逻辑。这个基础性工作可以分为两个层次：一是结合其形成过程、主要内容来具体分析；二是概括性阐释。后者又可细分为两种维度：一种是偏向于理论属性的概括分析；另一种是偏向于理论效度的概括分析。自我认为，这三种维度缺一不可，只有把它们统一起来，对习近平新时代中国特色社会主义思想理论特质才会有准确、全面进而是深透的把握。

一、四种统一：习近平新时代中国特色社会主义思想在形成过程和主要内容方面具有的理论特质

综观习近平新时代中国特色社会主义思想，它的构成要素多种多样，形成过程颇为复杂，总体而言，是主观和客观、主体和客体、个人和集体、

核心和群体、价值和事实等多种相互对立因素互相作用的结果。也正因为如此，就其主要内容、形成过程来看，它的理论特质上明显地表现为以下“四种统一”。

（一）问题导向与突出的问题意识的统一

习近平总书记强调，自我一定要以我国改革开放和现代化建设的实际问题、以自我正在做的事情为中心，着眼于马克思主义理论的运用，着眼于对实际问题的理论思考，着眼于新的实践和新的发展。的确，党的十八大以来，自我党、国家正是这样做的，提出的一系列新思想、新理念、新战略，都是立足于中国问题而提出的。党的十八大以来，习近平总书记发表系列重要讲话，深刻回答了新的历史条件下党和国家发展面临的一系列重大理论和现实问题，贯穿着强烈的问题意识、鲜明的问题导向。

世界上没有纯而又纯的哲学社会科学。世界上伟大的哲学社会科学成果都是在回答和解决人与社会面临的重大问题中创造出来的。马克思主义之所以成为伟大理论，成为“时代精神的精华”，很大程度上是因为“坚持问题导向是马克思主义的鲜明特点”。所以，问题是创新的起点，也是创新的动力源。只有聆听时代的声音，回应时代的呼唤，认真研究解决重大而紧迫的问题，才能真正把握住历史脉络，找到发展规律，推动理论创新。坚持以马克思主义为指导，必须落到研究我国发展和自我党执政面临的重大理论和实践问题上来，落到提出解决问题的正确思路和有效办法上来。

习近平新时代中国特色社会主义思想作为中国共产党治国理政的最新理论成果，就是以习近平同志为核心的中国共产党，直面中国特色社会主义步入新时代以来出现和凸显的各种重大现实问题，如“三大陷阱”问题改革发展寻找新动力问题、生态环境保护问题、文化软实力明显欠缺问题、收入差距不断拉大问题、官员腐败较为严重的问题，以及信息化时代国家安全问题、逆全球化问题等。或者如有学者总结的三类大问题：一是包括环境污染突出、社会差距扩大、民生短板普遍、权力腐败严重等在内的发展起来的问题；二是制度定型的问题，即在新时代要使中国特色社会主义包括政治、经济、文化、民生、社会治理、教育、生态等在内的一些基本制度，内涵和形式要更为科学、稳定，构建“系统完备、科学规范、运行有效”的制度体系；三是由“大”变“强”的问题。把问题导向和清醒、自觉的问题意识结合起来，充分发挥主观能动性，对这些重大问题进行科学观察、辩证分析、正确思考进而做出合理应对或有效应答。

问题导向与突出的问题意识相结合，所形成的问题化思维方式在习近平新时代中国特色社会主义思想形成和演进中扮演着非常重要的角色，两者的统一是其重要的理论特质。

（二）实践创新与理论创新的良性互动与辩证统一

习近平总书记强调，自我要根据时代变化和实践发展，不断深化认识，不断总结经验，不断进行理论创新，坚持理论指导和实践探索辩证统一，实现理论创新和实践创新良性互动，在这种统一和互动中发展21世纪中国的马克思主义。实际上，习近平新时代中国特色社会主义思想作为马克思主义中国化的最新成果，正是在两个创新的有机统一和良性互动中形成的。

一言以蔽之，实践创新和理论创新的统一和良性互动，是习近平新时代中国特色社会主义思想在形成中具备的重要理论特质。

（三）人类关怀和民生情怀的有机统一

习近平新时代中国特色社会主义思想，很好地继承了马克思主义人的解放思想，但又将它时代化、中国化，结果，其一，放眼世界，充满对人类境遇的关注和对人类命运的关怀；其二，聚焦国内，以人民为中心，充满浓烈的民生情怀。

关于民生情怀。以人民为中心的发展与人们对美好生活的需求是密切关联的，或者说要落实到人民的美好生活上。因此，人民对美好生活的向往，就是自我的奋斗目标，这已成为新时代中国共产党人的集体共识和共同使命。具体而言，就是要坚持在发展中保障和改善民生。增进民生福祉是发展的根本目的。必须多谋民生之利、多解民生之忧，在发展中补齐民生短板、促进社会公平正义，在幼有所育、学有所教、劳有所得、病有所医、老有所养、住有所居、弱有所扶上不断取得新进展，深入开展脱贫攻坚，保证全体人民在共建共享发展中有更多获得感，不断促进人的全面发展、全体人民共同富裕。建设平安中国，加强和创新社会治理，维护社会和谐稳定，确保国家长治久安、人民安居乐业。

这也就意味着，习近平新时代中国特色社会主义思想，把人民主体论、以人民为中心的发展具体化为自觉而又浓烈的民生情怀，进而将人类关怀和民生情怀很好地统一起来。

（四）综合性分析和辩证性思考的统一

自我强调，要有强烈的问题意识，以重大问题为导向，抓住关键问题进一步研究思考，着力推动解决我国发展面临的一系列突出矛盾和问题。自我中国共产党人干革命、搞建设、抓改革，从来都是为了解决中国的现实问题。习近平新时代中国特色社会主义思想就是在分析、应对和解决当下中国以“四大考验”和“四大风险”为典型代表的各种社会问题中形成和发展起来的。

不过，自我知道，问题中还有问题，问题连着问题，表面问题背后有深层问题，老问题背后有新问题；而且，任何一个问题都牵扯很多方面的内容。所以，在剖析问题时，必须坚持在普遍联系中分析问题，以整体性视野、综合性分析来深入把握问题，以总体性、综合性的办法来解决问题。所以，习近平总书记专门号召全党认真学习辩证唯物主义，要学会全面而非片面、系统而非零散、普遍联系而非孤立地观察和思考事物、分析和解决问题。

自我的事业越是向纵深发展，就越要不断增强辩证思维能力。当前，我国社会各种利益关系十分复杂，这就要求自我善于处理局部和全局、当前和长远、重点和非重点的关系，在权衡利弊中趋利避害、作出最为有利的战略抉择。为此，要学习掌握唯物辩证法的根本方法，不断增强辩证思维能力，提高驾驭复杂局面、处理复杂问题的本领。习近平新时代中国特色社会主义思想中的“全面深化改革”“五大发展理念”显然都是运用辩证思维的典范。

二、六“性”合一：习近平新时代中国特色社会主义思想在理论属性方面表现出的理论特质

习近平新时代中国特色社会主义思想，因其内涵丰富宏阔、牵涉广泛，立意和用意都是多种维度错综交织的，它在理论属性上就表现为多维性，更准确地说是多维性很好地相互交织、紧密糅合，从而形成六“性”合一即科学性与系统性、实践性与时代性、价值性与革命性融为一体的理论特质。

所谓科学性，主要指它充分发挥马克思主义这个伟大思想武器的巨大力量，始终注意两个紧密结合，即紧密结合当今世界发展的客观情况和趋势、紧密结合中国特色社会主义新时代种种客观实际，高度重视世界和中国呈现出来的现实问题，进而表现出以下特点：一则积极探索规律、自觉遵循规律，

按照客观规律要求谋划事业发展，使自我党对共产党执政规律、社会主义建设规律、人类社会发展规律的认识达到了新的高度。二则科学地分析，有针对性地思考，得出符合中国特色社会主义新时代根本实际、符合世界发展基本规律、符合社会主义本质要求并在现实中和实践中不断被证明是正确的和卓有成效的科学决策、科学谋划。

所谓系统性，指它在整体与部分、硬核与保护带、上位与下位层次之分的基础上，形成一个内在连通、相互支撑而又逻辑自洽的有机整体。具体地说，它紧紧围绕坚持和发展中国特色社会主义这个主题，科学而又系统解答新时代“坚持和发展什么样的中国特色社会主义”“怎样坚持和发展中国特色社会主义”两大基本问题，确立了建设和奋斗的总目标、总任务、总体布局、战略布局，以及事关社会发展方向、方式、动力和战略步骤、外部条件、政治保证等一系列基本问题，以“八个明确”为核心内容，以“十四个坚持”为基本方略，涉及经济、政治、文化、社会、科教、生态、国安、民族、国防、外交、党建等各个方面，对党和国家各项事业进行全面指导，“形成一个主题目标鲜明、内容相互贯通、逻辑层次明确的思想体系”。

所谓实践性，一般有三层指向：其一，源自、形成于实践。习近平总书记曾经指出，自我要坚持实践第一的观点，不断推进实践基础上的理论创新。自我推进各项工作，要靠实践出真知。习近平新时代中国特色社会主义思想无疑是这方面的典例。其二，返回并指导实践、推动实践前行。它弘扬了马克思主义作为“实践的唯物主义”的内在吁求，不仅仅要解释世界，更重要的是“改变世界”，真正做到“从实践中来、到实践中去”。非常明显的是，它提出的一些重大战略部署不但具有鲜明的针对性，而且具有突出的可实操性，就是为了更有效、更有力地践行，所以，人们公认它是新时代中国特色社会主义建设的总遵循，是实践总纲，是行动指南。其三，随着实践的变化、深化而不断做出相应的调整、完善，与时俱进、与践同行。习近平总书记曾强调，把坚持马克思主义和发展马克思主义统一起来，结合新的实践不断做出新的理论创造，这是马克思主义永葆生机活力的奥妙所在。

所谓时代性，这里有两层指向。首先是指它作为中国特色社会主义理论体系的最新组成部分而言的。众所周知，中国特色社会主义理论体系始终以马克思主义的宽广眼界观察世界，以科学思维审视时代，充分吸纳借鉴当代人类社会文明成果，始终站在时代前列谋划发展、引领中国进步，与时俱进，与时代同行，与时代共进退，具有鲜明的时代性。其次，特指它牢牢抓住中国特色社会主义新时代这个历史方位的本质特征，高度关注中国特色社会主义新时代人类集体面临的大问题，全面把握了新时代党情、国情、社情世情的最新变化，进而做出科学的思考、深刻的回应和具有新时代特色的判断、分析，完整地回答了中国特色社会主义新时代提出的一系列重大命题，有力地回应了中国特色社会主义新时代呈现的重大难题，成为“新时代精神的精华”。与新时代共在共生，与新时代同步同行。

所谓价值性，即它是有明确价值追求、价值关怀和价值立场的，有两个维度：（1）人类性。具体表现为对整个人类生存境况的人道关怀、对整个人类未来发展走向的人道关注，“为人类进步事业”“为人类谋和平与发展”这个伟大的人道目标奉献中国智慧、提供中国方案。（2）人民性。其一，尊重人民历史主体地位的价值立场。其二，坚持人民利益至上的价值标准。其三，推行以人民为中心的价值理念。其四，实现人民美好生活的价值目标。

所谓革命性，首先指它参与并引领了新时代中国特色社会主义使中国发生全方位多层次变化的伟大实践，完成了“改变世界”的理论自觉、担当和使命，并使新时代中国特色社会主义发生了革命性的变化。其次指它贯彻了实事求是的精神，坚持结合变化了的实际、中国特色社会主义新的实践，在理论上有重大突破、重大创新、重大发展，既提出了不少原创性的思想，也同时实现了对经典历史唯物主义某些观点的重大革新或创造性转化。最后指它发扬了马克思主义特有的自我反思意识和自我批判精神，以大无畏的自我革命的勇气和精神，对一切痼疾和问题毫不留情地进行反思和批判，并以自我激励、自我期许、不断革新来保证自己的科学性和理论活力；换言之，不断地推进实践创新和理论创新，在创新中真正落实“勇于自我革命”这个“自我党最鲜明的品格”。

在习近平新时代中国特色社会主义思想那里，以上这六种属性，实则你中有我、我中有你、相互交织又相互支撑，有机地融合在一起。

三、八“度”共存：习近平新时代中国特色社会主义思想在理论效度方面表现出的理论特质

从理论效度上总体把握习近平新时代中国特色社会主义思想的理论特

质，是深入把握它不可缺少的一环。概括而言，就是八“度”共存，即在它那里，有高度、有深度、有宽度、有厚度、有亮度、有温度、有风度、有气度，八“度”同时并存共在。

所谓有高度，通俗地讲，就是站得高、看得远、行得稳，具体表现为三个方面：其一，指站在了人类历史的高度，即习近平新时代中国特色社会主义思想深入洞视人类社会演进的基本规律，高度关注人类的共同命运，深刻把握人类未来发展的根本趋向，努力为实现“全人类的共同价值”，即“和平、发展、公平、正义、民主、自由”而探索思考、寻求对策。其二，指站在了世界发展的高度，即它深刻掌握了当今世界发展的总格局、大趋势、大潮流，提出“世界格局正处在一个加快演变的历史性进程之中”，“多极化进一步发展”，并且勇立潮头，矗立浪尖来求索、谋划世界共同发展之道，提出建设一个“持久和平的世界、普遍安全的世界、共同繁荣的世界、开放包容的世界、清洁美丽的世界”。其三，指站在新时代的时代高度，深刻把握了中国特色社会主义新时代的本质特征即从富起来到强起来的时代、制度定型的时代，来定位和破解中国发展的重大基本问题，把脉定向，纲举目张。所谓有深度，是指习近平新时代中国特色社会主义思想在积极探究“自我从哪里来、现在在哪里、将到哪里去”这个人类社会历史“最基本的问题”中，透过表层和表象，而深入事物、事实的本质和内里，抓根本、抓关键、抓主题、抓深层次矛盾、抓最重要的问题、抓问题背后最深层的原因。这一则体现为对事物本质和规律的深刻把握，特别是对三个最基本规律“中国共产党执政规律、社会主义建设规律、人类社会发展规律”的澄明理解和牢固把握。二则表现为对中国特色社会主义新时代本质特征及其最重要的依据之一即其社会主要矛盾的通透掌握，强调“新时代我国社会主要矛盾是人们日益增长的美好生活需要和不平衡不充分的发展之间的矛盾”，促使自身不断成为“时代精神的精华”。三则表现为在此基础上实现了对新时代中国特色社会主义最基本的判断、最基本的谋划，如总任务、“五位一体”总布局、全面深化改革总目标等。

所谓有宽度，体现为三个方面：其一，视野宽。习近平新时代中国特色社会主义思想既有博古通今之历史大视野，又有俯览中外之全球大视野。它强调历史是“最好的老师”“最好的教科书”“最好的营养剂”，提出“重视历史、研究历史、借鉴历史，可以给人类带来很多了解昨天、把握今天、开创明天的智慧”也强调“以全球视野谋划和推动创新”。其二，涉及面宽。它涉及中国特色社会主义建设经济生活、政治生活、文化生活、日常交往、社会建设等几乎所有领域，涉及“经济、政治、法治、科技、文化、教育、民生、民族、社会、生态文明、国家安全、国防和军队、‘一国两制’和祖国统一、统一战线、外交、党的建设”等方方面面。其三，知识面宽，具有典型的跨学科性。自我知道，“马克思主义经典作家眼界广阔、知识丰富，马克思主义理论体系和知识体系博大精深”，之所以这样，是因为“马克思、恩格斯在建立自己理论体系的过程中就大量吸收借鉴了前人创造的成果”。不分领域、不分学科，只要是有益的知识都为我所用。当代中国的马克思主义当然也是这样，凡政治学、经济学、社会学、哲学、历史学、文化学、国家关系学、心理学乃至各种自然科学知识，都要在搞懂的基础上融会贯通，然后才能对问题和矛盾实现科学诊断和透视。

所谓有厚度，这一则表现为厚重的理论体系，即习近平新时代中国特色社会主义思想融内容丰富、立意高远、见识深刻为一身，可谓博大精深，但又形成了内在关联、相互支撑的有机整体。二则表现为有厚重的历史感，这不仅表现为对人类历史、中华民族史、中华人民共和国史、人民解放军史、中国特色社会主义改革开放史的深刻理解，更表现为在此基础上将历史视为“最好的老师”“最好的教科书”，悟透其间的失败教训，发扬其间的成功经验以为当代所用。

所谓有亮度，着重指习近平新时代中国特色社会主义思想内蕴着、贡献出很多重大的理论创新和实践创新，是中国特色社会主义在新时代向世界交出的亮丽的、亮眼的“名片”。这也含有两个层面：一个层面是大家比较熟知的、直接具有重大现实意义的创新，诸如新改革思路、新发展观念、新方位判断、新矛盾提炼、新党建举措、新战略部署、新全球交往理念等；另一个层面是对传统理论、对经典马克思主义的重大突破、重大推进。

所谓有温度，实际上就是前面分析的，习近平新时代中国特色社会主义思想充盈着深厚而又真挚的现实主义的人道精神和人道关怀，具有浓厚的为人类、为人民的价值情怀，温暖世间、温暖人间，对苍生与众生充满温情，更对黎民和庶民充满温情。这一则表现为对人类共同命运的高度关注，对当今世界仍然面临战争、饥饿、灾难、病疫等祸害的人们的热忱关注。二则表现为追求以人民为中心的发展，强调“在整个发展过程中，都要注重民生、保障民生、改善民生”，具有浓郁的民生关怀。三则表现为对人民群众中的每一个群体都有特殊的关切、关怀。

所谓有风度，主要指习近平新时代中国特色社会主义思想，一则充满中国风范，即体现了中华民族作为世界优秀民族的气派，体现了中国作为历史悠久文明古国、泱泱大国的气派，彰显中国力量，张扬中国精神，凸显中国智慧，吁求在淡定中奋起直追、努力奋斗，在从容中审视差距、实现超越。二则指充满中国风格，它以马克思主义作为本色，以马克思主义中国化作为底座，积极吸纳中国传统优秀文化，使之成为自己的基本底色之一，在话语风格和表达形式、思维方式、价值立场上，表现出非常明显的中华文明特色、中国风味。三则表现为充满中国风骨，把中华民族、中国人民的刚毅坚卓、百折不挠、威武不屈、自力更生的骨气和品格，很好地糅合进来。

所谓有气度，主要指习近平新时代中国特色社会主义思想，一则强调包容、宽容、开放、共进共生，对不同的国家、民族、地区、人群，宣扬“万物并育而不相害，道并行而不相悖”“和而不同”理念，追求兼容相济、互相尊重、和谐共生，具有博大的胸襟和开阔的气度；对不同的思想、观念、传统，秉持兼容并蓄的态度，虚心学习他人的好东西，对一切有益的知识体系和研究方法，自我都要研究借鉴，充分体现“万物皆备于我”、有容乃大的气度。二则表现为在强调平等共荣、携手共进的基础上，不卑不亢，既不自傲但也不自卑，气定神闲，具有高度的道路自信、理论自信、制度自信、文化自信，具有无比强大的前进定力。准确、全面而深刻地理解上述理论特质，除了有助于自我更好地把握其精神实质、根本目的、核心诉求、主要内容和基本逻辑，无疑也有助于自我在现实中更好地贯彻落实习近平新时代中国特色社会主义思想，更好地推进新时代中国特色社会主义建设，更好地实现中华民族伟大复兴。

当然，这实际上也同时为自我继续深化、推进、发展习近平新时代中国特色社会主义思想，建设21世纪中国马克思主义指明了基本思路。这个基本思路主要包括：坚持问题导向、对问题进行综合性分析是深化、发展习近平新时代中国特色社会主义思想的基本要求；把科学发展与以人民为中心的发展很好地统一起来，实现科学性和人民性、真理性与价值性的有机统一是深化、发展习近平新时代中国特色社会主义思想的基本原则；坚持以我为主、博采众长、兼收并蓄、批判借鉴是深化、发展习近平新时代中国特色社会主义思想的基本方式。

第三节 新时代中国特色社会主义思想对历史虚无主义的透视

一、两种“虚无主义”：新时代对历史虚无主义基本界划和关键“确诊”

进入新时代，习近平总书记继承我党优良传统，强调“历史是最好的教科书”，只有熟知党史、国史并深入思考，才能不断交出坚持和发展中国特色社会主义的合格答卷；“历史是人类最好的老师”，重视历史、研究历史、借鉴历史，可以给人类带来很多了解昨天、把握今天、开创明天的智慧；“历史是最好的清醒剂”。

可是，历史能否这样发挥作用？历史的启迪和教训是人类的共同精神财富。忘记历史就意味着背叛。要让历史发挥作用，首先要牢记历史特别是牢记历史经验、牢记历史教训、牢记历史警示，全党全国各族人民要牢记由鲜血和生命铸就的中国人民抗日战争的伟大历史。并因此敬畏历史；更重要的是，只有正确认识历史，才能更好开创未来。

习近平总书记之所以做上述强调，是有深刻用意和专门针对性的，那就是历史虚无主义在新时代不但愈演愈烈，甚至甚嚣尘上，而且有了新的重大变化、新的重要表征、新的重点方向。

对历史虚无主义和文化虚无主义的合理界划，具有重要意义，它实际上是立足于新时代对历史虚无主义进行了“确诊”，对今天精准把握它的核心题旨和关键特征，尔后精准发力、精准施策，无疑具有根本的指导性作用。

二、新时代历史虚无主义的“三衣”“三化”和意识形态本性

新时代以来历史虚无主义影响很大，是多种因素共同作用的结果。其中，它本身善于“与时俱进”，不断地自我赋予新形式、呈现新特点，是非常重要的因由。其间，形式上的“三种外衣”、途径上“三化”表现尤为突出，值得认真对待。

新时代历史虚无主义，特别注意披戴三种外衣以乔装打扮、层层包装。

或者移形变相，让人不知真假；或者改头换面，让人难识其质。

（一）学术外衣

其核心有两点：一是把学术研究神圣化，强调历史研究以“价值中立”为根本，可不顾及因果、规律和内在趋势，重心在于极力还原历史本身，尽力挖掘历史事实、史料来全面地呈现历史原貌。其结果，爬梳、整理、还原出一系列、一大堆和公认的共和国史、党史、革命史明显有别甚至迥然有异的历史事实、细节、片段，严重冲击、虚无正统历史叙事和正统观点。二是把学术创新神圣化，甚至不惜为新而新，为此在不断挖掘新史料、新细节的基础上，用力“反思、新思、再思”，“奉献”出一大批新锐观点、新奇思考、新异想法，进而吁求“重写、改写、补写”三史，竟至得出政治阴谋史、人性黑暗史、文明异变史，直接挑战、解构正统史学、史识、史论。

（二）文艺外衣

其核心在于高举高打“让历史本身更具体生动”“让历史人物更形象真实”的旗帜，以“触摸历史”“感知历史”“体味历史”为常用口号，以文艺的手段和形式来“再现历史、复原历史”。其问题主要有两方面：第一，以文艺重塑和再现历史过程中，创作者的个人情感、价值偏好等主观因素，往往缺乏合理的历史观引导和约束。由此，所谓的人性标准、普适价值经常决定着历史如何再现，历史往往被浓缩为简单的人性史、价值观念史，更准确地说是人性和价值冲突史，甚或人性异化史、价值偏离史。所以，“好人不好、坏人不坏”的现象经常出现，因为人性是复杂的。第二，艺术的夸张化和典型化经常互相结合，“以小见大”不但往往严重失真，而且非常片面。由此，一部取得伟大成就但同时付出巨大牺牲的复杂宏阔的三史，被文艺化为人性受到束缚压抑、人性受到戕害异化甚至人性泯灭的“单一”史，或者个别人物、人群简单的曲折生活史、不幸命运史。与此同时，“乱花渐欲迷人眼”，历史评价标准被严重模糊化了，人们一贯认可的光明、正确、伟大的那些客观标准受到质疑甚至唾弃，传统三史记述、评判的合理性、正确性受到挑战和攻击。

（三）言论、舆论外衣

其核心在于极力鼓吹“言论自由、思想自由”，庄重的历史问题、严肃的历史研究，经过“自由言论、自由思想”的加工，经常沦为个人化的解读甚至情绪化的宣泄，历史虚无主义者据此喜欢“现身说法”，以“我想”“我认为”“我的看法是”为借口，依据自己认为的“人之常情”“世之常理”或个人好恶来反思、反驳甚至反对已有定论的历史事件、情节，有时或以“语不惊人死不休”的姿态，以非常轻佻的态度擅自妄评、随意訾议历史事件、人物和进程。正统的历史、公认的结论往往经过“个人思考、言说”而“变相”“变色”“变调”。

虽然这些“言论自由、思想自由”大都开始是在私人空间进行的，但在现代传播技术作用下，很容易演变成牵涉者众多、受众面广的公共舆论，而其始作俑者往往以行使私人权利、“言者无罪”、没法阻止别人自由选择为由推卸社会责任。

同时，新时代历史虚无主义在生成、传播途径上注重学术化、日常生活化、网络化。

学术化路径，就是指历史虚无主义借助于学术化而标榜自己是“科学研究”。“科学研究无禁区、科学研究重在客观、科学研究贵在创新”是所谓三大“金科玉律”，一些历史虚无主义者奉其为“尚方宝剑”或“最高指示”。或者以勇于突破禁区的姿态研究尚未公开的、有争议的史实、史料，得出否定传统定论的“惊人之见”；或者以客观性为借口努力收集历史细节、琐碎史实，冲淡正统历史叙事和史论；或者以创新为旨归，不断提出新论，弱化正统观点。

所谓日常生活化路径，就是指历史虚无主义把对历史的分析、评价融入日常生活中，以日常生活喜闻乐见的形式影响人们。这主要有三种情况：一是把历史研究、历史叙事聚焦于普通人物、人群，尽力彰显普通人回忆录、访谈录对历史再现的重要性，极力凸显普通人生活的曲折不幸、多磨多难，不但严重淡化宏大事件、宏大叙事、集体记忆的重要性，而且意图以此折射社会主义革命史、共产党解放战争史、中华人民共和国建设史的问题、弊端乃至阴暗面，冲击它们的合理性、合法性。二是利用普通人一般日常生活中的认知模式、情感体验，来质疑、抨击、否定历史英雄人物、领袖人物在特定历史情境、场合中的超常行为。三是很善于利用日常娱乐、日常话语，达到“润物细无声”的效果。

历史虚无主义的日常化，使得历史虚无主义事件具有分散性、琐碎性，很容易使“大事化小、小事化了”，难以上纲上线、定罪定责。

所谓网络化路径，就是指历史虚无主义非常善于利用微信、微博、QQ群、聊天室、直播室、贴吧、论坛以及自媒体等现代信息技术，善于利用网络语言、网络风格、网民身份进行包装，善于揣摩利用网民猎奇心理、从众心理和青年网民的叛逆心理、后现代意识，来散播、传递诸如虚无三史的言论、“学术研究”、文艺创作，以及大众“民间艺术”、恶搞类“反艺术作品”。

更重要的是，在新时代，以上三种外衣、三条路径，经常互通有无、交织错杂、相互支持。

对此，习近平总书记代表中国共产党，立足于新时代这个历史方位强调：一个政权的瓦解往往是从思想领域开始的，思想演化是个长期过程。思想防线被攻破了，其他防线就很难守得住。自我必须充分认识意识形态工作的极端重要性，否则就要犯无可挽回的历史性错误。与此同时，一方面抓住新时代历史虚无主义最基本的表现，即以所谓“重新评价”为名，歪曲近现代中国革命历史、党的历史和中华人民共和国历史；另一方面明确无误地指出其意识形态本质，历史虚无主义的要害，是从根本上否定马克思主义指导地位和中国走向社会主义的历史必然性，否定中国共产党的领导。也正因为如此，习近平总书记高度肯定了对毛泽东同志的正确评价、定位，它有力地阻遏了历史虚无主义的滋生蔓延，称得上是“一个重大的政治问题”。

而且，习近平总书记对历史虚无主义因披上各种让人眼花缭乱的“外衣”所呈现出来的复杂性、多元性、多面性同样有深刻的洞悉，强调要通过学校教育、理论研究、历史研究、影视作品、文学作品等多种方式，来强化正面宣传和教育，剥除其各种“外衣”，让真相大白于天下；对于它和网络等新媒体的结合，习近平总书记不仅在一般意义上多次强调，过不了互联网这一关，就过不了长期执政这一关，还特意提醒，做好网上舆论工作是一项长期任务，要创新改进网上宣传，运用网络传播规律，弘扬主旋律，激发正能量，大力培育和践行社会主义核心价值观，把握好网上舆论引导的时、度、效，使网络空间清朗起来，使历史虚无主义在网络上无所遁形、无处藏身、不起风浪。

三、政治和思想舆论的双线斗争：新时代历史虚无主义的有效应对

毛泽东同志曾深刻指出，凡是要推翻一个政权，总要先造成舆论，总

要先做意识形态方面的工作。革命的阶级是这样，反革命的阶级也是这样。对历史虚无主义一定要有这样的认识。所以，要警惕和抵制历史虚无主义的影响，坚决抵制、反对党史问题上存在的错误观点和错误倾向。有效应对历史虚无主义，无疑是新时代党和国家的历史重任。

各种敌对势力绝不会让自我顺顺利利实现中华民族伟大复兴，这就是为什么自我要郑重提醒全党必须准备进行具有许多新的历史特点的伟大斗争的一个原因。习近平总书记的这段话，实际上已经说明新时代有效应对历史虚无主义最基本的立场、策略和路径，即要把反对历史虚无主义上升到具有许多新的历史特点的伟大斗争的高度进行面对新形势新挑战，要发扬斗争精神，既要敢于斗争，又要善于斗争，在事关中国特色社会主义前途命运的大是大非问题上坚定不移。

具体言之，这种斗争可分两个层面：其一，党员、干部特别是高级干部在大是大非面前不能态度暧昧，不能动摇基本政治立场，不能被错误言论所左右。当人民利益受到损害、党和国家形象受到破坏、党的执政地位受到威胁时，要挺身而出、亮明态度，主动坚决开展斗争，这里的核心就是指对待历史虚无主义要有政治斗争的意识和自觉性。其二，要敢抓敢管，敢于亮剑，着眼于团结和争取大多数，有理有利有节开展舆论斗争，帮助干部群众划清是非界限、澄清模糊认识，这里的核心是要在思想认识、社会舆论领域同历史虚无主义展开斗争。新时代要双线作战，要使两种斗争联动起来，互相支持，形成合力。

所谓政治斗争，其实质就是把反对历史虚无主义作为政治问题来看待，政治力量要介入，有必要动员国家资源、政府机构、公共权力来采取一些实际的政治行动。

新时代深化对历史虚无主义的斗争，政治举措、国家政治活动、行为仍是非常必需的，特别是针对一些政治色彩非常浓厚、政治诉求非常明确、态度极端性质恶劣的历史虚无主义，必须坚持政治斗争的旗帜，毫不留情、绝不手软、露头就打。在这方面，新时代应在以下几处用力：其一，严格贯彻、执行上述的法律法规、党纪党规，强化必要的意识形态管控、干预；其二，必要的时机，有需要时要继续制定专门的相关法律法规，以法制化的形式强化政治斗争；其三，国家公祭日、纪念日的纪念、示范、普及教育意义和民族记忆功能，需要国家政治层面来进一步强化。

不过，历史虚无主义作为意识形态、社会思潮，决定了解放思想、认识问题，或者说在思想认识、社会舆论领域做斗争应是新时代主战场。具体而言，有必要做好以下工作。

第一，历史的无知、不解不信不懂问题要有效解决。一些人之所以沦为历史虚无主义的受众，甚至同时变为主动的再传播者，很多时候源于他们对具体历史的无知，不了解、不清楚、不明白，缺乏辨别力、洞视力，不但轻易接受、认可对历史的随意编排、捏造和篡改，而且很可能“以讹传讹”。对他们来说，知史、懂史才会更好地信史、敬史，进而远离、自觉拒斥历史虚无主义。习近平总书记曾强调，对自我共产党人来说，中国革命历史是最好的营养剂。多重温这些伟大历史，心中就会增加很多正能量。应该讲，这对普通的民众同样成立。如果人们对党史、国史、军史有更好的了解、更多的认识，心中增加正能量，历史虚无主义就很难有市场。对中国人民和中华民族的优秀文化和光荣历史，要加大正面宣传力度，这是新时代自我必做的基本功课。

第二，依据主观想象或价值观念先行，要么生编硬造，要么用心“假设”推理出从未客观存在的历史，或是在某些史料、史实的基础上“文艺再现”“艺术加工”出“别样的历史”“新异的历史”，或者抓住某些历史材料如抓住“救命稻草”，以偏概全、以小博大来“重评历史”“重写历史”，有意无意地曲解、肢解和误解历史，都是历史虚无主义的惯用伎俩、重要招式。

针对这个问题，习近平总书记多次强调：历史不会因时代变迁而改变，事实也不会因巧舌抵赖而消失。历史就是历史，事实就是事实，任何人都不可能改变历史和事实。所以，面对以上招数，务必让历史说话，用史实发言，要以事实批驳歪曲历史、否认和美化侵略战争的错误言论。所以，自我一定要加强史料收集和整理，一定要有翔实准确的史料支撑和深入细致的研究分析，要更多通过档案、资料、事实、当事人证词等各种人证、物证来说话。

这实际上也是对马克思主义研究社会历史的优良传统、历史唯物主义科学研究基本要求的继承和运用。马克思明确说，研究必须充分地占有材料。恩格斯更明确地说：在这里只说空话是无济于事的，只有靠大量的、批判地审查过的、充分地掌握了的历史资料只有这样，才能完成科学地把握历史的任务。全面、准确、翔实的史料、史实，形成“铁证如山”，无疑是对那些“虚构”历史、“戏说”历史、“肢解”历史所形成的历史虚无主义最有效的反驳，是最犀利、最直接的武器。

第三，颇有学术味道，或者穿戴上“学术外衣”的历史虚无主义，也非常重视史实、史料和史证，以学术化的口气宣称理想状态就是使人类历史中全部最细微事实的集合终将说话，不惜成为“文献拜物教”“考证癖”它们在零碎细节、琐碎史料的考证、辨疑和整理上，确实很用功夫，有时也很见功力。而且，即使在一些舆论化的甚至文艺化的历史虚无主义那里，也强调“摆事实讲道理”，“以史实说话、让事实发声”，历史事件、历史细节的挖掘有时表面上看也“相当漂亮”。这是历史虚无主义最有迷惑性、最具蛊惑力的地方。

人们必须有正确的世界观和方法论，才能更好地观察和解释自然界、人类社会、人类思维各种现象，只有真正弄懂了马克思主义，才能更好地识别各种唯心主义观点、更好地抵御各种历史虚无主义谬论。获取史证、史料只是基本功，但历史研究、分析绝不能停留于此，缺乏正确的史观和方法，只能导致对历史的曲解、误解，冲击和“虚无”正确的历史。

正确的史观、方法无疑主要来自历史唯物主义，要坚持用唯物史观来认识和记述历史。自我应在把握历史趋势、吃透历史进程主流和本质、凸显历史进步意义的前提下，来挖掘、考证、梳理和分析史料，如此一来，选择史料、史实就成了理解历史很重要的环节。在此，不能流连忘返于边边角角、细枝末节的史实和琐碎史料，不能以个人的、个别小群体的人生遭遇史、生活际遇史来代替真实的宏大历史，更不能以它们来否定正统的、公认的“大历史”。

习近平总书记依据唯物史观，针对党史研究强调要牢牢把握中共历史发展的主题和主线、主流和本质，要坚持实事求是的思想路线，分清主流和支流，反对包括用琐碎、细微的历史片段、历史碎片来“重写历史”在内的任何歪曲和丑化党的历史的错误倾向。

鉴于历史虚无主义有多种外衣，很会利用包括互联网、自媒体等在内的现代信息技术，自我要“以其人之道、还治其人之身”，要加大正面宣传力度，通过学校教育、理论研究、历史研究、影视作品、文学作品等多种方式，加强爱国主义、集体主义、社会主义教育，引导我国人民树立和坚持正确的历史观、民族观、国家观、文化观，增强做中国人的骨气和底气。而且还要创新改进网上宣传，运用网络传播规律，弘扬主旋律，激发正能量。

当然，文化自信，是更基础、更广泛、更深厚的自信。建设和搞好包括优秀传统文化、中国共产党的革命文化和社会主义先进文化在内的文化自信，确实是化解历史虚无主义最根本的药方。新时代的历史虚无主义和一般意义上的文化虚无主义的确有很深的内在关联。

反对历史虚无主义，自我在新时代理应有责任意识和担当精神。具体而言要着重做好以下三点：（1）高度重视历史虚无主义的意识形态本性，要透过它的各种“外衣”抓住它在新时代最基本的特征和实质即歪曲三史、否定共产党的领导、否定中国道路。（2）要把政治斗争和思想斗争结合起来，因为历史虚无主义大多穿戴上了“学术”“文艺”“舆论”的外衣，所以思想斗争、理论斗争、宣传斗争应该成为主战场，但绝不能忽略政治斗争的重要性、必要性，更不能忘记思想、理论、宣传斗争背后的政治立场。（3）要善于综合运用各种手段如学校教育、学术研究、文艺创作、网络媒体。首先，要搞好正面宣传教育，这里有两个重点内容：一是把真实的、完整的近现代中国革命历史、党的历史和中华人民共和国历史正面宣传好；二是把历史唯物主义关于历史的基本观点、研究分析历史的基本方法和基本立场正面宣传好、普及好。其次，要搞好对历史虚无主义的揭批，在把翔实的史料和正确的历史观、方法论有机结合起来的基础上，充分揭示历史虚无主义的唯心主义实质、错误特质和政治本质。

第六章 马克思主义中国化理论的新发展

第一节 中国梦的实现必须走中国特色社会主义道路

一、中国梦的内涵

中国梦是一个高度概括的思想理念，其包含了丰富的内涵。实现中华民族伟大复兴，是近代以来中国人民最伟大的梦想，自我称之为“中国梦”，基本内涵是实现国家富强、民族振兴、人民幸福。

在历史上，我国一直居于世界前列，而外敌侵略对中华民族造成了严重打击。19世纪40年代以后，中华民族蒙受了百年的外族入侵和内部战争，全国人民经受了巨大的灾难和痛苦，这是中华民族历史上十分灰暗的一段时期，苦难深重、命运多舛。但即使在这样的背景下，中华民族也一直秉承自身的优秀品质，一直没有放弃对美好梦想的向往和追求。支撑中华民族经受这么多苦难的就是中国梦，是实现国家富强，是不再任人欺侮；是对民族振兴的期盼，不再落后沉沦；是对幸福生活的追求，人民不再遭受苦难。广大仁人志士为民族复兴奉献自我，而支持他们的巨大精神力量就是实现中华民族伟大复兴的中国梦，是为了实现中国人未来美好生活的憧憬。

通过不断地拼搏和努力，今天的中国已经不再是贫穷落后的旧中国，在中国共产党领导下，人民创造了日益繁荣富强的新中国，随着时代的前进人们逐渐看到了中华民族伟大复兴的光明前景。在这样的关键时期，以习近平同志为核心的党中央豪迈地宣示了中国共产党人的奋斗目标，实现中华民族伟大复兴的中国梦。

中国梦既是国家和民族的梦，更是广大人民群众的梦。中国梦的主体是人民，人民是中国梦的创造者和享有者。中国人民依靠自己的努力奋斗，在历史进程中不断发挥勤劳勇敢、坚韧不拔、有智慧、有理想的优秀品质，创建了和谐美好的共同家园。中国人民热爱生活，期盼有更好的教育、更稳定的工作、更满意的收入、更可靠的社会保障、更高水平的医疗卫生服务、更舒适的居住条件、更优美的环境，期盼孩子们能成长得更好、工作得更好、生活得更好。“得其大者可以兼其小”，指的就是国家好，民族好，大家才会好；国家富强，民族振兴，人民才能幸福。中国梦的一个显著特征就是可以实现全民族的凝聚，让国家、民族和个人团结在一起成为一个命运共同体，从而为每个人实现个人梦想和共同理想提供广阔的空间，使中华儿女可以将自己的个人梦想和全社会的共同理想有机结合，不仅可以活出精彩人生、实现个人梦想，还可以与国家一起成长和进步，可以更好地参与祖国事业的建设。

二、实现中国梦的重要意义

党员、干部畅想中国梦，社会舆论聚焦中国梦，中华儿女关心中国梦，国际社会关注中国梦，中国梦的影响不仅局限于国内，还延伸至国际社会，它引领着中国社会的进步和发展，激励着中华儿女奋勇向前，是中华民族面向未来发展的一面精神旗帜。中国梦已经深深印在中华儿女的脑海中，中国梦已经成为全国各族人民的共同追求。

中国梦具有巨大的号召力和感染力。其根本原因在于中国梦切实反映了近代以来一代又一代中国人的美好夙愿，并在基本国情和社会实际的基础上揭示了中华民族的历史命运和当代中国的发展走向，为全国各族人民的不懈奋斗指明了方向。

中国梦并不是一般意义上的梦想，它是一种特定的思想意识和目标指向的高度融合，可以在最大程度上凝聚中华儿女的智慧和力量。在当今中国，中华民族伟大复兴的中国梦就是可以赢得人心、获得共识的思想理念。我国正处于社会转型的关键时期，观念多样化、利益多元化是普遍存在的现实问题，每个人、每个群体、每个阶层都有自己的梦想，而这些梦想各不相同甚至有一些会存在冲突，而这就要求自我对这些梦想有机结合，要求同存异。坚定不移地推进中国梦的实现，是中华儿女的“最大公约数”。中国梦立足于中国国情，集中体现了中国发展的多方面诉求以及要实现的各项目标，有机结合了各个阶层、各个群体的不同梦想，使其汇聚为广大人民群众的共同追求、共同愿景，求同存异，以实现全国各族人民的最大共识、凝聚全国各族人民的最大力量。

当前来看，我国正处于有史以来最接近世界舞台中心的发展阶段，自我可以看到中华民族伟大复兴的光明未来。因为中国进入国际社会的视野，成为世界瞩目的焦点，就会引起国际社会的各种评价、议论和预测。中国梦是一个高度概括的思想理念，用国际社会更容易接受的方式说明了中国发展的目标、意图和理念，使世界各国人民都能清晰地认识到这一点。习近平总书记在出访和接待外宾等多个场合深入阐述中国梦的丰富内涵，强调中国梦是中国各族人民的梦，也是每个中国百姓的梦；中国梦的实现需要和平稳定的国际和周边环境，中国将坚持通过和平发展方式实现中国梦；中国梦与世界各国人民的梦想息息相通，中国将与各国更多分享发展机遇，使他们更好地实现自己的梦想；中国人民希望通过实现中国梦，同各国人民一道，携手共圆世界梦。通过这些阐述，使国际社会更深刻地理解和认同了我国的发展道路以及我国实行的各项政策，在国际社会上提升了我国的影响力和亲和力，有效地增强了我国的国际地位和话语权。中国梦有着深远的意义，这不仅体现在国内社会，还体现在国际社会，而随着中国特色社会主义建设步伐的迈进，这些意义也会更加凸显。

三、实现中国梦的路径

（一）必须走中国道路

中国道路是指中国特色社会主义道路。中国特色社会主义道路是经过不断实践，在总结经验的基础上提出的道路，它总结了改革开放实践、中华人民共和国发展实践、中华民族发展实践的经验，同时还是对中华民族五千多年历史的经验总结。具有深刻的历史意义和时代意义，是对过去经验的继承和发展，是理论和实践有机结合的成果，是近代以来中国社会发展的必然选择，是历史和人民的选择。坚持走这条道路，既能使自我国家快速发展起来，迅速提高我国人民的生活水平，推进中华民族跟上时代步伐，促进中华民族更接近伟大复兴，也可以使中国人民和中华民族为世界的和平发展奉献力量。实践证明，当代中国发展必须走中国特色社会主义道路，这也是实现中华民族伟大复兴的中国梦的必要途径。因此，自我必须增强对中国特色社会主义的道路自信、理论自信、制度自信、文化自信，坚定不移沿着正确的中国道路奋勇前进。

（二）必须弘扬中国精神

中国精神是指以爱国主义为核心的民族精神和以改革创新为核心的时代精神。弘扬中国精神可以凝聚中华民族的力量，是兴国、强国的灵魂所在。在中华民族的发展过程中，民族精神始终贯穿其中，不论是在古代、近代还是当代，在自我的社会生活中都体现了民族精神，在经历了诸多苦难之后，中华民族依旧锐气不减，并焕发出更坚定的斗志，民族精神就是重要原因。经过几千年形成的民族精神，不断激励和孕育着新的时代精神。其中，爱国主义贯穿中华民族的发展史，是促使中华儿女团结一心的重要精神力量，而改革创新则是时刻鞭策人们要跟上时代潮流的精神力量。因此，自我必须坚定不移地弘扬伟大的民族精神和时代精神，要加强全民族的凝聚力，增强促使人们自强不息的精神动力，以此迎接更美好的未来。

（三）必须凝聚中国力量

中国力量是指中国各个民族人民大团结的力量，只有各民族人民团结一致才能在困难和挑战面前永不退缩并取得胜利。在中国这艘超级巨轮上，全民族和海内外全体中华儿女都是“梦之队”的一员，都是中国梦的参与者和书写者。只要自我紧密团结，万众一心，为实现共同梦想而奋斗，实现梦想的力量就无比强大。实现中国梦要拥护中国共产党的领导，要不忘初心，牢记使命，团结全国各族人民的力量，集合全国各族人民的智慧，形成势不可挡、不可战胜的巨大力量。

第二节 坚定“四个自信”

一、坚定“四个自信”提出的必要性

（一）应对国外各种敌对势力对中国道路的质疑和否定的挑战

从外部环境看，国外各种敌对势力对中国道路的质疑和否定从未停止，其根本企图就是让自我党改旗易帜、改名换姓。坚定“四个自信”就是为了应对这种挑战。

随着世界多极化和经济全球化的深入发展，特别是国际金融危机带来的冲击，国际关系正经历一次影响深远的大变局。在这种大变革、大变局中，

中国逐渐走向世界舞台的中心，同时，也与外部世界的利益摩擦和舆论交锋日益突出，一些西方国家把我国的发展壮大视为对其价值观和制度模式的挑战，加紧对我国进行思想文化渗透，妄图同自我打一场没有硝烟的战争，思想文化领域的斗争和较量尤为激烈与复杂。习近平总书记所强调的，自我在集中精力进行经济建设的同时，一刻也不能放松和削弱意识形态工作。要把意识形态工作的领导权和话语权牢牢掌握在手中。他提出并强调“四个自信”，就是为了应对国外各种敌对势力对中道路的质疑和否定。

（二）社会生活中的种种不自信表现使坚定“四个自信”成为必要

少数人对自我的道路和制度缺乏信心，觉得自我的政治制度不行、价值观念不行，从骨子里认同西方的所谓“普世价值”。有的人奉西方理论、西方话语为金科玉律，不知不觉成了西方资本主义意识形态的鼓吹手。更有一些人甚至认为中国什么都不好，外国什么都好，“西方的月亮就是比中国圆”，幻想用西方制度改造中国。习近平同志明确指出，在自我的干部队伍中有的甚至向往西方社会制度和价值观念，对社会主义前途命运丧失信心；有的在涉及党的领导和中国特色社会主义道路等原则性问题的政治挑衅面前态度暧昧、消极躲避、不敢亮剑，甚至故意模糊立场、耍滑头。对此，他指出，一个政党执政，最怕的是在重大问题上态度不坚定，结果社会上对有关问题沸沸扬扬、莫衷一是，别有用心的人趁机煽风点火、蛊惑搅和，最终没有不出事的！所以，道路问题不能含糊，必须向全社会释放正确而又明确的信号。

二、“四个自信”的内涵

（一）道路自信的内涵

中国特色社会主义道路自信，就是中国共产党和广大人民群众坚定对自己所选择的具有中国特色的社会主义发展道路的自信，也即对中华民族伟大复兴中国梦的实现路径的自信。具体来看，中国特色社会主义道路自信包括以下三方面的内容。

第一，对中国以往发展成果的充分肯定。中国特色社会主义道路不是凭空产生的，它是几代中央领导集体克服一切困难不断努力的结果，是集体智慧的结晶。

第二，对中国目前发展现状的清晰认知。进入 21 世纪以来，世情、国情、民情都发生了深刻的变化。习近平总书记充分结合我国当前发展实际，发表了一系列重要讲话，更加坚定了广大党员和人民群众矢志不渝地走中国特色社会主义道路的信心。而且，围绕“治理”已经基本形成了完整系统的治国理政思想的框架体系。

第三，对中国未来发展前景的坚定信念。中国特色社会主义道路的开辟与拓展是前后相承的，具有极强的延续性。社会实践的发展已经充分证明这条道路的正确性，未来我国的发展必然是承前启后，继续坚定不移地走中国特色社会主义道路。因此，对中国特色社会主义道路的自信，就是要对道路未来发展前景充满信心。一方面，党和人民群众要坚信这条道路会继续拓展、继续向前迈进；另一方面，要有自觉维护和肯定中国特色社会主义道路的坚定信念，并沿着这条道路把中国特色社会主义现代化事业不断推向前进。

（二）理论自信的内涵

理论自信，就是自我要坚信，中国特色社会主义理论体系是指导党和人民沿着中国特色社会主义道路实现中华民族伟大复兴的正确理论，是立于时代前沿、与时俱进的科学理论。

理论自信是中国共产党对于中国特色社会主义理论体系的坚定信仰与执着追求，是社会大众对于中国特色社会主义理论价值的由衷认同前景的充分自信，是在普遍的社会信赖中对理论自身活力的不断追寻。

百年风雨沧桑，中国共产党人以马克思列宁主义为指导，总结历史经验、艰苦探索、改革创新，逐渐形成了毛泽东思想和中国特色社会主义理论体系两大理论成果，实现了马克思主义中国化的两次历史性飞跃，并赢得了人民的普遍认可。理论自信表现为自我要毫不动摇地坚持马克思列宁主义、毛泽东思想中国特色社会主义理论体系的指导地位，表现为自我对于以人为本的理论价值的自信，自我要在中国特色社会主义实践中展示自信。

（三）制度自信的内涵

坚持中国特色社会主义事业，不仅要高瞻远瞩，坚定中国特色社会主义道路，而且要贯微动密，完善中国特色社会主义制度。要将顶层设计、中层推进、底层贯彻紧密结合起来，更加注重制度层面的建设与发展。社会主义制度是以生产资料公有制为基础的社会主义经济制度和政治制度的总称。

制度自信就是对中国特色社会主义制度的自信。中国特色社会主义制度是人民和历史的选择，基于中国特色社会主义的伟大成就。中国特色社会主义制度有着深厚的理论基础，它以马克思列宁主义、毛泽东思想和中国特色社会主义理论体系为指导。中国特色社会主义制度有着深厚的价值基础，是对人民利益的自觉体现和根本保障。坚定“制度自信”，就要深刻认识中国社会制度的特色与优势，认识中国特色社会主义制度建设的一般规律，积极推进中国特色社会主义制度的建设与创新。

（四）文化自信的内涵

所谓文化自信，就是一个国家、一个民族、一个政党对自身文化价值的充分肯定，对自身文化生命力的坚定信念。只有对自己的文化有坚定的信心，才能获得坚持、坚守的从容，鼓起奋发进取的勇气，焕发创新、创造的活力。中国有坚定的道路自信、理论自信、制度自信，其本质是建立在五千多年文明传承基础上的文化自信。习近平指出，在五千多年文明发展中孕育的中华优秀传统文化，在党和人民伟大斗争中孕育的革命文化和社会主义先进文化，积淀着中华民族最深层的精神追求，代表着中华民族独特的精神标识。自我要弘扬社会主义核心价值观，弘扬以爱国主义为核心的民族精神和以改革创新为核心的时代精神，不断增强全党全国各族人民的精神力量。这段论述清晰地阐述了文化自信的丰富内涵，为建设社会主义文化强国指明了道路。

三、坚定“四个自信”的现实路径

（一）加强理想信念教育

理想信念是共产党人永葆先进性的精神动力，是共产党人精神上的“钙”，是影响世界观、人生观、价值观的关键因素，决定着党员干部的价值追求，支配着党员干部的思想和行为。党员干部要坚持把共产主义远大理想和中国特色社会主义共同理想相结合，为崇高理想而努力奋斗，全心全意为人民服务。坚持这个初心，不忘这个初心，坚定理想，坚定自信，从而为不断取得胜利提供重要保障。

坚定理想信念与增强“四个自信”两者是有机统一的，坚定理想信念是增强“四个自信”的思想根基，脱离了坚定的理想信念，“四个自信”就会成为无本之木、无源之水。坚持四个自信是坚定理想信念的具体途径，离开了“四个自信”，理想信念也将无法持久。坚定理想信念、增强“四个自信”对人们的事业发展和个人成长至关重要，反之，丧失了理想信念，动摇了“四个自信”事业发展和个人成长都会受到挫折。

面对新形势、新问题、新考验，只有持之以恒地改造自己的主观世界，创新自己的思维和观念，才能始终坚定理想信念和“四个自信”坚守住思想阵地，从根本上保证思想纯洁、政治纯洁和作风纯洁。坚定理想信念、增强“四个自信”问题，需要从以下方面入手：强化信念教育，从内心深处把牢思想行动的“总开关”；加强党性修养，增强责任担当意识，进一步转变作风，努力做好各项工作；遵纪守法，经受考验，面对深刻发展变化的世情、国情，每一位党员干部都要经受住诱惑，保持定力，坚定目标，迎难而上，为建设中国特色社会主义的美好明天而努力奋斗。

（二）勇于全面深化改革

进一步坚定“四个自信”，要勇于全面深化改革，进一步解放思想、解放和发展社会生产力、解放和增强社会活力，不断把改革开放推向前进。

“四个自信”彰显的是一种精神状态，最终还要靠物质基础。习近平同志明确指出，要坚定道路自信、理论自信、制度自信，要有坚如磐石的精神和信仰力量，也要有支撑这种精神和信仰的强大物质力量。这就要靠通过不断改革创新，使中国特色社会主义在解放和发展社会生产力、解放和增强社会活力、促进人的全面发展上比资本主义制度更有效率，更能激发全体人民的积极性、主动性、创造性，更能为社会发展提供有利条件，更能在竞争中赢得比较大的优势，把中国特色社会主义制度的优越性充分体现出来。

（三）坚持对外开放

正确处理中国和世界的关系，是事关党的事业成败的重大问题。中国共产党的诞生，新中国的成立，改革开放的实行，都是顺应世界发展大势的结果。我国实行改革开放很关键的一条是自我党正确判断世界大势，确立了和平与发展是时代主题的认识，开启了改革开放的历史新时期。在当今世界深刻复杂变化、中国同世界的联系和互动空前紧密的情况下，更要密切关注国际形势发展变化，把握世界大势，统筹好国内、国际两个大局，在时代前进潮流中把握主动、赢得发展。

坚持对外开放是增强“四个自信”的动力。对外开放不仅是商品、资金的交易和往来，更是文明与文明的碰撞与交流。改革开放的实践证明，开放型经济对我国经济社会的发展做出了重要贡献，极大地带动了经济社会的全面发展，有效地促进了国内技术、商业模式和管理制度的创新，有力地推动了国内体制的改革，大大提升了我国的国际地位。在对外开放中，中国特色社会主义的进一步发展、完善，不仅通过社会主义与市场经济的有机结合从根本上解决了困扰社会主义经济建设这一“世界性和世纪性”的难题，而且也为世界经济文化落后国家摆脱贫困提供了一种别样的发展逻辑，这无疑进一步增强了中的道路自信、理论自信、制度自信、文化自信。

第三节 树立“五大发展”新理念

一、创新发展

创新是发展的基点，是发展的驱动，是国家发展全局的核心。对于当前的世界竞争来说，最主要的是各国综合国力之间的竞争，而创新则是提升一国综合国力的关键。结合我国创新发展实际，不仅需要进一步加强自主创新，打破发达国家完全统治市场的局面，同时也要适当地引进全球创新资源和成果，在此基础上实现集成优化，有机结合自主创新和争取外援，形成新时代创新发展新局面。

具体来说，深化创新发展需要重视以下几方面的工作。

第一，加强创新型人才的培养和引进。创新型人才是实现创新的关键，因此自我必须加强对于创新型人才的培育和引进，为国内学者提供一定国际交流的机会，还要充分发挥留学人员的创新作用。

第二，要在国家层面建立协同创新系统。在传统创新中，通常是开展微观个体创新，国家很少参与，缺少国家层面的集体协同创新系统参与，为了推动我国创新推动发展，要更多地打造政府、企业、社会、高校等多层面的集体协同创新系统，要尽可能地抢占科技创新制高点。

第三，建立激励创新的环境与制度。创新在当前时代具有重要意义和作用，自我必须对创新持积极的鼓励态度，为实现更好地创新发展应该营造“尊重人才、尊重创新”的社会环境。与此同时，自我要加强制度建设，比如产权保护制度，为鼓励创新提供坚实的制度保障。

二、协调发展

只有保证协调，才能保证持续健康发展。改革开放以来，我国综合国力得到显著提升，目前已成为全球第二大经济体，人民的生活质量和生活水平也有了很大改善，经济社会实现了跨越式发展。但在发展过程中，一系列矛盾和问题逐渐凸显。为了切实有效地落实以上举措，必须高举协调发展的旗帜，要推进其向更平衡的状态发展。

第一，要统筹协调区域发展。我国发展不平衡的一个方面就是区域间发展不协调，为了解决这一问题，首先就要处理好东部和西北、沿海和内地之间的关系，要进一步加强对我国西部地区的开发，促进中部的崛起以及东北老工业基地的再次发展。同时，还应该结合“一带一路”和“京、津、冀一体化”建设，从而缩小区域间差异，促进区域间的协调、平衡、充分发展。

第二，推动城乡协调发展。由于长期以来我国政策的倾斜以及资源禀赋和自身条件的差异，我国形成了一种城乡二元结构，这种城乡结构已经对我国经济社会发展造成了严重影响，因此，自我必须采取适当的措施改变这一现状，以城市群为主体构建大、中、小城市和小城镇协调发展的城镇格局，加快农业转移人口市民化。以城市发展带动乡镇、农村发展，加强农村基本公共服务建设。

第三，加强物质文明和精神文明协调发展。自我要大力加强精神文明建设，要缩小精神文明建设与物质文明建设间的差距，不断增强文化软实力，培养文化自信，将我国建设成社会主义文化强国。

三、绿色发展

绿色是永续发展的必要条件和人民对美好生活追求的重要体现。绿色发展实际上就是指在发展中坚持绿色价值取向，树立马克思主义生态观。改革开放以来，我国经济实现了跨越式增长，我国综合国力实现显著提升，但是很长时间以来我国的发展是一种粗放型的发展方式，经济增长的同时带来了严重的生态问题，目前环境污染问题成为困扰我国的严峻问题，为了实现社会进步必须切实有效地解决这个问题。就我国当前的实际情况来看，资源的相对短缺、生态的急剧破坏、环境容量的严重不足是阻碍我国发展的严重问题。

为了促进我国社会发展，必须清醒地认识保护生态环境、治理环境污染的紧迫性和艰巨性，要意识到我国必须加强生态文明建设，在促进社会发展的同时必须坚定对人民群众、对子孙后代高度负责的态度，要下决心、有行动，在实践中落实生态文明建设，要走向社会主义生态文明新时代，以此满足人们对美好生活环境的要求和向往。党的十九大报告中指出，要加快建立绿色生产和消费的法律制度和政策导向，建立健全绿色低碳循环发展的经济体系。构建市场导向的绿色技术创新体系，大力发展绿色金融，加强节能环保产业、清洁生产产业、清洁能源产业的发展。结合我国实际情况推进能源生产和消费革命，并构建清洁低碳、安全高效的能源体系。为了解决能源短缺的问题，进一步加强资源的全面节约和循环利用，从国家层面实现节能、节水，构建生产系统和生活系统的节能循环链接。在全社会倡导节能环保、绿色低碳的生活方式，在社会成员中树立反对奢侈浪费、不合理消费的思想理念，加强建设节能绿色型政府机关、学校、社区、家庭，并倡导社会成员绿色出行等。

四、开放发展

随着我国对外开放程度的不断加深，目前已经成为外汇储备量和进出口总额世界第一的经济体。纵观我国当前的对外开放形势，已经基本建成了全方位、多层次和宽领域的对外开放格局，对外开放已经成为推动我国发展的重要动力。目前，我国与国际社会的交融更加频繁和深入，在当前的全球经济浪潮面前，我国应该保持开放局面，奉行互利共赢的开放战略，以此实现更好的发展。

习近平总书记指出，中国对外开放的力度将会越来越大。没有改革，就不会有动力。没有开放，就不会有进步。这是中国改革开放得出的宝贵结论。对外开放是中国的基本国策。自我将坚定不移奉行互利共赢的开放战略，继续从世界汲取发展动力，也让中国更好地惠及世界。在对外开放时要坚定不移地坚持互利共赢的开放战略。一方面，我国必须进一步完善对外开放的格局，采取更为积极主动的战略，建立并完善我国的开放型经济体系，促进实现参与者的互利共赢、多元平衡，保证开放的安全高效，重视“引进来”的同时强调“走出去”，促进我国出口和进口、服务贸易与货物贸易的共同发展。另一方面，我国应该更积极地参与到全球治理当中。应该充分发挥上海合作组织和联合国等平台的作用，深入开展多方贸易谈判，与各国建立起新型战略合作伙伴关系。我国还应该积极参与全球治理体系的完善工作，促使国际市场可以形成等。

五、共享发表

中国将坚定不移地走共同富裕的道路，努力使全体人民学有所教、劳有所得、病有所医、老有所养、住有所居。做到发展为了人民、发展依靠人民、发展成果由人民共享。建设中国特色社会主义必须要坚持共享，对于改革开放的进一步深入与推进来说也是如此。按照马克思历史唯物主义提出的观点，人民是历史的主体，是历史的创造者。我国有庞大的人口数量，全体人民群众都是社会主义现代化事业的建设者，也是我国坚持和发展中国特色社会主义的根本性力量，因此，广大人民群众要共享中国特色社会主义的发展成果。

在全面建成小康社会的决胜阶段，自我必须坚持共享发展理念，维护社会的公平正义。具体而言，可从以下几个方面入手。

一是必须形成合理的收入分配格局。收入分配影响着整个社会的稳定，也是整个社会公平正义的表征。自我必须坚持居民收入增长与经济增长同步，劳动报酬提高和劳动效率提高同步，同时要通过各种手段合理调节收入分配，增加低收入者的收入，有效限制高收入者的收入水平，扩大中等收入的比重。

二是加大力度解决贫困问题。我国想要实现全面建成小康社会的目标，就必须解决贫困问题，这是直接影响目标是否达成的重要因素。自我必须采取适当的手段帮助他们摆脱贫困。自我应该贯彻落实“精准扶贫”和“精准脱贫”，加大老、少、边、穷地区财政转移支付力度。

三是提高公共服务的共享水平。建设公共服务，提升共享水平时，必须坚持普惠性、保基本、均等化、可持续方向，要切实关心并努力解决人民群众最关心的问题，加强建设并完善基本公共服务体系，尽可能早日实现基本公共服务全覆盖。

第四节 统筹推进“五位一体”总体布局

一、推进中国特色社会主义经济建设

（一）全面认识和把握经济发展新常态

改革开放以后，我国就进入了一个全新的时期，是一个有着许多新特

点的伟大斗争时期，也是更有作为的战略机遇期。在这一时期，在经济建设上，几十年高速经济增长后所呈现的“新常态”正在催生经济结构的转型升级和经济发展方式的根本转变。

新常态是指经济领域在发展过程所具有的新的特征与新的态势。与过去相比，当前我国的经济发展的增长动力、需求特征、供给条件、风险状况、竞争环境以及政府与市场的关系，都发生了不同以往的深刻变化。

新常态中的“常”是指当前新的特征在持续了一段时间后，所发生的变化以及具有的阶段性特点，这一时期经济的速度、结构、动力等都会发生变化。其中，速度调整所遵循的是国际上的普遍规律以及与中国发展潜力判断的有机统一，主要概括为从高速增长向中高速增长，表现为结构性减速，但这个转换的过程还没有结束，仍然受到经济发展下的压力。

我国经济在发展的过程中具有不稳定性，因此经济新常态也具有不确定性。历史的发展总是与人的主观能动性具有关联性，经济发展的成果历来需要人在把握规律的前提下进行判断。经济发展进入新常态，并不代表经济必定发展为更高水平，调整变化并非指向唯一结果。

习近平总书记既对怎么看新常态做了全面论述，同时也对新常态下怎么干的问题高度重视。他指出，面对我国经济发展新常态，自我观念上要适应，认识上要到位，方法上要对路，工作上要得力。

如何在经济新常态下开展工作，习近平总书记强调，引领经济发展新常态，就要努力实现多方面工作重点转变，明确指出工作重点转变的方向，即“十个更加注重”，作为指导思路调整、工作重点转变的具体要求。

具体应该怎么干，要在掌握经济新常态规律的基础上，掌握“十个更加注重”的方法论，推动转变工作重点，努力实现更高质量、更有效率、更加公平、可持续的发展。

其一，要坚定发展信息，狠抓第一要务。新常态不是不要国内生产总值增长，不能放任经济下滑而无任何的行动。必须要坚持以经济建设为中心，坚持发展才是硬道理的战略思想，要紧抓重要的战略机遇，积极主动的把握，确保经济能够在合理区间运行，确保实现全面建成小康社会的目标。

其二，转变发展方式，提高发展的质量和效益。新常态下，抓经济工作、检验经济工作成效，要从过去主要看增长速度有多快转变为主要看质量和效益有多好。如果只是GDP上去了，就业岗位没有增加，财政收入没有增长，企业利润没有提高，居民生活没有改善，环境质量没有变好，这样的发展不是自我所要的。要正确处理速度与结构、质量、效益的关系，按照“投资有回报、产品有市场、企业有利润、员工有收入、政府有税收、环境有改善”的要求，把握好当前和长远、速度和效益的平衡点，加快推进传统产业新型化、新兴产业规模化、支柱产业多元化，推动经济发展向“双中高”迈进。

其三，积极主动，扎实苦干、实干。适应新常态不是不干事，而是要更好地发挥出具有的主观能动性、更有创造性地推动发展，不能把新常态当作不作为、不想为、不能为的借口和挡箭牌。

新一届中央领导集体相继在全党开展群众路线教育实践活动、“三严三实”专题教育、“两学一做”学习教育活动，就是为了使全党能够在改革创新精神下做好各项工作，切实解决好思想认识、工作作风、能力方法不适应、不符合的问题，同时要具有强烈的问题意识与进取精神，克服困难、妥善应对挑战，切实担负起引领新常态的重任，推动经济更好的发展。

（二）推进供给侧结构性改革

我国经济在运行的过程中面临着巨大的矛盾和冲突，最主要的原因还是由于结构失衡，导致经济在循环的过程中不够畅通，因此需要从供给侧、结构性改革上想出办法，努力实现供求关系新的动态均衡。供给侧结构性改革的内涵是增强供给结构对需求变化的适应性和灵活性，不断让新的需求催生新的供给，让新的供给创造新的需求，在互相推动中实现经济发展。

供给侧结构性改革主要是从生产端着手，从而能够有效地化解产能过剩，促进产业的优化与重组，有效降低企业的成本，发展战略新兴产业和现代服务业，增加公共产品与服务供给，同时提高供给结构对需求变化的适应性。

要加强激励、鼓励创新，增强微观主体内生动力，进而提高盈利能力，提高劳动生产率，提高全要素生产率、提高潜在增长率。简单来说，就是去产能、去库存、去杠杆、降成本、补短板。

去产能，各地要明确具体任务和具体目标，加大环保、能耗、质量、标准、安全等各种门槛准入、制度建设和执法力度。

去库存，一方面通过政策设计来着力激发农民工市民化住房需求，促进城市居民的住房质量改善；另一方面，通过多项政策组合构建房地产健康发展的长效机制。

去杠杆，要在宏观上不放水漫灌，在微观上有序打破刚性兑付，依法处置非法集资等乱象，切实规范市场秩序。

降成本，要将制度性交易成本降低，转变政府职能、简政放权。要降低企业的税费负担，要清理各种不合理的收费，营造出公平的税负环境，降低制造业增值税税率。要降低社会保险费，降低企业财务成本，降低电力价格，有效地推进电价市场化改革，完善煤、电价格联动机制。要降低物流成本，推进流通体制改革。

补短板，针对当前供需失衡的主要问题，补足供应短板，进行产业升级，从量和质两个方面增加有效供给。

宏观政策要稳，是指结构性改革营造出稳定的宏观经济环境。要加大财政政策力度，实行减税政策，阶段性提高财政率，在适当增加必要的财政支出和政府投资的同时，主要用来弥补降低税率所带来的财政减收，保障政府应该承担的支出责任。

稳健的货币政策要灵活适度，为结构性改革营造适宜的货币金融环境，降低融资成本，保持流动性合理充裕和社会融资总量适度增长，扩大直接融资比重，优化信贷结构，完善汇率形成机制。

社会政策要托底，是指要守住民生底线。供给侧结构性改革，尤其化解过剩产能时，势必会影响部分群体的就业与收入，但这是必然要经历的。因此要更好地发挥社会政策稳定器的作用，守住民生底线，要特别将重点放在兜底，保障好人民群众的基本生活与基本的公共服务，为结构性改革创造稳定良好的社会氛围。

二、推进中国特色社会主义政治建设

中国特色社会主义政治建设作为中国特色社会主义建设的重要组成部分，它是在中国共产党的领导下、中国人民通过长期的实践中走出的一条既符合我国国情又顺应时代潮流的正确之路，它为国家富强、民族振兴、人民幸福、社会和谐提供着根本的政治保障。

（一）坚持走中国特色社会主义政治发展道路

建设中国特色社会主义，必须坚持走中国特色社会主义政治道路，必须大力推进社会主义民主政治建设。建设社会主义政治文明，必须坚定不移地走中国特色社会主义政治发展道路。中国特色社会主义政治发展道路，是中国特色社会主义道路的重要组成部分，体现了人民民主专政的本质要求，是一条能够为国家富强、民族振兴、人民幸福和社会和谐提供根本保障的政治发展道路。中国特色社会主义政治发展道路是在依据历史发展经验，立足中国现实，展望中国未来的基础上形成的，这条道路既不是“传统的”，也不是“外来的”，更不是“西化的”，而是自我“独创的”，是一条人间正道。

（二）坚持党的领导、人民当家作主和依法治国相统一

坚持中国特色社会主义政治发展道路，关键是要坚持党的领导、人民当家作主、依法治国有机统一，以保证人民当家作主为根本，以增强党和国家的活力、调动人民积极性为目标，扩大社会主义民主，发展社会主义政治文明。

（三）坚持和完善符合我国国情的社会主义政治制度

自我党坚持从国情出发、从实际出发，在充分尊重我国历史传承、文化传统的基础上，建构了具有鲜明中国特色的人民代表大会制度、中国共产党领导的多党合作和政治协商制度、民族区域自治制度、基层群众自治制度等根本政治制度。安排这样一套政治制度是经过长期发展、渐进改进、内生演化的结果。党的十八大以来，以习近平同志为核心的党中央深刻洞察世界潮流、深刻把握人类社会发展规律，以矢志不渝的担当、一往无前的勇气和固本开新的智慧，推动中国特色社会主义民主政治不断发展和完善，使这套制度日益展现出独特优势和魅力，成为走好中国特色社会主义民主政治道路的坚实制度保障，必须长期坚持、全面贯彻、不断发展。

（四）切实维护国家政治安全

国家安全是国家生存和发展最基本、最重要的前提。政治安全是指国家领土主权、政治制度、意识形态等免受各种侵袭、干扰、威胁和危害的状态。政治的核心是国家政权，政治安全直接涉及国家政权的稳固。因此，政治安全在国家安全体系中居于核心地位和最高层次，具有根本性的战略意义。我国作为中国共产党领导的社会主义国家，政治安全不仅包括领土完整、主权独立，而且包括坚持人民民主专政和中国特色社会主义制度的性质、坚持马克思主义意识形态的主导地位不被动摇，其中，最关键的是确保中国共

产党的领导地位和执政地位绝对巩固。坚持走中国特色社会主义政治道路，推进社会主义政治建设，必须增强忧患意识，做到居安思危，高度重视和切实维护国家政治安全。

三、推进中国特色社会主义文化建设

文化是一个国家、一个民族的灵魂。文化兴盛则国运兴盛，文化强大则民族强大。如果没有高度的文化自信和文化繁荣，那么就没有中华民族的伟大复兴。要想在真正意义上实现中华民族的伟大复兴，就迫切要求我国由一个文化大国进一步转变为一个文化强国，这是中华民族几千年文化积淀赋予自我的历史使命。文化建设是建设中国特色社会主义总布局中的一个重要组成部分。

（一）培育和践行社会主义核心价值观

第一，培育和践行社会主义核心价值观，重点是青少年。但是成人社会的道德状况是青少年道德教育的直观样板。所以，要做好青少年的思想道德教育，成人社会首先应当树立“从我做起”的意识，做好行为表率。其中，共产党员更负有不可推卸的率先垂范、以身作则的责任。马克思曾提出共产主义者根本不进行任何道德说教，不是说共产主义者不讲道德，而是说共产主义者自身首先应该成为道德楷模，决不能只做一个道德传教士。

第二，培育和践行社会主义核心价值观，要高度关注细节、小事。习近平同志多次强调，培育和弘扬社会主义核心价值观要“在落细、落小、落实上下功夫”，就是要求从细节小事入手，逐渐养成良好的道德习惯，由此培育出良好的道德品性，使“德行”与“德性”高度一致。

第三，培育和践行社会主义核心价值观，要坚持标准，持之以恒。社会主义核心价值观是所有人都应践行的道德规范，没有人能够置身事外。所以，培育和弘扬社会主义核心价值观，决不能使标准弹性化，标准弹性化就是没有标准，甚至比没有标准还要恶劣。

（二）构建普惠型的现代公共文化服务体系

构建普惠型的现代公共文化服务体系是满足人民群众日益增长的文化需求的必然选择，是实现好、维护好、发展好人民群众基本文化权益的重要途径，是让人民群众对改革有更多获得感的重要方面，是发展壮大中国特色社会主义文化的重要举措，是提高国家文化软实力的基础性工程。进一步加快我国现代公共文化服务体系建设，需要注意几个问题。

第一，必须落实坚持以人民为中心的工作导向，尊重人民群众的主体地位，最大限度地实现公民参与，做到公民共建、共有、共享，反对追求高档、豪华的“面子工程”等错误做法。

第二，必须高度重视价值引导，关注文化内容的生产与供给，切实发挥“把关人”的作用，避免简单的娱乐化、文艺化倾向，坚决反对庸俗化、低俗化、粗俗化的做法。

第三，正确理解“政府主导”，既不能把“政府主导”等同于“政府唯一”，又不能把“政府主导”变成脱离实际的拍脑门子决策，应充分利用政策杠杆，鼓励社会各界积极参与，在具体活动与服务的提供上问需于民，问计于民，尊重民意。

第四，正确理解基本公共文化服务的标准化、均等化。标准化不是一致化，应结合实际，采取“1+N”即“国家指导标准＋区域或行业部门标准”的模式，建立既符合国家要求又切合实际的地方性标准。均等化不是平均化或无差异化，这里的关键还是要实事求是。

第五，加强协调沟通，整合社会文化资源。把单位所有转化成社会共享，既提高了文化资源的利用率又可以减轻投资的压力。

（三）实现中华优秀传统文化的传承与发展

实现中华优秀传统文化的传承发展，是推动中国特色社会主义文化繁荣兴盛的重大战略任务，对延续和发展中华文明、延续中华文脉、全面提升人民群众文化素养、维护国家文化安全、增强国家文化软实力，维护人类文明多样性，促进人类文明互鉴共进，具有重要的作用。实现中华优秀传统文化的传承发展，要做到以下三点。

第一，要做到守住历史“筋骨肉”，传承文化“精气神”。所谓历史“筋骨肉”，是指文明或文脉的物质载体。所谓文化“精气神”，是指历史“筋骨肉”中的历史记忆、思想观念、价值意义等。没有了“筋骨肉”，“精气神”无从表达；没有了“精气神”，“筋骨肉”就成了木乃伊。可以通过传统教育带动旅游业，“但不能失去红色旅游的底色”。

第二，一定要正确认识和对待传统文化。传统文化在其形成和发展过程中，不可避免地会受到当时人们的认识水平、时代条件、社会制度的局限性的制约和影响，因而也不可避免地会存在陈旧过时或已成为糟粕性的东西。这就要求人们在学习、研究、应用传统文化时坚持古为今用、推陈出新，结合新的实践和时代要求进行正确取舍，而不能一股脑儿地都拿到今天来照套、照用。

第三，通过在传承基础上的“创造性转化、创新性发展”，使中华民族最基本的文化基因与当代文化相适应、与现代社会相协调。要坚持辩证唯物主义和历史唯物主义，秉持客观、科学、礼敬的态度，取其精华、去其糟粕，扬弃继承、转化创新，不复古、泥古，不简单否定，不断赋予新的时代内涵和现代表达形式，不断补充、拓展、完善，使之成为有利于解决现实问题的文化，有利于助推社会发展的文化，有利于弘扬民族精神和时代精神的文化。

第五节 协调推进“四个全面”战略布局

一、“四个全面”战略布局的时代性

（一）全面建成小康社会进入决胜阶段

“十三五”时期与实现全面建成小康社会奋斗目标的时间节点高度契合，全面建成小康社会进入决胜阶段。在这个决胜阶段，有一些带有全局性的问题需要克服和解决，否则就很难全面建成小康社会，这是“决胜阶段”的阶段性特点。

第一，如何解决好发展质量和效益问题。习近平强调，发展要有一定速度，但这个速度必须有质量、有效益。总体来看，我国产能很大，但其中一部分是无效供给，而高质量、高水平的有效供给又不足。我国虽然是制造大国和出口大国，但主要是低端产品和技术，科技含量高、质量高、附加值高的产品并不多。自我既要着力扩大需求，也要注重提高供给质量和水平。

第二，如何解决好发展不平衡问题。全面建成小康社会，强调的不仅是“小康”，而且更重要的也是更难做到的是“全面”。“小康”讲的是发展水平，“全面”讲的是发展的平衡性、协调性、可持续性。全面小康，覆盖的领域要全面，要在坚持以经济建设为中心的同时，全面推进经济建设、政治建设、文化建设、社会建设、生态文明建设，促进现代化建设各个环节、各个方面协调发展。

第三，如何增强风险防控意识和能力。在全面建成小康社会决胜阶段，我国在发展过程中面临的各方面风险可能在不断积累甚至集中显露。如国内的经济、政治、意识形态、社会风险以及来自自然界的风险，国际经济、政治、军事风险等。如果风险出现后不能有效应对，就有可能给国家安全带来隐患，以致使全面建成小康社会发生中断。习近平总书记指出，自我必须把防风险摆在突出位置，力争不出现重大风险或在出现重大风险时扛得住、过得去。

（二）深化改革进入深水区

改革是社会主义事业不断发展的动力，不断深化改革是中国特色社会主义事业发展的实践要求。改革开放以来，中国特色社会主义事业在改革中不断取得进步。与此同时，随着改革的深入，改革进入深水区，改革的难度也在增加，难啃的“硬骨头”越来越多。

第一，如何深化经济体制改革。经济体制改革是全面深化改革的重点，核心是如何处理好政府与市场的关系，这里涉及许多深层次体制机制问题，需要花大力气解决这些问题。一些借深化改革否定社会主义基本经济制度，冲击我国的制度底线的言论和行为，也需要通过深化改革、通过不断完善我国社会主义基本经济制度予以回击。

第二，如何深化政治体制改革。就改革的目标而言，如何通过深化政治体制改革，不断完善我国基本政治制度、不断增强党和国家的活力、有效调动人民积极性、不断扩大社会主义民主，自我需要更大的勇气和智慧。

第三，如何深化文化体制改革。文化体制改革是深化改革的重要组成部分，这一项改革涉及文化管理体制，存在一些深层次矛盾和问题，有待通过深化改革加以破解。

第四，如何深化社会管理体制改革。在社会管理体制改革方面，自我有许多新的东西需要学习，需要通过改革改进社会治理方式、激发社会组织活力、创新有效预防和化解社会矛盾体制、健全公共安全体系。

第五，如何深化生态文明管理体制改革。生态文明建设是中国特色社会主义建设事业的重要组成部分，它的重要性日益凸显。但是，健全有效的生态文明管理体制尚未建立，必须通过深化改革完善生态文明管理体制，用好的制度有效保护生态环境。

（三）法治建设面临新挑战

全面推进依法治国是解决自我在发展中面临的一系列重大问题，解放和增强社会活力、促进社会公平正义、维护社会和谐稳定、确保国家长治久安的根本要求。改革开放以来，我国社会主义法治建设取得了显著成就，中国特色社会主义法律体系基本建立，司法体系不断完善。但是，法治建设实践中突出的问题还比较多，如司法公正如何确实得到维护、人情司法如何得到有效清除。这些问题的存在有损于社会主义法治建设，必须通过推进全面依法治国和深化改革加以解决。

二、“四个全面”战略布局的重要意义

（一）深刻把握了客观境遇

“四个全面”战略布局是紧密地结合了世情、国情、党情、社情、民情的谋篇布局。一方面，从国际和国内两个大局综合来看，国际竞争深刻体现在国家战略布局的深度角逐，国家发展内在表现为国家战略布局的审时度势。因此，能否制定好和实施好因势而谋、应势而动、顺势而为的战略布局尤为重要。另一方面，就当前国内的情况而言，全面建成小康社会正处于决胜阶段或者说冲刺阶段，全面深化改革已经进入深水区、攻坚克难正处于关键时期，全面依法治国已经驶入快车道，全面从严治党步入强化时段，这自然需要“四个全面”战略布局这种高瞻远瞩和攻坚克难的战略布局。

（二）及时厘清了系列问题

问题是时代的声音和行动的向导，加之我国仅仅用了几十年时间就实现了西方国家几百年的发展历程，故发现问题、直面问题、分析问题和解决问题具有战略意义。职责担当越崇高、愿景追求越宏伟，任务就会越艰巨；越是提升奋斗成果、越是接近实现目标，问题就会越复杂。“四个全面”战略布局从全面建成小康社会、全面深化改革、全面依法治国、全面从严治党这四个宏大视野、深刻层面和整体目标对这些问题做了科学而重要的回应，这既是对党和国家尚未实现“全面”的勇敢面对，又是对党和国家要实现“全面”的气魄与决心的宣示。

（三）显著深化了规律认识

中国共产党对自然规律、社会历史规律和思维规律的探索、总结与应用，从来没有轻视过抑或懈怠过。“四个全面”战略布局深刻地体现了认识规律、

遵循规律、利用规律，特别是切实深化了对共产党执政规律、社会主义建设规律、人类社会发展规律的认识。首先，“四个全面”战略布局深化了对共产党执政规律的认识，使全面从严治党常态化和制度化。其次，“四个全面”战略布局深化了对社会主义建设规律的认识，不仅对中国特色社会主义建设提供了深刻的现实关照，而且为如何科学推进社会主义建设提供了非常宝贵的指导思想。最后，“四个全面”战略布局深化了对人类社会发展规律的认识，不仅遵循了人类社会发展的普遍原理、总体态势，而且彰显了人类社会发展的阶段性和具体性。总之，“四个全面”战略布局是一种克服急于求成和防止急功近利的战略布局，是一种契合规律和切实可行的战略布局，使党和国家的战略方向更加明确和更加合理、战略格局更加严密和更加完整、战略筹划更加清晰和更加科学，从而宣示和增添了党领导人民开拓进取的睿智。

（四）集中增创了中国优势

纲举才能目张，在中国这样一个大国搞建设、谋发展，必须在千头万绪、千丝万缕和千差万别中想问题、找思路、办事情。“四个全面”战略布局，就是坚持和发展中国特色社会主义的战略布局，这是精准把握“四个全面”战略布局科学内涵和精神实质的逻辑起点。“四个全面”战略布局紧密联系着建设中国特色社会主义“五位一体”总布局，并且是贯穿于“五位一体”总布局的核心要义。因此，既要防止“四个全面”战略布局取代“五位一体”总布局，又必须注重“四个全面”战略布局对“五位一体”总布局的指导和引领。由此可见，“四个全面”战略布局坚持的主线是中国特色社会主义，并系统勾勒了新的历史起点上中国特色社会主义的构建图景，从而是中国特色社会主义实践铺展的战略主体，标志着对中国特色社会主义的认识发展到了新阶段、升越到新高度，彰显了中国特色社会主义的实践特色、理论特色、民族特色、时代特色，进而为中国特色社会主义的优势再上新台阶提供了正确指导。

（五）明确推进了理论创新

理论来源于实践、发展于实践、丰富于实践。“四个全面”战略布局继承和发展了马克思主义，不仅是马克思主义中国化的新成就，而且是中国化马克思主义的新发展。“四个全面”战略布局进一步发展了“建设什么样的社会主义，怎样建设社会主义”“建设什么样的党，怎样建设党”“实现什么样的发展，怎样发展”等重大课题，是中国特色社会主义理论创新的最新成果，从而丰富了中国特色社会主义理论体系，体现了社会主义核心价值观的基本内容，彰显了中国特色社会主义的实践特色、理论特色、民族特色、时代特色，增强了中国特色社会主义的道路自信、理论自信、制度自信。

三、“四个全面”战略布局的协调推进

（一）全面建成小康社会，兑现庄严承诺

现在，全面建成小康社会进入了决胜阶段。如期全面建成小康社会，既具有充分条件，也面临艰巨任务，前进道路并不平坦，诸多矛盾叠加、风险隐患增多的挑战依然严峻复杂。下大气力破解制约如期全面建成小康社会的重点难点问题，这既是必须完成的任务，也是必须迈过的一道坎儿。

首先，解决好发展质量和效益问题。实现全面建成小康社会奋斗目标，要通过着力转变方式解决发展质量和效益问题，通过着力补短板解决发展不平衡问题。要坚持发展是硬道理的战略思想不动摇，同时必须坚持科学发展，加大结构性改革力度，转变经济发展方式，提高发展的协调性和平衡性，把经济社会发展的短板尽快补上，努力实现更高质量、更有效率、更加公平、更可持续的发展。

其次，解决好发展不平衡问题。目前我国整体发展处于不平衡的状态，自我要客观地、历史地、辩证地去认识这一现象。解决发展不平衡问题不是要彻底消除各种差距，而是要通过有力的措施把差距控制在合理的范围内，力争实现协调发展。

（二）全面深化改革，开创崭新局面

全面深化改革，需要深化认识、凝聚共识，特别是要认清全面深化改革的目标、保证主体力量，确保改革取得成功。为此，自我要做到倾听群众呼声，根据群众要求，推进全面深化改革。马克思主义唯物史观告诉自我，人民群众是历史的创造者，是推动社会进步的决定性力量。全面深化改革取得成功和效果，不是靠一两个所谓的政治精英、改革先锋的努力就能实现的，必须充分依靠群众这一主体力量，充分尊重人民的意愿。人民群众最期盼改革，改革开放各领域、各方面经验的创造和积累，都来自人民群众的生动实践。全面深化改革需要有直面困难的勇气与解决问题的方法，而这些都不可能来源于头脑想象，而只能来源于人民群众。领导干部要多听取群众的意见

和呼声，多汲取群众的智慧和力量。在全面深化改革中，要善于宣传群众、动员群众，把群众的改革热情转化为全面深化改革的动力，这样才能把握住改革的切入点，掌握发展的主动权，才能为全面建成小康社会提供根本动力，让广大人民群众有更多“获得感”。

对改革中的“破”与“立”，要坚持解放思想与实事求是相统一。

深化改革，必然要解决“破”与“立”的问题。“破”“立”的根据就是事物的发展规律。解放思想必须立足于实事求是，以“不唯书、不唯上、只唯实”的科学态度，坚持到基层去、到群众中去、到矛盾集中的地方去，善于听取不同意见，在真抓实干、破解难题中解放思想。

全面深化改革是我国改革开放的继续，包含着新时期改革的一般规律；又是新形势下改革开放的突破，蕴含着新的改革的内在规律。在全面深化改革的实践过程中，某些旧体制在过去市场化改革中被“破”掉了，但新的体制却并没有随之而“立”出来。对此，自我也要解放思想，打破陈规，善于创新思维，突出建设性要求，构建起系统完备、科学规范、运行有效的制度体系，使各方面的制度更加成熟更加定型。

一切从实际出发，辩证区分处理各类改革难题。当前需要全面深化改革的问题，大致存在过去的改革未曾触动的、改革未到位的、由于改革而产生的新问题三种情况。所以说，解决这些难题不能一刀切，要辨明实情，区别对待，需要自我真正拿出魄力、毅力和智力。第一种情况，对于过去的改革未曾触动的问题，自我更多需要的是魄力。对于这类改革难题，自我要从全面深化改革的大局出发，从最广大人民群众的根本利益着眼，拿出自我共产党人应有的魄力，科学合理地调整分配方式，斩除某些人、某些群体“不当获利”的“灰色”途径，还利于人民群众。第二种情况，对于那些改革未到位的问题，自我需要的则是毅力。如改革总体设计结构不完善、政府职能转换不彻底的问题、机构设置不合理、政企不分等，这些都有可能导致多头管理、职责交叉、权责脱节、相互扯皮、效率低下等问题的出现。对于这些问题，自我要持之以恒，拿出足够的毅力，科学规划，搞好顶层设计，加强立法，逐步通过法制化的途径来解决这些难题。第三种情况，对于那些由于改革而产生的新问题，自我需要的就是智力。这些新问题的产生，有可能是自我对新的形势认识估计不足、对一些新领域的规律研究不够、对改革措施的正反两方面的效应评估不科学造成的。要解决这些问题，一方面需要自我提高自我的宏观思维能力，努力学习新知识，大胆钻研新领域，力争掌握更多的新规律；另一方面需要自我充分发挥主观能动性，既要勇于实践，又要慎重决策，科学决策。

全面深化改革要通过试点，由点到面推开。改革开放是没有先例的伟大事业，没有现成经验可以借鉴。从毫无经验起步，大胆闯，勇于试，只能选择摸着石头过河的策略。企望从一开始就对改革开放的全局形成清晰的认知、做出系统的安排，不符合马克思主义的认识论。对必须取得突破，但一时还不那么有把握的改革，可以采取试点探索、投石问路的方法，得摸得很准了再全面推开。

改革开放以来，正是通过一点一点地探索，一步一个脚印地前进，我国的现代化建设才取得了举世瞩目的成就。随着改革开放向纵深推进，需要攻克的难题也就愈多，深化改革的复杂性、艰巨性大大增强。就事论事、零敲碎打、拆东墙补西墙、头痛医头脚痛医脚的方法，已经难以适应全面深化改革的要求。因此，自我需要在继续坚持摸着石头过河的同时，搞好顶层设计和总体规划。

摸着石头过河和加强顶层设计是辩证统一的，推进局部的阶段性改革要在加强顶层设计的前提下进行，加强顶层设计要在推进局部的阶段性改革的基础上来谋划。更加注重改革的系统性、整体性、协同性、贯通性和前瞻性，同时也继续鼓励大胆试验、大胆突破，不断把改革引向深入。抓改革试点，实际上就是在实践中寻找可以普遍运用的改革规律的过程；敢想敢干、敢闯敢试，就是要求解放思想；发现可复制可推广的经验，就是要求实事求是，尊重客观规律。

（三）全面依法治国，提高治理国家的能力

1. 坚持中国共产党的领导

“党的领导是中国特色社会主义最本质的特征，也是中国特色社会主义法治道路最根本的保证。坚持中国特色社会主义法治道路，最根本的是坚持中国共产党的领导”。中国共产党的领导地位，是党在领导新民主主义革命、社会主义革命和建设以及改革开放的伟大历史进程中形成和发展起来的，党的执政地位是历史的选择、人民的选择。我国宪法明确规定了党的领

导地位。依法治国必先依宪治国，依宪治国就必须坚持中国共产党的领导。

2. 坚持人民的主体地位

中华人民共和国的一切权力属于人民。人民不仅是国家权力的最终源泉，也是国家权力行使的最终归宿。依靠人民、为了人民、保护人民、服务人民、充分发挥人民的历史主体作用，不仅是中国共产党的政治宣示，也是我国国家制度和国家治理的价值根基。在我国，人民行使权力的机关是全国人民代表大会和地方各级人民代表大会，人民代表大会既是我国的国家权力机关，也是我国的立法机关，人民将自己的意志通过立法程序转变为国家法律，国家行政机关、司法机关又通过各自的职能活动，执行国家法律、监督国家法律的实施。因此，国家机关的各项职能活动从根本上说就是凝聚人民意志、实现人民意志的过程。

3. 坚持法律面前人人平等

平等是社会主义法治的根本要求。社会主义法治将平等宣布为一项基本的宪法原则，它确认和保障公民和法人法律地位的平等，确认和保障社会财富、资源、机会和社会负担的平等分配，公平地分配法律责任。由此可以看出，“法律面前，人人平等”的原则，实际上意味着所有公民都平等地享有法律规定的各项权利承担各项法律义务，平等地得到宪法和法律的保护，任何公民的违法行为都要受到法律的追究，决不允许任何公民存在超越宪法和法律的特权。坚持“法律面前，人人平等”的原则，就必须坚决维护社会主义法制的统一、尊严、权威，决不允许任何组织和个人有超越法律之外的特权，为此就必须加强对公权力的监督和制约，做到有权必有责、用权受监督、违法必追究，确保公共权力依法行使。

4. 坚持把依法治国和以德治国统一起来

依法治国和以德治国相统一，是中国特色社会主义法治道路的重要特点，它既是对我国传统德治文化的一种扬弃，也是对现代法治价值的一种坚守，是立足于我国国情和现代化建设的需要所得出的一个必然结论。坚持依法治国和以德治国相统一。一是要大力培育和弘扬社会主义法治理念，建设社会主义法治文化，深入开展法治宣传教育，培育公民的法律信仰，不断健全和完善社会主义法律制度，坚定不移地推进依法治国的实践进程，把法治作为规范政府权力、调整社会关系、治理国家与社会的基本方式；二是必须在全面推进依法治国的进程中贯彻以德治国的要求，在法治实践中体现德治精神，这就要求必须在全社会大力培育社会主义核心价值观，加强道德教育和道德养成。要把社会主义核心价值观和社会主义道德原则贯穿于立法、执法、司法、守法的各个环节。在立法环节，要努力实现社会主义核心价值观和社会主义道德原则与法律、法规的同向同行、相互协调，既要体现道德的价值引领作用，又要守住道德的底线要求，避免出现与社会主义核心价值观、社会主义道德原则相违背的恶法；在执法、司法环节，必须在尊重事实依据和法律准绳的前提下，兼顾法律的立法精神和社会主义核心价值观的基本要求，充分考虑执法、司法行为的社会效果，避免出现有违社会公序良俗和道德精神的执法和司法案例，尽量避免出现道德和法律相互冲突甚至相互对立的实践后果，误导人们的道德认知和道德判断，给社会主义精神文明建设造成不利的后果。同时，要大力培育公民的守法意识，积极培育和弘扬社会主义核心价值体系，大力加强全社会的道德教育，将守法教育和道德教育结合起来，实现两者的相互促进、相得益彰。

（四）全面从严治党，巩固党的领导地位和群众基础

把理想信念放在从严治党的首要位置，明确新形势下党员干部理想信念的“标准手段”。扎实开展理想信念教育。要强化党性教育，通过开展上党课、学党章、知党情，不断增强党员的党员意识和党性观念，对党绝对忠诚，在思想上、政治上、行动上与党中央保持高度一致。要深入开展“两学一做”学习教育，引导党员严格自律。

从严管理干部，培养和选拔党和人民需要的好干部。从严选拔管理监督干部，坚持党管干部原则，按照中央提出的“信念坚定、为民服务、勤政务实、敢于担当、清正廉洁”的好干部标准要求，着力培养选拔党和人民需要的好干部。严格干部选拔条件、程序和纪律，充分发挥党委领导和把关作用，强化党委书记、分管领导和组织部门考察、识别、选用干部的责任。

狠抓作风建设。从严加强和改进党的作风。坚持党的实事求是思想路线，引导各级领导班子和党员干部从实际出发想问题、做决策、干工作，做到低调务实、少说多干，敢于担当、积极作为。贯彻落实中央八项规定精神，强化正风肃纪，深化“四风”整治，一个节点一个节点地抓，推进作风建设常态化、长效化。

强调全面从严治党要严肃党内政治生活。严格落实领导班子组织生活会制度，督促党员干部用好批评与自我批评武器，坚持党性原则基础上的团结，提高领导班子发现和解决自身问题的能力。严格落实“三会一课”、民主评议党员、领导干部双重组织生活会等制度，确保党内政治生活正常化、经常化、规范化，营造良好政治生态和从政环境。坚持和完善党的代表大会、党代表任期、党内选举、党务公开等制度，切实落实党员知情权、参与权、选举权、监督权。

严厉惩治和预防腐败。落实党风廉政建设党委主体责任，抓好党风廉政建设工作统筹谋划、安排部署、制度建设、检查考核等工作。支持纪委严格落实监督责任，领导和督促执纪执法机关履行职责，对在从严治党工作中出现的领导不重视、人员不到位、措施不得力的责任人进行严格追责、问责；对违纪、违规的党员干部从严、从快查处并进行通报曝光，始终保持正风肃纪的高压态势，以从严治党的实际效果取信于民。

落实管党、治党责任，强化问责追究。从严落实管党、治党责任，明确党组织主要负责人和班子成员管党、治党职责，总支书记要认真履行管党、治党第一责任，坚持“书记抓、抓书记”；班子成员对分管领域管党、治党负有领导责任，做到“具体抓、抓具体”，制定党建责任清单。

第七章 马克思主义中国化对中国现代化问题的探索

第一节 马克思主义中国化对社会发展道路理论的创新

一、坚持共产主义的社会发展目标

（一）马克思列宁主义实现人类解放的思想

在资本主义社会和共产主义社会之间，有一个从前者变为后者的革命转变时期。这里提到的所谓的革命转变时期，其实是一个过渡时期。马克思认为，在这个阶段上，无论是社会生产力的发展水平，还是生产资料的社会占有程度都不是很理想，剥削阶级残余、阶级差别和阶级斗争依旧存在，劳动者难以得到一个全面的发展。所以，人类要想进行解放，必须经过社会主义社会这一历史阶段最终走向共产主义的追求目标。

马克思、恩格斯一直以来主张无产阶级通过暴力革命得到解放，并且在无产阶级专政的国家政权建立后，实现人的解放和人的发展，需要大力发展社会生产力。

马克思、恩格斯在深入分析西方发达资本主义国家特别是英国社会矛盾及其发展趋势的基础上，对未来社会做过一些科学预测。经过不断地总结经验，对俄国如何进行社会主义建设，做了新的极具理论价值和实践价值的可贵探索。

马克思、恩格斯总是会从世界历史的高度来进一步看待社会主义，他们把社会主义看作能够解放全人类的伟大事业，通过社会主义最终走向共产主义。社会主义在发展进程中应该要为进一步实现共产主义创造一系列的物质和精神方面的条件。因此，到了共产主义社会，阶级对立才会消失，民族与民族、国家与国家之间的对立才会消失，战争也会不复存在，最终世界大同，人类解放得以最终实现。

共产主义社会的最终实现，不是一朝一夕的事。社会主义社会的建立虽然在一定程度上已经开启了通向共产主义的大门，但是，共产主义的大厦却要人们一砖一瓦地把它耐心建造起来。

（二）毛泽东思想对实现人类解放道路的探索

新中国的成立，在真正意义上实现了广大人民群众当家作主。但是，由于这是一个具有过渡性质的社会，所以仍然存在着社会主义道路和资本主义道路的斗争，对于新民主主义社会而言，仍然存在着两种发展前途。面对这种情况，毛泽东同志坚持从中国实际出发，创造性地运用马列主义社会主义改造理论，顺利地领导自我国家完成了社会主义改造。

毛泽东思想对实现人类解放道路的探索主要包括两个方面的内容。

一是切实围绕发展生产力，解决社会基本矛盾。在新中国成立初期，我国生产力的基本状况并不是很乐观，这就使得当时社会基本矛盾的焦点，全都集中在落后的生产力上。为了能够进一步改变这种状况，必须把一切积极的因素调动起来，从而进行较为长期、持久的努力。

因此，在生产资料社会主义改造完成以后，毛泽东同志就明确提出，要通过大力发展社会生产力为社会主义的发展奠定一个坚实的物质基础，这是真正解决社会矛盾的一个基本途径。

二是调整、改革不适合发展的部分。毛泽东同志指出，在社会主义制度正式建立后，生产关系和上层建筑可能存在着一些不适应生产力继续发展的具体情况，而这就要对其进行相关的调整和变革。自我虽然建立了社会主义制度，但是人民群众的生活一直处于长期贫困的状态，思想上又长期受到教条主义和个人崇拜的束缚，使得文化教育比较落后。

因此，想要进一步实现社会主义制度下人的全面解放，成为一代代共产党人为之不懈奋斗的艰巨历史使命。

（三）中国特色社会主义理论对实现人类解放道路的奋力开拓

要坚持马克思主义，坚持走社会主义道路。但是，马克思主义必须是同中国实际相结合的马克思主义，社会主义必须是切合中国实际的有中国特色的社会主义。这就明确指明了自我建设的社会主义是一个人民能够当家作主的社会主义。

由于长久以来，自我对社会主义的许多问题一直存在许多模糊的认识，因此，需要进行真正的探索，探索一条具有中国特色的社会主义的新道路。

关于人类解放的新观点，都是与我国社会主义的客观现实紧密地结合在一起，有效培养“四有”新人，创造充满生机与活力的社会主义。江泽民、胡锦涛、习近平同志在进一步领导党和人民把中国的改革开放和现代化建设事业奋力向前推进的过程中，促使人类解放的道路变得更加宽广。

二、继承发展了马克思主义社会发展具体道路的思想

（一）马克思主义关于向社会主义过渡的条件、途径

1. 无产阶级夺取政权的策略

马克思、恩格斯在进一步总结历史经验的基础上，有针对性地提出无产阶级夺取政权，需要通过一定的暴力革命进行。之所以进行暴力革命，第一，是因为资产阶级国家本身就是一种有组织的暴力，无产阶级只有用革命的暴力才能摧毁资产阶级的统治。第二，资产阶级为了维护自身的利益势必会利用他们已经掌握的国家机器为此进行反抗。于是，无产阶级只有通过暴力革命，彻底夺取政权。第三，反动统治阶级总是用暴力来镇压被统治阶级的反抗斗争。所以，共产主义者只能用革命的暴力来反对反革命的暴力，以更好地捍卫无产者的事业。

虽然，在马克思、恩格斯看来，暴力革命是无产阶级进行革命的一般规律，但是实际上他们并没有把暴力革命视为唯一方式，而是强调，无产阶级是不应该排除用和平的方式来进一步采取夺取政权的可能性。

他们在指出无产阶级采用和平方式夺取政权的客观条件时，还强调了需要一定的主观条件。无产阶级无论是选择暴力革命，还是通过和平方式夺取政权，都不会不存在固定的模式，因为这些都需要随着无产阶级革命条件的变化而进行变化。

2. 从资本主义到社会主义的过渡时期

马克思、恩格斯认为，如果无产阶级夺取政权后，不可能直接就建立起一个共产主义社会。因为在从资本主义社会到共产主义社会之间必须要经历一个过渡时期。因此，对于无产阶级革命而言，只有创造了所必需的大量生产资料之后，才能从真正意义上废除私有制。

在建立无产阶级的阶级统治过程中，必然要遭到被推翻的资产阶级的

疯狂反抗，这时候的无产阶级只有同资产阶级进行最后的殊死斗争，最终使社会主义制度牢固建立起来，这是比较关键的时期，也就决定了过渡时期存在的必然性和必要性。

（二）毛泽东关于中国建设发展道路的思想

1. 适合中国特点的社会主义改造道路

一是通过和平的方式进行社会主义改造。无产阶级的历史使命就是把资本主义全部消灭，这就需要从本国实际出发进行相关的选择。以毛泽东同志为代表的中国共产党人，把马列主义关于消灭资本主义的思想和中国实际相结合，深入分析了中国民族资产阶级在新中国成立后既拥护中国共产党的领导，又存在着剥削等消极东西的实际，制定了“利用、限制、改造”的政策，用“和平赎买”的方式，通过国家资本主义的途径，逐步把以剥削工人剩余劳动为基础的资本主义私人所有制改造为社会主义的全民所有制。

通过合作社的相关途径，把个体农业和手工业的生产资料私有制，逐步改造为社会主义的集体所有制。

二是循序渐进，采取从低级到高级的改造措施。通过采取从低级到高级的国家资本主义的形式，来进一步实现对资本主义工商业的相关社会主义改造，逐步把生产资料的资产阶级私有制改造为社会主义公有制。通过合作化的道路，进行农业和手工业的社会主义改造。

三是把对制度的改造同人的改造相结合。在进一步改造涉及几亿人口的社会主义过程中，中国共产党对所有制的改造同对人的改造相结合是十分重视的。通过进行大量的思想工作，使个体农民和手工业者自愿摆脱小私有制，进而成为社会主义集体劳动者，使他们对于社会发展的方向能及时认清，对于工人阶级的领导和社会主义改造能接受，最终成为自食其力的劳动者。

总之，通过进行社会主义改造，在很大程度上实现了所有制的伟大变革，使中国社会的经济基础发生了根本性的变化，建立了一个社会主义的政治、经济和文化制度。

2. 以苏为鉴探索中国自己的社会主义建设道路

在建立了我国的社会主义制度后，中国的经济建设开始效仿苏联模式。此时，毛泽东同志在学习苏联经验的过程中逐渐觉察到了苏联模式的弊端，陆续发现苏联的一些经验并不完全适合我国的国情。后来，他在党内首先提出了如何以苏联经验为鉴戒，探索适合中国情况的社会主义建设道路的重大问题。

他对社会主义建设进行了探索和思考，并提出了调动一切积极因素、正确认识社会主义社会的主要矛盾和基本矛盾，以及建设社会主义的思想；在总结“大跃进”和人民公社化运动的教训时，提出要区分社会主义的两种不同的所有制、正确认识社会主义建设规律的思想等。毛泽东同志始终领导自我党在不断探索社会主义建设道路上取得的积极成果，是进一步开辟中国特色社会主义建设道路的一个良好开端。

（三）中国特色社会主义道路

1. 党的领导是前提

我国国体的性质进一步决定了党的领导地位，也正因为有了党的坚强领导，有了党的正确引领，才使中国人民从根本上把自己的命运进行了改变，中国发展取得了举世瞩目的伟大成就，中华民族迎来了伟大复兴的光明前景。历史和现实都进一步证明，中国共产党的领导是中国特色社会主义最本质的特征，是中国特色社会主义制度拥有的最大优势，同时是走中国特色社会主义道路的前提。

2. 基本路线是保障

中国共产党在领导中国革命和建设的不同时期，都有针对性地制定了领航革命和建设的总路线。也正是拥有具体的总路线，使中国共产党领导的革命和建设事业不断取得了一个又一个的胜利。党在社会主义初级阶段的基本路线确定：以经济建设为中心具体体现了发展生产力的一个本质要求，始终坚持四项基本原则体现了社会主义基本制度的要求，坚持改革开放体现了不断推动生产力解放的本质要求。

总之，党的基本路线其实就是党和国家的生命线，因此就需要做到毫不动摇地坚持党的基本路线，只有这样，才能始终统一全党思想、把全社会的力量凝聚在一起，才能始终坚持一个正确的方向，才能最终实现中华民族伟大复兴的奋斗目标，才能更加坚定中国特色社会主义道路的自信。

3. 基本国情是基石

能够清醒认识社会主义初级阶段的基本国情，是进一步发展中国特色社会主义道路的基石。我国和其他社会主义国家都曾经一度脱离了具体的国情，走过一段急于建成社会主义的弯路，但是，在对此进行深刻反思后，再次确认我国目前仍处于并将长期处于社会主义初级阶段的国情。

虽然，我国处于并将长期处于社会主义初级阶段是我国的一个基本国情，但是在我国经济社会发展处于的不同时期，在看到社会主义初级阶段基本国情没有变的总体特征的同时，也要看到我国经济社会发展每个阶段所呈现出来的一种新特点，从而使主观世界能够在一定程度上更加符合客观实际，按照实际情况决定具体的工作方针。

4. 总体布局是蓝图

中国特色社会主义经济、政治、文化、社会和生态文明建设“五位一体”是中国特色社会主义的总体布局。作为中国特色社会主义这一伟大事业的总体布局而言，它在一定程度上为“两个一百年”的具体奋斗目标和中国梦的实现，使努力的具体领域和方向得到了进一步的明确。

“五位一体”总布局提出，这也是中国共产党在领导人民建设中国特色社会主义的实践中认识不断深化的一种结果。只有始终做到坚持“五位一体”建设全面推进、协调发展，才能在整体上形成一种经济富裕、政治民主、文化繁荣、生态良好的社会格局，从而进一步把我国建设成为富强、民主、文明、和谐的社会主义现代化国家。

5. 共同富裕是目的

改革开放以来，自我党形成了邓小平理论、“三个代表”重要思想、科学发展观、构建社会主义和谐社会等重大战略思想。党的十八大以来，在治国理政新的实践中，习近平总书记把握时代大趋势，顺应人民新期待，围绕改革发展稳定，内政、外交、国防，治党、治国、治军发表一系列重要讲话，形成一系列治国理政新理念、新思想、新战略。这些重大战略思想的贯彻和实施，旨在推进“共同富裕”目标的实现。

第二节　马克思主义中国化科学回答社会主义的基本问题

一、毛泽东思想对社会主义基本问题的探索

（一）马克思列宁主义对社会主义基本问题的探索

马克思、恩格斯运用唯物史观，剖析了他们当时生活的资本主义社会，

揭露了资本主义社会的各种弊病，围绕“人的全面自由发展”的价值目标，把未来的共产主义社会分为初级阶段和高级阶段两个发展阶段，探讨和研究了未来社会的基本特征。

列宁通过把马克思主义和俄国工人运动相结合，在苏俄社会主义制度正式建立后，又具体探讨了对俄国这种经济社会相对落后的国家如何建设社会主义的问题，提出了新思想。

首先是社会主义必须建立和发展自己的物质基础。列宁认为蒸汽时代是资产阶级的时代，电气时代是社会主义的时代。为此，列宁组织了近 200 名俄国第一流科学技术专家，制订出著名的全俄电气化计划，把党和国家工作重心转向“从事国家建设的政治”。

其次是社会主义建设必须利用商业处理好与农民经济的结合问题。列宁认为，在对小农经济进行社会主义改造时，不能实行直接过渡，只能实行间接过渡，要用商品换取农民的粮食，寻求同农民的结合，满足农民的需要。他论述了商业是大工业与小农唯一可能的联系，必须采取合作社这种通过经济手段在流通领域将农民联合起来的组织形式。

最后是加强社会主义的思想文化建设。列宁把加强文化建设视为一场革命。

（二）毛泽东对社会主义基本问题的初步探索

1. 关于社会主义社会所有制结构的构想

毛泽东同志在对资本主义工商业进行改造的过程中，就开始认真思考关于社会主义改造完成后的社会主义经济体制问题。针对资本主义工商业的社会主义改造高潮中出现的一些问题，毛泽东同志站在生产关系要适应生产力发展水平的高度，提出在坚持社会主义公有制的前提下，只要社会需要，就可以使地下工厂合法化地成为地上工厂，这些工厂还可以雇工，毛泽东同志把这一思想形象地称为“可以消灭了资本主义，又搞资本主义”。

在当时所具有的相关历史条件下，毛泽东同志明确提出了在坚持社会主义公有制的前提下，对于私营经济可以进行适量的保存，这一提议既有利于国计民生，还能够改善人民的生活，又能够使其与公有制经济互相保持一种竞争、不断促进的关系。

2. 关于改革和完善社会主义经济体制的思想

在本着从中国实际出发的情况下，毛泽东同志和中共第一代领导集体明确提出对国家计划经济体制和企业管理体制进行改革和完善。

在宏观经济管理上，毛泽东同志认为，中央的集中统一应建立在地方具有自决权的基础上。在企业管理体制上，以毛泽东同志为代表的中共第一代领导集体主张改革集权的、僵化的体制，适当扩大企业的权力。此外，毛泽东同志还在党的建设方面，在对外开放方面，在文化建设和知识分子政策方面，在中国与国际关系的战略方面，在完成祖国统一大业方面，提出了许多重要思想。

毛泽东同志领导自我党不断积极探索社会主义建设道路过程中所提出的一系列科学思想、理论、方针、政策，成为中国特色社会主义理论体系的直接思想渊源。

3. 关于社会主义社会基本矛盾的理论

毛泽东同志在马克思主义发展史上，首次对社会主义社会的基本矛盾进行了全面的分析阐述。

毛泽东同志认为，有以下三种解决社会主义社会基本矛盾的形式和途径：一是思想政治工作，通过进行马克思主义的教育，以团结—批评—团结的民主方式，正确处理国家、集体和个人之间的关系。二是社会主义的改革，即通过和平的非暴力的形式将不适应生产力的生产关系部分，不适应经济基础的上层建筑部分，进行调整和改变，使之适应生产力和经济基础。三是社会主义基本矛盾的解决，从根本上说要靠发挥社会主义制度的优越性，大力发展社会生产力。

二、中国特色社会主义理论体系对怎样建设社会主义的探索

（一）以改革为重要动力建设社会主义

社会主义的改革就是在坚持社会主义基本经济制度、根本政治制度的前提下，改革那些不适应生产力和经济基础发展的具体的经济体制、政治体制和文化体制，以更好地促进社会主义建设事业的繁荣发展。

在社会主义制度下，生产关系仍然存在着某些不适应生产力发展的环节，“还要从根本上改变束缚生产力发展的经济体制，建立起充满生机和活力的社会主义经济体制，促进生产力的发展”，就此意义而言，改革是一场

革命。

之所以说改革是一场革命，是因为它是在过去革命取得成功的基础上，在中国共产党领导下有秩序、有步骤地进行的一次对原有体制的根本性改变。当然，这里所讲的“改革”是“革命”，是要通过改革使社会主义制度更加完善，更能体现社会主义的优越性。

实现共同富裕是社会主义本质的一个核心，而共同富裕需要通过解放和发展生产力才能实现，从而不断满足人民群众日益增长的物质和文化生活需要。

（二）在对外开放中建设社会主义

从发达国家取得资金和先进技术不是容易的事情。所以，自我一方面实行开放政策；另一方面仍坚持毛泽东主席一贯倡导的以自力更生为主的方针。

另外，由于我国人口较多，没有雄厚的基础，及时得到任何国家的援助都不能解决根本问题，所以只有对外开放增强自我自力更生的能力，使中国的发展得以实现，就需要从根本上依靠中国人民自己具有的力量。基于以上两点，必须坚持以“独立自主，自力更生”为立足点实行对外开放。

对外开放牵动着改革和现代化建设的全局，在实践中，自我需要做到以下几点：创办经济特区，在经济特区大力推行对外开放。在特区取得显著成效的基础上，又开放沿海港口城市。在沿海港口城市试点经验的基础上，不断向内陆延伸，最终形成全国范围内全方位开放的格局。为此，对外开放要有计划、有步骤、有目的地进行。

第三节 马克思主义中国化科学解决发展问题

一、马克思主义的发展观

（一）人是发展的主体

在资本主义社会，无产阶级占社会人口的大多数，但是他们却处于被压迫、被剥削的地位，他们出卖自己的劳动力给资本家，得到的仅能维持自己生存的需要。

在未来的共产主义社会，人是发展的主体，人在发展中具有主体地位，人只需了解自己本身，使自己成为衡量一切生活关系的尺度。按照自己的本质去估价这些关系，真正依照人的方式，根据自己的本性的需要来安排世界。

（二）人的自由发展

在资本主义社会，由于生产资料资本主义私有制产生的异化劳动普遍存在的现象，造成了如下局面：第一，只有资本才拥有独立性和个性；第二，工人是处在全面的异化关系中的，没有任何的自由、独立和个性。马克思、恩格斯指出，只有打破了旧式分工、消灭了阶级和阶级差别，人才可能成为自己本身的主人——自由的人。

人的自由发展还在于人的认识能力，人对必然的进一步认识，自由不在于幻想中摆脱自然规律而独立，而在于认识这些规律，从而能够有计划地使自然规律为一定的目的服务。而人对自然界的必然性认识的提高是一个长期的发展过程，它是历史发展的产物，最初的、从动物界分离出来的人，在一切本质方面是和动物本身一样不自由的；但是文化上的每一个进步，都是迈向自由的第一步。

（三）人的全面发展

人的全面发展主要是人的本质力量的实现过程。马克思深刻地界定了人的全面发展的内涵，人以一种全面的方式，也就是说，作为一个完整的人，占有自己的全面的本质。

第一，在资本主义条件下，凡是一切提高社会劳动生产力的方法都是靠牺牲工人个人来得以实现的；一切发展生产的手段都变成统治和剥削生产者的手段，都使工人成为单向度的人。

第二，在共产主义社会中，生产资料归社会占有，人人在生产劳动中都是平等的。

第三，在未来的社会主义社会，也为所有的人提供充足的物质生活和闲暇时间，给所有的人提供真正的充分的自由。从而使个人会在艺术、科学等方面得到发展。

二、毛泽东思想对发展问题的探索

（一）社会主义社会发展的具体动力

以下三种形式和途径能够合理解决社会主义社会基本矛盾。

第一，思想政治工作方面，通过马克思主义的教育，采用团结—批评—

团结的民主方式，能够把人民群众的各方面的积极性充分调动起来，正确处理国家、集体和个人之间的关系，使社会主义社会上层建筑和意识形态不断完善和升华。

第二，社会主义的改革方面，通过和平的非暴力的形式将不适应生产力的生产关系部分，不适应经济基础的上层建筑部分，进行调整和改变，使之适应生产力和经济基础。

第三，社会主义基本矛盾的解决方面，关于社会主义基本矛盾的解决，需要靠发挥社会主义制度所具有的优越性，大力发展社会生产力。

（二）“两步走”实现四个现代化的发展战略

党的工作重点在三大改造基本完成后，开始转移到经济建设上来，于是科学文化更加受到了重视。毛泽东同志提出要把我国建设成为一个具有现代工业、现代农业和现代科学文化的社会主义现代化国家。这表明了中国共产党人已经较为充分地认识到现代科学文化在整个国家现代化建设中所占有的地位和具体的作用。

与此同时，他们认为工业主要包括现代运输业在内。毛泽东同志指出原来主要要求工业现代化、农业现代化、科学文化现代化，现在国防现代化也应该加进去。这样一来，完整地提出了“四个现代化”的思想。

根据毛泽东同志的具体提议，周恩来同志提出了实现社会主义现代化分“两步走”的设想，并宣布，今后发展的主要任务，总的来说，就是在不太长的历史时期内，把我国建设成为一个具有现代农业、现代工业、现代国防和现代科学技术的社会主义强国，赶上和超过世界先进水平。为了实现这个伟大的历史任务，从第三个五年计划开始，我国的国民经济发展，可以按两步走来考虑：第一步，建立一个独立的比较完整的工业体系和国民经济体系；第二步，全面实现农业、工业、国防和科学技术的现代化，使我国经济走在世界的前列。

（三）把积极因素调动起来，建设现代化的社会主义强国

毛泽东同志明确提出“两条腿”走路的具体方针，其中，第一，运用了唯物辩证法关于对立统一的学说；第二，对苏联经验的深刻反思。因此，又提出了应该把一切积极因素调动起来，确立为社会主义事业服务的一种基本方针，把有关中国社会主义建设中遇到的种种问题，概括为十大关系，即

重工业和轻工业、农业的关系，沿海工业和内地工业的关系，经济建设和国防建设的关系，国家、生产单位和生产个人的关系，中央和地方的关系，汉族和少数民族的关系，党和非党的关系，革命和反革命的关系，是非关系，中国和外国的关系。

所谓的“两条腿”走路，也就是针对十大关系做到清晰地理顺，把一切积极因素进行充分调动，建设一个现代化的社会主义强国。

三、中国特色社会主义理论体系对发展问题的探索

（一）邓小平理论对发展问题的探索

首先，指出发展是当今世界的两大主题之一。对于世界主题所出现的变化，从我国现代化建设的发展、对外开放和国际政治经济环境的变化以及两者之间相互关系的角度，对世界形势和各国所面临的问题进行了客观准确地分析和论述，指出，和平与发展是当代世界的两大问题。他对和平与发展问题从理论的高度做了精辟概括，现在世界上真正大的问题，带全球性的战略问题，一个是和平问题，一个是经济问题或者说发展问题。

首先，进一步把中国的发展与世界的和平发展紧密结合起来，为党和国家把工作重心转移到以经济建设为中心、实行改革开放提供了一个非常重要的依据。

其次，指出发展才是硬道理。“发展才是硬道理”这一论断的提出，是邓小平同志自改革开放以来所有思想的凝聚和浓缩，是邓小平发展观的精髓和灵魂。是对我国和世界其他国家的正反两方面历史经验的规律性总结。

总之，中国解决所有问题的关键是要靠自己的发展。也正因为如此，自我始终做到坚持大力发展不动摇。

再次，实行“三步走”的发展战略。我国现阶段的发展战略应该主要包括两部分：自我的战略目标是努力把中国变成一个现代化的社会主义国家。自我的战略步骤是第一目标是解决温饱问题，这个目标已经达到了。第二个目标是在本世纪末达到小康水平。第三个目标是在下世纪的50年内达到中等发达国家水平。

最后，社会主义的发展是物质文明和精神文明的协调发展。马克思在对资本主义社会畸形发展批判的基础上，明确指出共产主义社会是能够实现人的自由全面发展的社会。社会主义社会是一个全面发展的社会，科学揭示

了物质文明与精神文明的辩证统一关系。

（二）“三个代表”重要思想对发展问题的探索

1. 发展是自我党执政兴国的第一要务

“发展是硬道理”，是对发展的内涵做了更为深刻的理解，“发展是党执政兴国的第一要务”进一步深化了自我党对“为什么要发展”的认识。

所谓的“发展是党执政兴国的第一要务”，实际上就是把发展作为党重要的大事、重要的任务进行。中国共产党是否具有一定的先进性，就看中国共产党能否领导中国实现又好又快的科学发展。为此，离开发展，坚持党的先进性、发挥社会主义制度的优越性和实现民富国强都无从谈起。这进一步表明把发展的重要性提到了一个前所未有的高度，对于发展在当代中国的突出地位进行了重点的强调。

2. 提出新“三步走”的发展战略

邓小平同志曾经提出了关于我国现代化的建设主要分“三步走”的战略，在第一步战略目标的任务完成以后，如何有效地实现后两步发展目标，就成为以江泽民同志为核心的党的领导集体及其后的党的领导集体必须要完成的一项历史任务。以江泽民为核心的党中央，进一步把第三步战略目标进行了具体化，提出了全新的“三步走”战略。新“三步走”战略，实际上是对邓小平“三步走”战略的继承和深化，从而促使发展的目标任务变得更加明确。

3. 走协调、可持续发展道路

毛泽东同志在社会主义制度刚刚建立之初，就指出要对十个方面的重要关系进行正确的处理，这对自我今天的社会主义现代化建设仍然具有非常重要的指导意义。

在社会主义现代化建设的新时期，在怎样发展的问题上，总结我国社会主义建设经验的基础，提出了把握和正确处理好社会主义现代化建设中的重大关系，走协调发展的道路。

可持续发展战略，是进一步对社会主义发展理论提出的又一大重要贡献。在这其中，明确地把可持续发展作为我国社会主义现代化建设的一个重大战略，要处理好人口增长、资源利用和环境保护的关系。我国虽然资源丰富，但由于人口众多，人均资源相对不足，对经济发展形成较大约束，因此，控制人口同节约资源需做到一个有机结合；要把经济发展同保护环境相互结合在一起，不能为了谋求发展而以牺牲环境为代价。

（三）科学发展观对发展问题的探索

1. 发展应该是又好又快的发展

实现又好又快的发展，必须提高自主创新能力，坚持走中国特色自主创新道路。我国经济要从资源依赖型转向创新驱动型，必须依赖科技进步和创新，依赖自主创新能力的提升，才能增强我国经济发展的抗风险能力，保持经济平稳、较快和可持续增长。要坚持自主创新、重点跨越、支撑发展、引领未来的指导方针。实现又好又快发展，必须加快转变经济发展方式。

坚持走中国特色新型工业化道路，坚持扩大国内需求特别是消费需求的方针，促进经济增长由主要依靠投资、出口拉动向依靠消费、投资、出口协调拉动转变，由主要依靠第二产业带动向依靠第一、第二、第三产业协同带动转变，由主要依靠增加物质资源消耗向主要依靠科技进步、劳动者素质提高、管理创新转变。

实现又好又快地发展，必须坚持走中国特色道路。这就需要对现代科技发展的最新成果进行充分运用，从而实行信息化与工业化的一个深度融合，以信息化进一步带动工业化；走工业化和城镇化同时发展的道路，实现工业化和城镇化良性互动；城镇化和农业现代化是不可分割的一个整体，实现城镇化和农业现代化相互协调

总之，要做到同时协同推进，同步发展新型工业化、信息化、城镇化、农业现代化。

2. 发展要坚持以人为本

科学发展观的主要核心是应该坚持以人为本。这里所说的以人为本的“人”和“本”，是很易于理解的。以人为本的人，是指最广大人民群众；以人为本的本，就是最广大人民的根本利益。以人为本对于为谁发展、发展依靠谁、发展成果如何分配的问题进行了正确的解决。

在关于为谁发展的问题上，着重强调发展为了人民。因为人民群众是社会的主人和历史的主人，通过不断实现人民群众的经济、政治、文化权益，最终使人的全面发展得以实现。

在关于依靠谁发展的相关问题上，对于人民是发展的主体进行着重的强调。中国革命、建设和改革取得的一切成就，都归功于广大人民群众，人

民不但是社会物质财富和精神财富的创造者，也是社会政治文明发展的推动者。

在具体由谁享有发展成果的相关问题上，着重强调发展成果通通由人民共享。为人民服务是中国共产党的宗旨，各级领导干部都要牢固树立全心全意为人民服务、真心真意对人民负责的精神，不断实现民利。

3. 实现全面、协调、可持续发展

我国社会主义社会作为一个复杂的系统，必须要全面推进经济建设、政治建设、文化建设、社会建设。政治发展和文化发展主要取决于经济发展，表现在社会的经济基础决定了社会的政治和文化的性质；政治和文化发展对经济发展的反作用，主要表现在社会的政治和文化总是服务于社会的经济，当社会的政治和文化能够适应经济发展时，就能够对经济发展产生巨大的推动作用，当一个社会建立了属于自己新的政治制度和文化制度时，就进一步要求建立与之相应的一种经济制度。

“五个统筹”是推进社会协调发展的集中体现。始终做到坚持“五个统筹”，就是要贯彻工业反哺农业，城市支持农村的方针，缩小城乡发展差距，实现城乡协调发展；就是要鼓励东部地区率先发展，重视实施西部大开发战略和振兴东北老工业地区等老工业基地战略，促进中部地区崛起，支持革命老区、少数民族地区、边疆地区和其他欠发达地区加快发展，从而“形成东中、西互动，优势互补，相互促进，共同发展的新格局”；就是要在经济发展的基础上，加强教育、科学、文化、卫生等社会事业的发展，要协调好经济发展和社会发展的关系；就是要通过改变经济增长方式，协调好人与自然的关系；就是要坚持“引进来”和“走出去”相结合，使国内发展和对外开放相协调得以实现。

实施可持续发展，需做到：第一，坚持公平原则，既包括代内公平，也包括代际公平，发展既满足当代人的需要，又不对后代的需要构成危害；第二，坚持协调原则，实现经济发展与人口、资源、环境相协调，实现人和自然的协调与和谐，在经济发展的同时，对环境进行保护，经济发展过程中不能以消耗资源，破坏环境为最终代价。

（四）树立创新、协调、绿色、开放、共享的新发展理念

创新是引领发展的第一动力。发展动力决定发展速度、效能、可持续性。

对我国这么大体量的经济体来讲，必须解决好动力问题，才能实现经济持续健康发展和“两个翻番”。

因此，应该做到坚持创新发展。抓住了创新，就抓住了牵动经济社会发展全局的“牛鼻子”。树立创新发展理念，就必须把创新摆在国家发展全局的核心位置，让创新始终能够贯穿党和国家一切工作。

协调是持续健康发展的内在要求。自从改革开放以来，我国经济社会发展取得了一定成就，但是发展中的不平衡、不协调、不可持续问题依旧突出。新形势下，迫切需要转变发展理念和发展方式，实现协调发展中两点论和重点论的统一。

因此，应积极树立协调发展理念，必须对中国特色社会主义事业总体布局进行牢牢把握，正确处理发展中的重大关系，促进经济社会协调发展，在使国家硬实力不断增强的同时对于提升国家软实力也要有所注重，从而不断增强发展的全局性。

绿色是永续发展的必要条件和人民对美好生活追求的重要体现。

绿色发展，就是要解决人与自然和谐共生的问题。由于我国在近几十年发展资源消耗过度，导致生态系统开始退化，资源环境问题已成为经济社会可持续发展的突出瓶颈制约。

要实现我国经济社会的可持续发展，必须尊重自然、顺应自然、保护自然，树立绿色发展理念，坚持可持续发展，进一步加快建设资源节约型、环境友好型社会，在最大程度上形成人与自然和谐发展的现代化建设新格局。

开放是国家繁荣发展的必由之路。当前，我国已经发展成为名副其实的经济大国，这些发展奇迹得益于对外开放。但是，虽然总体上说有利因素更多，但是同时也面临更深层次的风险挑战。

因此，树立开放发展理念，就必须顺应我国经济深度融入世界经济的趋势，奉行互利共赢的开放战略，坚持内外需协调、进出口平衡、“引进来”和“走出去”并重、引资、引技、引智并举，发展更高层次的开放型经济，使得我国在全球经济治理中的制度性话语权得到提高，从而构建广泛的利益共同体。

共享是中国特色社会主义的本质要求。共享发展理念的内涵主要包括以下四个方面：一是全民共享，即共享发展是人人享有、各得其所；二是全面共享，即共享发展就要共享国家经济、政治、文化、社会、生态文明各方面建设成果，全面保障人民在各方面的合法权益；三是共建共享，即只有共建才能共享，共建的过程也是共享的过程；四是渐进共享，即共享发展必将有一个从低级到高级、从不均衡到均衡的过程，即使达到很高的水平也会有差别。

始终做到坚持共享发展，就必须坚持发展为了人民、发展依靠人民、发展成果由人民共享，使全体人民在共建共享发展中有更多获得感，促使发展动力不断增强。

第四节 马克思主义中国化对党的建设探索

一、毛泽东思想对党的建设基本问题的探索

（一）马克思、恩格斯关于无产阶级政党建设的思想

首先是明确指出了党的性质。在资本主义社会中，无产阶级是唯一进行彻底革命的阶级，无产阶级要实现自己的政治目标，必须组织自己的政党。他们按照自己的新理论将正义者同盟改组为共产主义者同盟，建立了世界上第一个国际性的无产阶级政党。

马克思、恩格斯认为，共产党是属于无产阶级性质的一个政党，他们在指出共产党具有的无产阶级性质的同时，还着重强调共产党是来自工人阶级的一个先锋队组织，是由无产阶级中的最先进的分子组成。他们关于进一步建立工人阶级独立政党、关于党的性质的思想，为建立马克思主义政党提供了切实有力的指导。

其次是无产阶级政党以科学理论为指导思想。马克思、恩格斯在针对无产阶级政党进行领导建立的斗争中，对于加强党的思想建设是非常重视的，强调以科学的理论来武装党。

在马克思、恩格斯为共产主义者同盟制定的纲领性文件中，强调共产党人的新的科学的世界观，是对现实经济关系和阶级斗争的能动反映。共产党正是通过由科学的理论孕育得以催生、用科学理论进行武装锤炼起来的一种马克思主义政党。

（二）列宁关于无产阶级政党建设的思想

列宁首先研究阐述了党的性质问题。列宁坚持了马克思主义关于党的

阶级性质的思想。他严正指出，把作为工人阶级先进部队的党同整个阶级混淆起来，显然是绝对不行的。无产阶级要保持自己的先进性，具有强大的战斗力，就必须使作为阶级的先进部队的党成为尽量有组织的，使党只能吸收至少能接受最低限度组织性的分子。

列宁在对于党的阶级性进行强调的同时，还着重指出作为工人阶级的先进部队必须是一个有纪律、有组织的整体，因为党所具有的战斗力主要就来自党具有的组织性。

在正确阐述党的性质的同时，列宁还强调要加强无产阶级政党执政后的党的建设。在布尔什维克党正式由革命党成为执政党之后，共产党员扮演的角色开始由革命者正式转向管理者后，列宁告诫全党，所进行管理的任务已经进一步上升为苏维埃国家首要的任务。

针对当时俄国党内许多党员干部缺乏领导能力和管理水平，列宁号召全党开展学习，甚至提出要向资产阶级学习他们先进的技术和管理经验，他着重强调只有党善于管理国家的经济事务、政治事务，不断提高领导社会主义建设的水平，只有这样党才能领导整个国家向着社会主义的正确方向前进。

（三）毛泽东同志对如何建设党的探索

1. 制定正确的政治路线，加强党的政治建设

加强党的政治建设，党必须制定正确的路线方针政策。在中国新民主主义革命的进程中，毛泽东同志领导自我党不断制定和调整党的路线方针政策。新中国成立后，毛泽东同志领导自我党制定了国民经济恢复时期的路线方针政策，保证自我党完成了恢复国民经济的历史任务。社会主义改造时期，毛泽东同志领导自我党确定了过渡时期的总路线，制定对农业、手工业进行社会主义改造的方针政策。

由此可以明显看出，制定正确的路线方针政策是自我党领导社会主义革命和建设事业取得胜利的重要政治保证。

加强党的政治建设，必须加强对党员执行党的路线方针政策的教育。中国革命的领导核心就是中国共产党，而中国共产党想要进一步实现自己的领导权，必须通过广大共产党员的先锋模范作用进行实现。而想要实现党员的先锋模范作用，党员必须牢记党的政治路线。只有做到能够正确地贯彻执行党的路线方针政策，党才能得到坚实的巩固和稳定的发展。

2. 拒腐防变，加强党的作风建设

毛泽东同志系统地、全面地概述了党的优良传统作风。党的历史经验告诉自我，凡属正确的任务、政策和工作作风，都是和当时当地的群众要求相适合，都是联系群众的。所以，人民群众是中国革命胜利的力量源泉。

中国共产党区别于其他任何政党的三个显著标志，就是党的三大作风，是一个整体，是中国共产党的红色基因。正是这些红色基因，得到了亿万人民群众的拥护，领导中国革命取得了伟大的胜利。

二、中国特色社会主义理论体系对怎样建设党的探索

（一）邓小平理论对“怎样建设党”的探索

在改革开放体现出来的新形势下，对党的建设提出了新要求，坚持党的领导，改善党的领导。为了能够做到坚持和改善党的领导，必须以改革的精神全面推进党的建设，在思想上，要解放思想，实事求是，坚持正确的思想路线，加强思想政治工作。在政治上，反对资产阶级自由化，防止“左”，提高坚持党的“一个中心、两个基本点”的基本路线的自觉性和坚定性。在组织上，要坚持和健全民主集中制，增强党的团结统一，推进干部队伍的“四化”；在作风建设上，要坚持从严治党，反对腐败，加强党风廉政和党的纪律建设。在制度上，要改革党和国家的领导制度，要坚持和完善党规党法，处理好法治和人治的关系，处理好党和政府的关系。

（二）“三个代表”重要思想对“怎样建设党”的探索

中国共产党作为一个长期执政党，所面临的历史条件和肩负的历史使命也在不断地变化。坚持与时俱进，对新情况进行研究，探索新规律，创造新理论，才能使执政党的先进性和创造力得以保持，从而更加巩固党的执政地位。

与时俱进，首先在理论上就要不断进行理论创新，用发展着的马克思主义指导新的实践。在关于经济和社会的相关发展上，发展始终都要作为党执政兴国的第一要务进行。

总之，要用辩证发展的观点看待国际、国内形势、各种事物的发展变化、由此产生的新情况、新问题，做到坚持与时俱进。

党的执政能力攸关党的事业的兴衰成败。面对种种复杂多变的国际国内形势，面对着中国共产党自身发展的新要求，办好中国的事情，关键取决

于自我党。进一步加强执政能力建设，需要不断提高科学判断形势的能力、驾驭市场经济的能力、应对复杂局面的能力、依法执政的能力、总揽全局的能力

关于提高五种能力所进行的论述，在很大程度上为各级党委和领导干部的能力建设指明了具体的方向，这是加强党的执政能力建设的一个重要指导思想。

（三）科学发展观对“怎样建设党”的探索

党中央对加强和改进党的建设形成了“一条主线、五个重点”为主要内容的总体部署。

一条主线：所谓的一条主线，主要是指把党的执政能力建设和先进性建设作为党的建设的主线。

五个重点：所谓五个重点，就是指在加强和改进党的建设这一伟大工程时，主要要从以下方面入手，着力做好五方面的工作。

以坚定理想信念为重点加强思想建设。在改革开放处于的关键时期里，必须把党的思想建设摆在更加突出的位置，在思想建设中把坚定理想信念为思想建设的重点。

以造就高素质党员、干部队伍为重点加强组织建设。党的组织建设是党进行建设的一项重要内容，因此，在党的组织建设中，把党员、干部队伍的建设作为党的组织建设的重点，加强党员、干部队伍的先进性建设，提高党员、干部队伍的素质。

以保持党同人民群众的血肉联系为重点加强作风建设。党的作风是党员干部在人民群众中树立的党的形象，党的几代领导人一直以来都非常重视党的作风建设。自我党的几代领导人关于党的作风建设的理论精华，提出把保持党同人民群众的血肉联系作为党的作风建设的重点。

以健全民主集中制为重点加强制度建设。党内制度是党的各级组织和每一个党员都必须共同遵守的行为规范，只有这样，才能保证党的团结统一，才能保证权力不变质。民主集中制是自我党的组织制度，将党的制度建设同领导方式和执政方式相联系，更加强调了以健全民主集中制为重点的制度建设的重要性。

以完善惩治和预防腐败体系为重点加强反腐倡廉建设。加大反腐力度，

必须保持党的纯洁性，坚决反对腐败、建设廉洁政治，是党一贯坚持的鲜明政治立场。

（四）习近平总书记重要讲话对“怎样建设党”的探索

党中央坚定推进全面从严治党。“时代是思想之母，实践是理论之源”，这是对马克思主义党建理论和马克思主义发展史的最好诠释。一个以党的政治建设为统领，包含思想建设、组织建设、作风建设、纪律建设、制度建设在内的党建总体布局，进一步深化了对党的建设的规律性认识。

1. 用制度治党、管权、治吏

用制度治党，就是要依法依规治党。坚持依规治党，必须一手抓制定完善，一手抓贯彻执行。坚持制度面前人人平等、执行制度没有例外，坚决维护制度的严肃性和权威性，坚决纠正有令不行、有禁不止的行为。

用制度管权，就是要把权力关进制度的笼子里。权力是具有双重作用的，就像是一把双刃剑，在法制轨道上行使可以造福人民，在法律之外行使则必然祸害国家和人民。

为此，要加强对权力运行的制约和监督，把权力关进制度的笼子里，形成不敢腐的惩戒机制、不能腐的防范机制、不易腐的保障机制。要抓住治权这个关键，编密扎紧制度的笼子，按照决策、执行、监督既相互制约又相互协调的原则区分和配置权力，构建严密的权力运行制约和监督体系。

用制度治吏，就是要用制度从严管理干部。从严管理干部不仅要从思想教育上严起来，更要从制度设计和执行上严起来。根据形势变化引导广大干部牢固树立法治意识、制度意识、纪律意识，形成尊崇制度、遵守制度、捍卫制度的良好氛围。要不断加强对领导干部特别是“一把手”的监督和管理，从而进一步将其作为从严治吏的重中之重。

2. 落实全面从严治党主体责任

落实全面从严治党主体责任，首先要强调党委负主要责任。由于在党的建设过程中，总会出现有的党委没有把党风廉政建设当作分内之事；有的对错误思想和作风放弃了批评和斗争；还有的领导干部只表态、不行动等现象。

因此，党必须要严格管党，在最大程度上牢固树立不管党治党就是严重失职的观念，把抓好党建作为最大的政绩进行。

落实主体责任，关键是要把党的领导落到实处。对于各级党组织而言，要把党的领导体现到日常管理监督中，对党组织的管理和监督、对党员干部特别是领导干部的管理和监督，要注重日常，防微杜渐。

坚持有责必问，问责必严。有权就相当于有责任，权责要做到对等。问责既要针对事、同时也要针对人，要问到具体的人头上。要进一步健全制度、细化责任、以上率下，层层传导压力，级级落实责任。

3. 加强党的执政能力建设、先进性建设

加强党的执政能力建设、先进性和纯洁性建设是构建中国特色社会主义党建理论体系的主线。

全党要增强紧迫感和责任感，牢牢把握加强党的执政能力建设、先进性及纯洁性建设这条主线的基础上，明确新时代党的建设仍然要以加强党的长期执政能力建设、先进性和纯洁性建设为主线

党的执政能力就是党提出和运用正确的理论、路线、方针、政策和策略，依法管理国家和社会事务，带领人民建设富强、民主、文明、和谐的社会主义现代化强国的能力。党的执政能力建设是一个关系国家富强、政权稳固、社会稳定、人民安居乐业的重大课题。而要加强党的执政能力建设，就必须始终保持党的先进性和纯洁性。先进性是马克思主义政党的根本特征，也是马克思主义政党的生命所系、力量之源。党的先进性指的是党在与其他政党的比较中所具有的优点，是党之所以成为执政党的决定性因素。党的先进性是具体的、历史的、发展的，它一方面来自党的阶级基础和组织原则；另一方面也与其领导活动紧密相连。由于社会实践总是具体的、历史的，因而党的先进性在不同的历史环境和历史条件下有不同的内容和表现形式。党是否具有先进性最终要看党是否能够推动以及在多大程度上推动社会历史的前进。

第八章 多维视角下马克思主义中国化探究

第一节 政治学视角下马克思主义的中国化

一、马克思主义政治学说概要

（一）马克思主义政治学的基本原理

政治学是一门以研究政治生活、政治现象、政治行为关系、政治体制及其发展规律和政治相关领域为主的社会科学学科。以辩证唯物主义和历史唯物主义为基础的马克思主义政治学说，从现实生活的社会生产方式和交换方式出发，科学地揭示了社会政治现象的本质特征，提出了实现全人类解放的远大理想。马克思主义政治思想是人类政治文明发展的积极成果，也对政治做出了科学的解释。可以说，马克思主义政治学说的出现开创了政治学发展的新时代。马克思主义政治学说科学地运用马克思主义的立场、观点和方法对国家和与国家密切相关的各种政治活动及其他政治规律进行了研究。

1. 国家是阶级统治的政治组织

根据社会发展规律，马克思主义揭示出国家是阶级矛盾不可调和及社会生产力发展到要突破现存生产关系、上层建筑的时候的产物和表现。它是一个历史范畴，而政治正是围绕着这个历史范畴展开的全部活动，包括国家的各种管理活动和被统治阶级、社会各个阶层以及公民围绕国家而展开的各种活动。由此可知，政治必然与一定的国家政权紧密相连，而且是围绕和通过国家政权而展开的各阶级、阶层、权力体系各部分全部活动的总和。这就指出了国家的本质是统治阶级内部实行民主和对被统治阶级实行专政的统一，也即国家的本质是阶级专政。而统治阶级为了维持和发展现有的生产方式和社会形式，势必会运用国家政权在政治上施行统治。马克思、恩格斯曾提出：从大工业和世界市场建立的时候起，它在现代的代议制国家里夺得了独占的政治统治。现代的国家政权不过是管理整个资产阶级的共同事务的委员会罢了。可以说，国家机构是政治统治体系的核心环节，而政治统治体系内部的各个机构、组织的活动基本上都是围绕着国家机构进行的，这就驳斥了剥削阶级关于国家是社会组织，是超阶级的社会联合体的观点，也使得马克思主义政治学说的国家观同剥削阶级政治学的国家观划清了界线。

2. 政权问题是政治的根本问题

马克思主义政治学说指出了阶级斗争的历史是从有文字记载以来的人类历史开始的，政权问题是阶级斗争、社会革命的根本问题。马克思和恩格斯对阶级、阶级斗争、社会革命与国家问题关系的规律性论述，奠定了马克思主义国家学说的理论基础。

3. 无产阶级专政理论

马克思主义政治学说提出了无产阶级专政的理论，阐明了无产阶级专政的内涵，即无产阶级的政治领导和政治统治。作为无产阶级革命的第一步，无产阶级专政本身不是目的，其真正目的是要达到消灭剥削阶级和过渡到无阶级的社会，进而实现共产主义。马克思认为资本主义大工业生产发展到一定程度时，无产阶级和资产阶级的矛盾将会达到不可调和的状态，进而迫使无产阶级最终推翻资产阶级统治，建立无产阶级民主专政，也就是社会主义性质的政党政权，无产阶级专政与以往任何专政都有根本的不同。不断发展、完善的无产阶级专政学说指出了无产阶级专政是从资本主义社会向共产主义社会过渡，实现无产阶级历史使命的工具，也是建设社会主义社会和实现共产主义社会的工具。

4. 经济基础决定上层建筑

马克思主义政治学说指出了无产阶级革命不仅仅是在政治上用共和制代替君主制，不是单纯地要求国家形式的改变，更不是一般地改变现存的生产关系，而是要同传统的经济所有制关系和观念实行最彻底的决裂，即从根本上消灭私有制和剥削制度。在政治上首先争得无产阶级民主，有利于在经济上建立社会主义公有制的经济基础，也有利于在文化上树立共产主义的思想和观念，最终促进实现以个性全面发展为条件的联合劳动的自由人的联合体。无产阶级不同于历史上的其他任何一个阶级，它代表着新的生产方式，是最有前途、最有革命彻底性的阶级。无产阶级反对资产阶级的斗争，是以消灭私有制、消灭剥削制度和最终解放全人类为最终目的的，其历史推动作用是其他阶级斗争无法比拟的。无产阶级反对资产阶级和一切剥削阶级的斗争，也被称为阶级斗争史上“最后的斗争”。

5. 无产阶级政党理论

马克思主义政治学说从政党的阶级实质着眼，系统地阐述了无产阶级政党理论，并指出政党是阶级组织，是阶级斗争的产物，代表着一定阶级、阶层的根本利益，是实现阶级政治统治的工具。前面已论述一切政治活动的根本问题都是国家政权问题，政党活动也不例外，其目的就是要掌握国家政权，行使国家权力。马克思和恩格斯在致力于把科学社会主义理论与工人运动结合起来的过程中，在同各种非无产阶级和空想社会主义思潮的论战和斗争过程中，创立了世界上第一个无产阶级政党——共产主义者同盟。共产党的宗旨，即在无产阶级和资产阶级的斗争所经历的各个发展阶段上，共产党人始终代表整个运动的利益。指出了共产党的目标，即共产党人的最近目的是和其他一切无产阶级政党的最近目的一样的：使无产阶级形成为阶级，推翻资产阶级的统治，由无产阶级夺取政权。此后，无产阶级将利用自己的政治统治，一步一步地夺取资产阶级的全部资本，把一切生产工具集中在国家即组织成为统治阶级的无产阶级手里，并且尽可能快地增加生产力的总量，进而为实现共产主义这一最终目标准备条件。然而，在未来的共产主义社会，代替那存在着阶级和阶级对立的资产阶级旧社会的，将是这样一个联合体，在那里，每个人的自由发展是一切人自由发展的条件。上述所有这些关于无产阶级政党的基本理论和观点为马克思主义的建党学说奠定了理论基石。

总之，自我要坚持和发展马克思主义政治学说，不断地改革和完善我国的社会主义政治体制，加快中国特色社会主义民主政治建设的步伐。

（二）马克思主义政治学说的特点

1. 科学性

马克思主义政治学说把政治现象理解为一种客观存在的、按照一定规律发展的社会现象，同时把它看作一种受各种物质条件限制的、能够反映一定经济基础状况的、相对独立的现象。因此，马克思主义政治学说研究的不是从现象到现象，而是以决定政治现象的社会生活内在规律和社会经济基础为基点研究和把握政治现象的本质，从而科学地揭示出人类社会政治活动的基本规律。

2. 阶级性

马克思主义政治学说把对政治现象的研究与人类的彻底解放密切结合在一起，为无产阶级和全人类的解放利益而服务。马克思主义政治学说认为，只有通过在资本主义社会下失去“自主活动”的无产阶级和无产阶级的革命，人类的彻底解放才能实现。

3. 革命性

马克思指出：“哲学家们只是用不同的方式解释世界，而问题在于改造世界。”因此，马克思主义是一种改造世界的学说，而这种改造世界的思想则赋予了马克思主义政治学说以革命性的特点。例如，马克思主义政治学说公开宣布废除私有制，消灭人剥削人的社会现象。

4. 实践性

马克思主义政治学说不是抽象的教条，而是对历史和社会进行了科学考察的结果，也是无产阶级革命斗争实践的理论总结。马克思主义政治学说的实践性，一方面体现为理论和实践相统一的原则，即马克思主义政治学说对无产阶级的政治实践具有巨大的指导意义；另一方面还体现在通过具体的实践检验和完善自己的理论与学说。

5. 发展性

马克思主义政治学说的历史使命决定了它不是从静态层面上研究各种政治现象，而是动态地从人类社会发展的必然规律透视和把握政治现象，并用发展的观点分析和判断一切政治现象。马克思主义政治学说的实践性决定着它的内容必将随着时代的发展和实践的开展而不断丰富，从而使它能够更好地指导社会实践活动。

二、中国化的马克思主义政治学说

（一）中国化马克思主义政治学说的形成与发展

中国化马克思主义政治学说的形成与发展过程，是马克思主义政治学说同中国具体政治实际紧密结合的历史过程。毛泽东政治学说是马克思主义政治学说中国化的重要里程碑，它标志着中国化马克思主义政治学说的形成。邓小平、江泽民、胡锦涛的政治学说是对中国化马克思主义政治学说的丰富与发展。

1. 中国化马克思主义政治学说的内涵

中国化马克思主义政治学说的内涵中国化马克思主义政治学说是毛泽东、邓小平、江泽民、胡锦涛等党的领导人建立的科学政治学说。毛泽东的革命政治学说、邓小平民主政治理论、江泽民政治文明思想、胡锦涛和谐政治理念，是马克思主义政治学说中国化的历史成果和升华，既体现了马克思主义政治学说的基本原理，又包含了中华民族的优秀政治文明和中国政治发展的丰富经验，是马克思主义政治学说中国化的重大理论成果。

2. 中国化马克思主义政治学说的形成

中国化马克思主义政治学说形成于毛泽东。毛泽东政治学说是以毛泽东同志为主要代表的中国共产党人，把马克思主义的政治学说与中国革命和建设的具体实践相结合的产物，适应了中国半殖民地半封建社会变革的需要和中国无产阶级及其政党领导中国革命的迫切需求。毛泽东政治学说把马克思主义同中国革命和建设的实践紧密地联系在一起，不仅在理论上回答了中国革命和建设实践中提出的一系列政治课题，揭示了中国社会和政治发展的客观规律，而且在实践中开辟了符合中国国情的新民主主义革命道路，确立了具有中国特色的社会主义制度，开创了建设社会主义的伟大事业。

3. 中国化马克思主义政治学说的发表

邓小平、江泽民、胡锦涛的政治学说丰富和发展了毛泽东同志创立的中国化马克思主义政治学说。

第一，在和平与发展成为时代主题的新的历史条件下，提出了民主政治理论。这是在我国改革开放和社会主义现代化建设的实践过程中，在认真总结我国社会主义建设正反两方面历史经验教训并借鉴其他国家社会主义兴衰成败历史经验的基础上逐步形成和发展起来的，同时标志着我党对社会主义建设规律的认识有了一个新的飞跃，我国社会主义政治发展、社会主义政治制度的建设和完善都进入了一个新的历史时期。

第二，面对21世纪正在发生重大转折的国际、国内形势，以江泽民为核心的党中央，以世界的眼光、战略的思维、求实的作风、创新的精神，团结和带领全国各族人民，高举邓小平理论伟大旗帜，提出了反映时代特色的政治文明思想，准确地把握了中国社会发展和政治发展的根本问题，把执政党建设提到了前所未有的重要地位，使中国化马克思主义政治学说的内容更加丰富。

第三，在我国进入全面建设小康社会和加快社会主义现代化建设的新阶段，胡锦涛同志强调要“紧紧抓住并切实用好重要战略机遇期”，“把构建社会主义和谐社会摆在全局工作的重要位置”，实事求是地解决我国在新世纪社会发展的现实问题，又提出了建设和谐世界的理念，这一和谐政治思想为我国的政治发展开辟了广阔道路。

（二）中国化马克思主义政治学说的主要内容

1. 革命政治学说

毛泽东同志作为党的第一代领导核心，在领导中国革命和建设的过程中，丰富和发展了马克思主义政治学说，为中国化马克思主义政治学说的形成奠定了基础。其主要贡献不仅在于对人民民主专政理论以及正确处理人民内部矛盾问题进行了充分论述，更重要的是，构建了中国政治制度的框架。

2. 民主政治理论

从我国国情出发，把党和国家工作重点从“以阶级斗争为纲”转移到社会主义现代化建设上来的同时，继承和发展了毛泽东政治学说方面的正确思想，并根据我党面临的国内外形势和根本任务，提出了“没有民主就没有社会主义，就没有社会主义现代化”的命题，丰富和发展了马克思主义政治学说。

3. 政治文明思想

政治文明是具有中国特色的词语，从其历史沿革和核心内容上也是指社会主义民主政治。

发展社会主义民主政治，建设社会主义政治文明最根本的是要把坚持党的领导、人民当家作主和依法治国有机统一起来。这是我国社会主义民主政治最根本的特点。第一，党的领导是人民当家作主和依法治国的根本保证。中国共产党始终代表中国先进生产力的发展要求，代表中国先进文化的前进方向，代表中国最广大人民的根本利益。在一个拥有 14 亿人口的发展中大国，共产党的领导地位是推进中国社会主义现代化建设和实现人民根本利益的要求。第二，人民当家作主是社会主义民主政治的本质要求。社会主义政治文明建设包含着丰富的内容，其核心和精髓是人民民主。没有人民民主的政治制度，人民的各种权利就没有制度保障，现代化建设就无法顺利进行。第三，依法治国是党领导人民治理国家的基本方略。发扬民主必须同加强法治有机结合起来。实行依法治国，就是广大人民群众在党的领导下，依照宪法和法律规定，通过各种途径和形式，管理国家事务，管理经济和文化事业，管理社会事务，保证国家各项工作都依法进行，逐步实现社会主义民主的制度化、法律化。

4. 和谐政治理念

新世纪新阶段，要坚持走和平发展的道路、构建社会主义和谐社会与推动和谐世界建设的政治理念，进一步发展了中国化的马克思主义政治学说。

综上所述，从和平崛起到和谐社会再到和谐世界，政治理念并不是孤立存在的，而是密切相连、内在统一的。中国要想和平地成长为一个现代化的强国，需要良好的内部条件和外部环境的保障与支持。构建一个和谐世界可以为现代化建设创造和平的国际环境和良好的周边环境，也可以使自我在错综复杂的国际环境和日益激烈的国际竞争中牢牢掌握主动权。

第二节 生态学视角下马克思主义的中国化

一、马克思主义生态学概要

（一）马克思、恩格斯的生态思想

1. 人与自然进行合理的物质变换

（1）人与自然的关系就是人与其自身的关系

马克思、恩格斯的伟大贡献之一就是将自然观与历史观相结合，实现了自然史与人类史的统一，从而揭示了人类社会发展的必然趋势。因此，正确理解人与自然的关系是解读人与人自身关系以及开启社会发展之门的钥匙。人与自然的关系制约着人与人之间的关系，人与自然的关系又体现了人与人的关系，其实质上是社会关系。

马克思将自然界规定为人的一种身体。在他看来，人“不但是有机体，而且还是这种作为主体的无机自然”。人与动物具有某种相同性，即人永远不能脱离自然界而独立生存。自然界作为人的无机身体，是人生存的基础。“所谓人的肉体生活和精神生活同自然界相联系，不外是说自然界同自身相联系，因为人是自然界的一部分。”人既然是自然界的一部分，就肯定成为自然界所规定的对象，这是认识人、理解人的前提。不仅人的物质生活受自然界的规定，人的精神生活同样也要受自然界的规定。作为物质生活和精神生活的统一体，人类的活动体现着自然界与自身相联系的过程。因此，自然对人来讲不再是外在的存在，而是同人和人的活动不可分割的、紧密相连的另一种存在。从实践的领域来说，自然是人的生活和人的活动的一部分，人生活于自然之中，自然也存在于人的生活之中。人与自然之间存在的持续不断的交互作用是人的身体之间的交互作用，它的目的不是为了满足单方面的需要，而是为了双方的互依互存、共同发展。一方面，自然首先满足了人的物质需要，为人的生存提供必不可少的物质资源；其次满足了人的精神需要，成为满足人们好奇心和探索欲望的认识对象，为人们提供展示其本质力量的舞台，满足人的审美需求。另一方面，人的活动方式也改变着自然的面貌，自从有了人，自然就不再是自在的自然，而成为人化的自然。

（2）自然生产力是社会生产力的基础

马克思认为，在社会生产中“人和自然是同时起作用的”，进而提出了自然生产力和社会生产力这两个概念。所谓自然生产力，是“不需要代价的，未经人类加工就已经存在的”，如气候、水分、土壤、森林、矿藏等；社会生产力是在自然生产力的基础上人类通过劳动制造出来的，是“制造出来的生产力”，包括社会改造自然的能力及人类的劳动产品。人类的社会生产力必须维持在资源和环境的承受能力的范围之内。这是因为经济的再生产过程，不管它的特殊的社会性质如何，在这个部门内，总是同一个自然的再生产过程交织在一起。自然生产力是社会生产力的基础，它制约着社会生产力。马克思指出：撇开社会生产的不同发展程度不说，劳动生产率是同自然条件相联系的。这些自然条件都可以归结为人本身的自然和人周围的自然。外界自然条件在经济上可以分为两类：生活资料的自然富源，如土壤的肥力、渔产丰富的水等；劳动资料的自然富源，如奔腾的瀑布、可以航行的河流、森林、金属、煤炭等。在马克思看来，自然生产力对社会生产力的影响，既包括作为“生活资料的自然富源”对社会生产力的影响，也包括作为“劳动资料的自然富源”对社会生产力的影响。

自然生产力是社会生产力的基础，自然生产力条件对社会生产有着巨大的制约作用。一般来说，自然环境良好的地方，社会生产力就相对发达。如欧洲、北美大陆有宜人的气候、广袤肥沃的土地、丰富的矿藏、既可灌溉又可航运的大河，所以社会生产力发达。自然生产力条件对社会生产的制约作用表现在两个方面：一是自然生产力是社会生产力的前提和基础，离开了自然条件，社会难以存在，更无法实现发展；二是自然环境可以加速或延缓社会发展。但自然环境不是社会发展的决定因素。综上所述，从马克思的自然生产力和社会生产力关系的理论可以得到两点结论：第一，人类的社会生产力受到自然生产力的制约，后者是前者必不可少的前提，人类的社会生产力必须维持在资源和环境的承受能力的范围之内。第二，社会生产力的发展不能单纯依靠自然生产力，解决人与自然关系问题的关键还在于解决人自身的问题，落后的生产关系和社会制度是造成人与自然关系紧张的根本原因，反之，先进的生产关系和社会制度是缓解人与自然紧张关系的根本出路，自然的“解放”依赖于人的彻底解放。

2. 解决生态问题的措施和途径

（1）革新观念，重新认识人与自然的关系

马克思和恩格斯一贯主张人与自然之间是不可分割的关系，人是自然界长期发展的产物，人作为一种自然存在物，是大自然的组成部分之一。所以，人是存在于自然“之中”，而不是存在于自然“之上”或“之外”。传统人类中心主义的错误就在于颠倒了人与自然的位置关系，使二者对立起来，把人视为凌驾于自然之上的主人，去统治自然、主宰自然，从而导致人类对地球自然资源的贪婪索取和无情掠夺，结果既破坏了自然界，也破坏了人类自身的生存环境。恩格斯曾经告诫过人类，在与大自然打交道的时候，自我每走一步都要记住：自我统治自然界，绝不像征服者统治异族人那样，绝不像站在自然之外的人似的。恰恰相反，自我连同自我的血肉和头脑都是属于自然界的。马克思认为人与自然界的关系是对象性的关系，这也意味着对“极端人类中心主义”观点的批判，既然是对象性关系，就要考虑到对象的存在、对象的状况，如果对象性的东西丧失了，那么人与自然之间的对象性关系也就不复存在了。

（2）利用科技实现生产过程的物质循环

应该说，马克思是最早提出利用科学技术手段实现生产过程的物质循环，减少工业废物，减少工业污染的伟大的思想家，是环境保护理论的先驱。马克思富有预见性地指出，随着社会化大生产的展开，原料日益稀缺与昂贵，在大规模的劳动条件下，生产排泄物数量越来越大，提供了废物再利用的必要；同时，机器的改良，使那些在原有形式上本来不能利用的物质，获得了一种在新的生产中可以利用的形态。科学的进步，特别是物理和化学的进步，使建立一种保护环境的新型社会制度成为不可避免的趋势。马克思和恩格斯在批判资本主义社会的基础上，从当时科学技术发展的水平以及他们对科学技术发展的社会作用的认识水平出发，极具开创性地探索了减少环境污染的基本途径以及如何达到人与自然的和谐发展。

在依靠科学技术对工业废料进行综合利用、生态利用的同时，马克思和恩格斯还认识到，自我应该利用科学技术手段发明和采用新的“绿化”生产工具，改进和革新工艺方法，这样可以有效地减少生产中的废物的产生，从而消除或减少对自然环境的污染。马克思和恩格斯还阐发了生态农业的初步设想。他们认为，依靠农业科学技术改良耕作方式，如采用革新的排灌法、实行合理的轮作制、施用骨粉等有机肥料等，可以保持和改良土质，保持和提高土地的肥力。此外，合理地开发和利用闲置土地、沙地和荒地，使之变成适合种植的良田。这样一方面增加了谷物的产量；另一方面也为家畜提供了极好的饲料，促进了畜牧业的发展，进而又能为农业的发展提供更多的有机肥料。此外，这种做法在客观上保护和优化了自然生态环境。这些观点证明：马克思、恩格斯是绿色生态农业发展战略的倡导者。

（3）对科学技术应用的深层认识

马克思、恩格斯还从人的解放、人对自身行为的预见性角度赞扬了科学技术的进步作用。他们认为，现代自然科学和现代工业一起变革了整个自然界，结束了人们对于自然界的幼稚态度和其他的幼稚行为。这样，既提高了自我认识和改造自然界的能力，又使自我在技术和知识保障的前提下去估计、调整和控制自我自己行为的长远的自然影响。同时，随着新生产力的获得，人们改变自己的生产方式和生活方式，逐渐学会了预测、调控自身行为的长远的社会影响，使自我社会生活的预期目标与实际后果逐渐趋向一致，也使人与社会环境的关系逐渐趋向一致。

同时，马克思和恩格斯也强调在利用科学技术成果的时候，要把它所产生的最近的经济效益与长期的自然影响和社会后果结合起来考虑，把科学技术的应用所产生的经济效益、社会效益和环境效益统一起来。所以，没有当代科学技术的发展，人类就不可能真正从自然物质进程中获得自身的解放。人类所创造的物质生产力和当代科学技术是人类智慧的成果和证明。

（4）改革不合理的社会制度，实现自然环境与社会环境的统一

马克思恩格斯从更加宏伟的目标和终极价值的意义上看到了，生产方式和社会制度既以人与自然的关系为基础，又反映着人与人之间的社会关系，同时也制约和规定着人与自然的关系。因此，要重新规范人与自然的关系，其根本的措施在于改变生产方式和社会制度。马克思指出，资本主义使人与自然的关系以一种异化的形式表现出来，只有在共产主义社会才能实现人与自然之间的和谐一致。这种共产主义，作为完成了的自然主义，等于人道主义，而作为完成了的人道主义等于自然主义，它是人和自然之间、人和人之间矛盾的真正解决，是存在和本质、对象化和自我确证、自由和必然、个体和种类之间的斗争的真正解决。其中，“自然主义”就是遵循“人与社会和谐”的原则。实施自然主义，要求人类的全部活动遵从生态规律，具有较强的生态意识和环境意识，并在实践上保护地球上的生命和自然环境。“人道主义”是指所有的人都享有公正和平等的权利与义务。实施人道主义应对人及人以外的生命给予必要的关怀。马克思认为，“共产主义”是“人同自然界的完成了的本质的统一”。在共产主义社会，应将人的“自然的存在方式”与“人的存在方式”统一起来。马克思主义关于“自然主义、人道主义、共产主义”相统一的生态思想是其强大生命力之所在，也是其本质特征。

马克思和恩格斯指出，人类生存与发展所依赖的外部环境包括自然环境和社会环境两个组成部分。因为自我不仅生活在自然界中，还生活在人类社会中，所以这两个组成部分是相互关联和统一的。自然是社会赖以存在和发展的前提和基础，而社会是自然进化的产物，社会本身也是自然的一部分。自然与社会是不可分割的，人与自然之间的不协调实质上是人与人的问题、人与社会的问题。不改变社会环境，就不可能解决生态环境问题。因此，实现人与自然协调发展的一个重要途径就是改变不合理的社会制度。在一个崭新的、合理的社会里，社会化的人，联合起来的生产者，将合理地调节他们和自然之间的物质变换，把它置于他们的共同控制之下，而不让它作为盲目

的力量来统治自己；靠消耗最小的力量，在最无愧于和最适合于他们的人类本性的条件下来进行这种物质变换。

（二）马克思主义生态学的发展

1. 列宁的生态思想

列宁是伟大的无产阶级革命家和马克思主义者，他全面继承和发展了马克思、恩格斯的观点与学说，其中自然也包括马克思和恩格斯的生态思想。列宁的生态思想可以归结为以下几点：

（1）尊重自然

任何夸大机器的作用或是贬低自然力的作用都会导致两种错误：一是抬高拥有机器的资本家的地位，贬低拥有自然力的劳动者的地位；二是主张用生产的人工因素代替生产的自然因素，无限夸大人工因素的作用，忽视自然因素，从而导致忽视自然规律。列宁认为，自然规律是客观的，人们只能认识、运用而不能违背或取消客观规律。因此，人们必须正确地面对自然，友好地处理与自然之间的关系。

（2）资源的循环利用

在列宁生活的时代，人造肥料已经应用于农业生产之中。由于广泛使用人造肥料，原来施用于农田的天然肥料被排放到河中，既造成了资源的浪费，又污染了环境。为了合理地利用对农业十分重要的城市污水特别是人的粪便，也要求消灭城乡对立。列宁通过将资源的循环利用作为消灭城乡对立目标的角度，阐述了加强环境保护的必要性。这方面的思想无疑对自我今天发展循环经济具有启发意义。可以说，列宁是最早倡导绿色农业的思想家之一，也是最早倡导循环经济的思想家之一。

（3）资本主义生产方式对环境造成破坏

同马克思和恩格斯一样，列宁也认为资本主义生产方式要对人类大规模破坏自然环境负主要责任。首先，资本主义生产方式污染了城乡环境。在乡村，城市的排泄物污染了河流和空气，危害着当地居民的健康。其次，资本主义生产方式使工人的生存环境恶化。工人的贫困、居住环境的肮脏和有害健康不是自然条件造成的，而是资本家对工人的剥削造成的，说工人生活日益困难是由于自然界减少了它的赐物，这就是充当资产阶级的辩护士。再次，帝国主义的对外扩张造成了殖民地环境的破坏。列宁在他的帝国主义理论中批判了垄断资本主义为了追求超额利润而毫无顾忌地对殖民地原料的破坏性掠夺。

2. 斯大林的生态思想

斯大林继承和发展了马克思、恩格斯、列宁的生态思想，并付诸实践活动。他领导的俄国社会主义生态建设实践，既给自我提供了宝贵的经验，又留下了深刻的教训。

人类社会取得了巨大进步，人类干预自然的能力大大加强，这是不是说人们因此就废除了自然界的法则，废除了科学的法则，而创立了自然界的新法则，创立了科学的新法则呢？回答是否定的，人类取得的进步都是依据自然界法则，即依据科学法则来实现的，因为任何一种违反自然界法则的举动，即使是稍微违反这种法则的举动，都只会使事业受到破坏，只会使工作遭到失败，斯大林还提醒人们，人类的力量再强大，也不能创造自然法则，而只能是认识、掌握、利用自然规律，对于这一点，人类始终要保持清醒的认识，否则就会犯重大的错误，最终给人类自身带来灾难。

在人与自然的关系问题上，斯大林坚持唯物主义立场，承认自然界是不依赖人的客观存在，即承认自然规律的客观性，并主张人必须遵循而不能改变客观规律。同时，人要在遵循客观规律的前提下改造自然，创造更适合人类居住的自然环境，造福于人类社会。在这一点上，斯大林与马克思的人道唯物主义是一脉相承的。但是，自我应该看到，斯大林的自然观具有片面性。由于对恩格斯存有偏见，他没有继承恩格斯的辩证自然观，即轻视了自然是个整体，轻视了自然界中各种因素的相互作用，只看到人对自然的改造，忽视了自然的自我生长、自我修复能力；只看到改造向然所带来的眼前的变化，忽视了人的活动给自然带来的长期影响；只看到自然的人化，没有看到自然的反人化。

二、中国化的马克思主义生态学

（一）毛泽东同志对马克思主义生态学说的继承和发展

1. 绿化祖国，建设美好家园

绿化祖国，建设美好家园是毛泽东同志青年时期就有的理想，即使在残酷的战争年代，毛泽东同志也没有忘记这一理想，一旦局势稍缓，革命政权有了短暂的稍微安定的建设环境，毛泽东同志就紧紧抓住时机部署绿化工作。

中华人民共和国的成立彻底改变了中国的历史，为中国人民建设美好家园开启了新的道路。基于在青年时代就形成的消灭荒山、实行绿化、加强水利工程建设、促进农业生产发展等生态环境保护和建设的理想，中华人民共和国成立之初，毛泽东同志指出，天上的空气，地上的森林，地下的宝藏，都是建设社会主义所需要的重要因素。自然资源是进行社会主义建设必不可少的条件，所以必须保护自然资源。

2. 农林牧副渔综合平衡，重点强调林业发展

农业、林业、牧业、副业、渔业并称五业，这五业生产既关系到经济发展和人民生活，又与改善环境有直接的关系。毛泽东同志主张这五业要综合发展、平衡发展，认为要努力发展粮、棉、油、麻、丝、茶、糖、菜、烟、果、药、杂等生产，要实行农、林、牧、副、渔五业并举的方针。五业的综合平衡发展既可以发展经济，满足人民的生活需要，又可以改善生态环境。

毛泽东同志特别强调林业建设的重要意义，认为林业是一个大事业，每年都为国家创造财富，为国家做出很大贡献。森林是社会主义建设的重要资源，又是农业生产的一种保障。积极发展和保护森林资源，对于促进我国工、农业生产具有重要意义。森林被誉为“地球之肺”，是地球生态系统的重要一环，重视林业生产、保护森林资源对保护生态环境具有十分重要的意义。

3. 重视水利建设，治理大江大河

在中国历史上，历朝历代尤其明清两代都很重视治理江河的事情，并设有专门的机构负责治河工程。中华人民共和国成立后，毛泽东同志也非常重视大江大河的治理工作。

在兴修水利的同时，毛泽东同志主张坚持治水与改土相结合，狠抓水土保持工作。对于垦荒工作，毛泽东同志要求全民在垦荒的时候，必须注意水土保持工作，绝不可以因为开荒造成下游地区的水灾，尤其要避免水土流失。实际工作中要坚持治水与改土相结合的原则。对水土流失地区要有步骤、有计划地开展水土保持工作，对山水田林进行综合治理，不能只抓治水而不抓改土，应该通过深耕改良土壤的性状。

（二）邓小平同志对马克思主义生态学说的继承和发展

1. 提出“植树造林，绿化祖国，造福后代”

三北防护林工程有效地控制风沙危害和水土流失，从根本上改善生态

环境和人民群众的生产生活条件。邓小平同志为该工程亲笔题词“绿色长城”。三北防护林工程建设取得了举世瞩目的成就，改善了生态环境，在国内外都产生了广泛而深远的影响，大大提高了我国在国际生态环保领域的地位，成为我国生态建设的标志性工程。

除此之外，还非常关心全国范围的绿化工作。邓小平同志不仅是义务植树运动的倡导者，更是义务植树运动的实践者。他身体力行，每年都要抽空参加植树造林活动。认为植树造林、绿化祖国是造福子孙后代的大事，是改善生态环境的重要举措。对下林业建设工作，还强调要坚持一百年，坚持一千年，要一代一代永远干下去。由此可见，林业发展在邓小平同志心目中具有举足轻重的地位，这句话也充分表达了他对改善生态环境的迫切心情。

2. 提倡人与自然的协调、可持续发展

邓小平同志还以战略的眼光考虑中国经济社会的长远发展问题，对中国的可持续发展做了前瞻性的思考。经济的良性持续发展需要良好生态环境的支撑。经济必须要走可持续发展的道路，其核心思想是经济发展应当建立在社会公正和资源可持续利用的前提下，既满足人民生活的需要，又要保护资源和生态环境，并且不对后代人的生存和发展构成威胁。因此，可持续发展强调了经济、社会和环境的协调统一发展。

可持续发展与生态保护的内在联系就在于经济效益和生态效益的统一、当前发展和长远发展的统一。这两个“统一”是关于“两手抓，两手都要硬”思想在人与自然协调发展思想中的体现。它强调既要注重经济效益又要注重生态效益；既要注重当前发展又考虑长远发展。正是在邓小平同志的这一思想指导下，我国的现代化建设的实践统筹人与自然的发展，正确处理经济发展同人口、资源、环境的关系，加强对环境污染的治理，植树造林，搞好水土保持，大大改善了生态环境。

3. 加强生态环境建设方面的法制建设工作

应该集中力量制定刑法、民法、诉讼法和其他各种必要的法律，如工厂法、人民公社法、森林法、草原法、环境保护法、劳动法、外国人投资法等，经过一定的民主程序讨论通过，并且加强检察机关和司法机关，做到有法可依、有法必依、执法必严、违法必究。在邓小平同志的高度重视下，先后制定、颁布了相关的法律法规，这对保护、利用、开发和管理整个生态环境及其资源提供了强有力的法律保障。

以邓小平同志为核心的第二代中央领导集体着力推进了生态环境建设方面的法制化工作。国务院曾多次要求基本建设和环境保护部门认真审查在建工程项目，属于布局不合理，资源、能源浪费大，对环境污染严重，又无有效治理措施的项目，要坚决停止建设。各级人民政府在制定国民经济和社会发展计划时，必须把生态环境及其资源的保护作为一项重要内容，纳入计划，加强管理。尤其要把防治工业污染作为头等大事，抓紧抓实抓好。

（三）江泽民同志对马克思主义生态学说的继承和发展

1. 将生态良好作为全面建设小康社会的目标之一

随着我国经济建设的不断发展，许多问题和矛盾不断地凸显出来，生态环境被破坏的问题十分突出，如能源浪费、工业污染、土地沙漠化等。不断恶化的生态环境严重制约了经济发展。人口、自然资源、生态环境等对经济持续发展的压力在增大。我国的可持续发展还受着国民经济整体素质比较低，以及资源、人口、环境等方面问题的严重制约。生态环境恶化，水旱灾害频繁，是制约我国农业发展的最大障碍。要实现农业持续稳定增长，必须切实加强农业基础建设，大力改变生产条件，改善生态环境。这要作为一项长期的战略任务，坚持不懈地抓下去。正是基于对中国环境问题的严重性、重要性、紧迫性具有的清醒而深刻认识，以江泽民为核心的党的第三代领导集体才把生态良好列入了全面建设小康社会的奋斗目标。

生态良好与可持续发展具有内在的联系。可以说，生态良好就是可持续发展，这两者实际上是一个问题的两种表述。提出生态良好的目标，体现了江泽民对邓小平可持续发展思想的继承和创新。我国人口众多，人均耕地面积不足，自然资源短缺，许多城市面临缺水的困境。因此，实施可持续发展战略，对我国来说更具重要性和紧迫性。江泽民同志继承并发展了邓小平同志的可持续发展思想，在新时期的实践中强调：要坚持不懈地增强全党和全民族的环境意识，实施可持续发展战略，努力为中华民族的发展创造一个美好的环境，并多次提出要保持社会经济发展的协调性和可持续性。所谓可持续发展，就是既要考虑当前发展的需要，又要考虑未来发展的需要，不要以牺牲后代人的利益为代价来满足当代人的利益。实现可持续发展，是人类社会发展的必然要求，已经成为世界许多国家关注的一个重大问题。中国是世界上人口最多的发展中国家，这个问题更具紧迫性。江泽民同志用“生态良好”阐释可持续发展，并将其上升到“文明发展道路”的高度，为“社会主义生态文明”概念的提出奠定了思想基础。

2. 多策并举，推动生态环境建设

生态环境建设是个系统工程，其中包含许多重要的因素，诸如，人口因素、科技发展、市场完善、法制建设等，这些因素都对生态环境建设具有重要的影响。

（1）正确处理人口增长与经济发展的关系

我国人口众多，致使环境承载压力过大。因而，控制人口增长极为紧迫。计划生育和环境保护都很重要，都关系到我国经济和社会发展的全局。自我必须把控制人口、节约资源、保护环境放在重要位置，使子孙后代的可持续发展有一个良好的环境。并将其上升到关乎国家整体发展的战略高度，指出：控制人口增长，保护生态环境，是全党全国人民必须长期坚持的基本国策。要从可持续发展的战略高度认识人口问题的重要性，严格控制人口增长，是关系到国家富强、民族繁荣、子孙后代幸福的根本大计。

（2）充分发挥科教在生态环境建设中的作用

科学技术是第一生产力，解决环境问题离不开科学技术的进步。中国正处于发展的关键时期，面临着优化经济结构、合理利用资源、保护生态环境、促进地区协调发展、提高人口素质、彻底消除贫困等一系列重大任务。完成这些任务，都离不开科学的发展和进步。发展科学技术要有重点，要十分重视解决环境保护、资源合理开发利用、减灾防灾、人口控制、人民健康等社会发展领域的科技问题，为改善生态环境、提高人民的生活质量和健康水平做出贡献，促进经济和社会的持续协调发展。实施科教兴国战略是邓小平提出的战略设想，江泽民同志继承和发展了这一战略思想，他主张实施科教兴国战略和可持续发展战略。

（3）在资源环境保护方面加强立法，严格执法

江泽民同志十分重视环境方面的立法、执法工作，强调生态环境保护要纳入依法治理的轨道，要对那些破坏生态环境的人加以严惩。坚持计划生育和保护环境的基本国策，正确处理经济发展同人口、资源、环境的关系……严格执行土地、水、森林、矿产、海洋等资源管理和保护的法律。

3. 绿化祖国，再造秀美山川

江泽民继承了毛泽东、邓小平的绿化祖国的思想，始终高度重视绿化工作。认为西部地区的环境保护不仅是一个区域问题，还关系到全国的生态建设问题，甚至是关系中华民族命运和前途的大问题。西部地区是保障国家生态安全的要害地区，但目前生态环境十分脆弱。搞好西部地区特别是长江、黄河源头和上游重点区域的生态建设，对于改善全国生态环境，实施可持续发展战略具有重要作用。对于西部大开发，既要发挥资源优势，又要保护环境，退耕还林，植树种草，搞好绿化工作。他说，西部地区资源丰富，要把那里的资源优势转变为经济优势，必须坚持合理利用和节约能源的原则。要抓紧开展西部地区土地、矿产、水等自然资源的调查评价和规划。抓紧制定西部地区矿产资源的勘察开发政策，加大西部地区找水工作的力度，为西部大开发提供水源保障。要把加强生态环境保护和建设作为西部大开发的重要内容和紧迫任务，坚持预防为主，保护优先，搞好开发建设的环境监督管理，切实避免走“先污染后治理、先破坏后恢复”的老路。退耕还林还草，要有计划有步骤、因地制宜地实施，并从实际出发，注意与当地经济发展和脱贫致富紧密结合。特别要把长江、黄河作为环境保护的重点，统筹规划源头地区的保护、上中游地区的生态环境治理与流域污染治理，实施综合整治。

（四）胡锦涛对马克思主义生态学说的继承和发展

胡锦涛把马克思主义生态学说与中国当前国情相结合，创造性地提出了以人为本，全面、协调、可持续的科学发展观，突出表现了尊重自然、保护环境、关心人类、着眼当前、思考未来的生态文明新理念。

1. 实现人与自然的和谐发展

由于传统经济发展方式的高投入、高产出和高污染，使我国的工业化过程伴随着大量废水、废气、废渣的排放而造成了严重的环境污染问题，不合理的自然资源开发导致了森林锐减、生物多样性减少、水土流失和土地的荒漠化等问题，再加上人口增加、资源紧张等问题，严重制约着经济质量的提高，加剧了环境与发展之间，区域发展之间，人口、资源和环境之间的矛盾。因此，走出一条科技含量高、经济效益好、资源消耗低、环境污染少、人力资源优势得到充分发挥的新型工业化之路，是经济健康发展的客观要求，也是全面建设小康社会，加快经济社会又好又快发展的必然选择。

自然生态环境是人类社会赖以生存和发展的重要物质基础，社会的和谐建立在人与自然和谐的基础之上。社会主义和谐社会应该是人与自然和谐相处的社会。要把建设生态文明、保护生态环境放在经济社会发展的首要位置，做到在保护中发展、在发展中保护。

2. 发展循环经济

按照马克思主义生态学原理，经济发展走工业生态化之路就必须实行循环经济，发展清洁的生产方式，节能减排，进而实现人与自然、经济与环境、发展与健康、当代人与后代人利益的协调和共赢。

要加快转变经济增长方式，将循环经济的发展理念贯穿到区域经济发展、城乡建设和产品生产中，使资源得到最有效的利用。循环经济在生态学上体现为可持续的经济，主要表现为污染低排放，甚至污染零排放。循环经济把清洁生产、资源综合利用、生态设计和可持续消费等融为一体，运用生态学规律指导人类社会的经济活动，是追求更大经济效益、更少资源消耗、更低环境污染和更多劳动就业的先进模式。中共十六届四中全会、中共十六届五中全会决议均明确提出要大力发展循环经济，把发展循环经济作为调整经济结构和布局，实现经济增长方式转变的重大举措。具体来说，发展循环经济就是要达到经济发展和环境保护的双赢。

3. 建设生态文明

生态文明是继工业文明之后，人类又兴起的一种先进的文明形式。生态文明是人类遵循人与自然和谐发展规律，推进社会、经济和文化发展所取得的物质成果与精神成果的总和，是以人与自然、人与人和谐共生、全面发展、持续繁荣为宗旨的社会形态。生态文明是绿色文化，标志是绿色环境，是建立在先进生产力基础之上的文化追求，是一种让人民群众普遍感到舒适、感到幸福的文明形式。

建设生态文明，实质上就是要建设以资源环境承载力为基础、以自然规律为准则、以可持续发展为目标的资源节约型、环境友好型社会。倡导生态文明建设，不但对中国自身发展影响深远，而且是中华民族对全球日益严峻的生态环境问题做出的承诺。

4. 完善环境保护的法治体系

环境保护法治体系是国家制定的合理开发利用自然资源、保护改善环境的各种法律、规范共同构成的相互联系、相互补充、内部协调一致的有机整体。它把人类的生存环境作为保护对象，把人们在生产、生活中所产生的同保护和改善环境有关的社会关系作为其调整社会关系的特定领域。把完善环境法律法规作为实现经济社会又好又快发展的手段和重要保障，有利于从源头上制止环境污染蔓延和生态破坏，有利于资源的优化配置，有利于降低发展成本，减少污染处理的费用，是实现可持续发展的基本条件和重要保证。

三、中国化马克思主义生态学的当代意义

中国化马克思主义生态学是当代中国马克思主义者把马克思主义关于人与自然关系的合理思想与中国的具体实践相结合，形成的具有时代背景和民族特色的关于人与自然关系的观点，对丰富和发展马克思主义生态学具有重要的理论意义，对指导中国的社会主义现代化建设、实现可持续发展具有重要的实践意义。

（一）中国化马克思主义生态学的理论意义

人类社会文明发展的历史是人与自然关系发展变化的历史，它始终围绕着生存与发展这一永恒的主题。人类与自然之间一直是相互依赖、相互制约、相互作用，既对立又统一，既冲突又协同。

马克思主义生态学揭示了人与自然关系的本质，人是自然生态系统中的一个组成部分，人对自然环境既直接依赖，又能动地改造。但这并没有解决人应该在何时、何地、何种情况下顺应自然，在何时、何地、何种情况下能动地改造自然，在改造自然的时候选择何种道路、何种方式等一系列的问题。

在人与自然的关系中，人是主体，自然是客体，人处于中心位置。换句话说，如何正确地认识和处理人与自然的关系，一方面取决于时代背景、生态环境条件；另一方面取决于人的认识能力和科学技术水平。在中华人民共和国成立初期，毛泽东同志针对国内不断发生的自然灾害，号召走自力更生之路，改造自然，利用自然。如果把世界看作一个大系统，对外开放的中国则是个小系统，中国人应抓住和平机遇。邓小平同志强调“发展才是硬道理”。江泽民认定了可持续发展的目标，把发展作为执政兴国的第一要务，协调人口、资源和环境的关系。胡锦涛同志在总结传统发展模式得与失的基础上，站在时代角度，抓住人类与环境这一社会发展过程中的基本矛盾，科

学地构建了人与自然和谐共处的观念和价值目标，并在实践中不断丰富、发展了马克思主义的人与自然关系的生态学说。

（二）中国化马克思主义生态学的实践意义

中国是人口大国，处于资源相对短缺、生态环境脆弱、环境容量有限的现状，面对大规模的工业化、城市化和日益激化的人与自然关系的矛盾、环境与经济发展的矛盾，如何避免历史上曾出现的西域楼兰古国消失和美洲玛雅文化中断的危险，实现以人为本、全面、协调、可持续的发展，这不但是摆在中国人面前的重要历史课题，而且是攸关中华民族生存和发展命运的重大问题。中国化马克思主义生态学与时俱进地回答了在中国的国情下发展与自然的关系，指导中国创造了发展与自然关系的奇迹。

邓小平经济优先的生态学思想回答了经济文化落后的东方大国在人口多、资源少的情况下经济发展与环境保护的问题，明确走可持续发展道路的必然选择。江泽民同志回答了处理人与自然关系的目标问题，提出了可持续发展战略。胡锦涛同志回答了在人类改造自然能力不断增强的时代背景下，如何把握人与自然的关系，并指出了人与自然和谐相处、走新型工业化道路、发展循环经济、建设生态文明，为我国的可持续发展提供了理论指导，对全球的可持续发展具有重要意义。

第三节 经济学视角下马克思主义的中国化

一、马克思主义经济学在中国的形成与发展

（一）马克思主义经济学在中国的形成

中国化马克思主义经济学的形成既是马克思主义经济学自身丰富和发展的内在要求，又是解决中国经济问题的客观需求。对于中国来说，对“如何建设社会主义”“如何巩固和发展社会主义经济关系”等基本理论问题做出解答是中国化马克思主义经济学的研究主题。在中国社会主义建设的不同历史时期，中国共产党的历代领导集体都对我国的经济建设问题进行了不同的探讨，提出了许多富有创造性的思想，形成了中国化马克思主义经济学的中心思想。

1. 中国化马克思主义经济学的内涵

中国化马克思主义经济学是对马克思主义经济学理论与中国经济建设实践正确结合的科学概括，也是被实践证明了的关于中国建设和改革的正确理论原则和经验总结。

（1）中国化马克思主义经济学是马克思主义经济学在当代中国的发展

中国化马克思主义经济学是马克思主义经济学理论与中国经济建设具体实际相结合的产物。首先，毛泽东同志把马克思主义的普遍原理同中国革命的具体实际相结合，创立了新民主主义革命理论，丰富和发展了包括马克思主义政治经济学在内的马克思主义理论体系。其次，以邓小平、江泽民和胡锦涛为主要代表的中国共产党人把马克思主义同中国改革开放和现代化建设的实践相结合，成功开辟和开拓了中国特色社会主义道路，创立了包含社会主义经济理论在内的中国特色社会主义理论体系，使马克思主义政治经济学得到进一步发展。

（2）中国化马克思主义经济学是被实践证明了的关于中国建设和改革的正确的理论原则和经验总结

中华人民共和国成立后，中国共产党领导全国各族人民努力探索适合中国国情的社会主义建设道路。在这一过程中，对在中国这样一个经济文化落后的国家如何建设社会主义、如何巩固和发展社会主义等问题进行了一些重要的探讨，形成了中国特色的马克思主义经济学。中国化马克思主义经济学是被实践证明了的关于中国建设和改革的正确的理论原则和经验总结。具体来说，中国化马克思主义经济学取得的理论突破主要包括承认现阶段的社会主义处于初级阶段；承认公有制可以有多种实现形式；明确社会主义初级阶段的基本经济制度是以公有制为主体、多种所有制经济共同发展，分配制度是以按劳分配为主体、多种分配方式并存的制度；承认社会主义条件下存在商品关系，并确认社会主义经济也是市场经济；提出社会主义的根本任务是发展生产力，发展生产力必须坚持科学发展观。由此可见，中国化马克思主义经济学发展了马克思主义政治经济学的社会主义经济理论，解决了当代中国经济建设中面临的新情况、新问题。

2. 中国化马克思主义经济学的形成

20 世纪 50 年代，我国进入了全面建设社会主义的历史时期。面对摆在全党面前的社会主义经济究竟应该怎样建设和发展这个全新而重大的课题，毛泽东根据当时我国社会主义革命和建设的实际主要论述了：重工业和轻工业、农业的关系；经济建设和国防建设的关系；国家、生产单位和生产者个人的关系；革命和反革命的关系；沿海工业和内地工业的关系；中央和地方的关系；是非关系；汉族和少数民族的关系；党和非党的关系；中国和外国的关系。这“十大关系”涉及当时我国社会主义建设中的经济、政治等各方面的主要关系。因此，对这“十大关系”的论述实际上构成了中国共产党对走中国特色社会主义经济发展道路的最初探索。

中国化马克思主义经济学是对马克思主义经济学与中国经济建设发展实际正确结合的科学概括，是中国共产党历代领导集体在探索建设社会主义道路过程中形成和发展起来的经济思想和经济理论，是马克思主义政治经济学在当代中国发展的最新成果。

（二）马克思主义经济学在中国的发展

1. 邓小平对马克思主义政治经济学的发展与创新

（1）关于社会主义初级阶段的理论

马克思主义是不断革命论与革命阶段论的统一，而无论革命还是建设，正确区分历史阶段都具有决定性的意义。自我目前已经进入了社会主义社会，但由于生产力比较落后，因而还只是处于社会主义的不发达阶段，社会主义在这个阶段的根本任务是发展生产力。这是对中国基本国情的正确判断，是制定党的路线、方针、政策的客观依据，也是社会主义建设时期政治经济学研究的出发点。

（2）关于社会主义本质的理论

邓小平同志在领导中国人民改革开放，全面建设社会主义现代化的过程中，不断思考和反复提出“什么是社会主义，怎样建设社会主义”这一基本问题。他从社会主义的优越性出发，反思社会主义的本质，目的是在坚持社会主义基本制度的基础上，进一步弄清社会主义的本质和要求，从而建设一个充分体现社会主义优越性的、让人民满意的、合格的社会主义社会。经过改革开放过程中的长期思考，邓小平同志对社会主义的本质做了科学地概括，指出“社会主义的本质，是解放生产力，发展生产力，消灭剥削，消除两极分化，最终达到共同富裕。”总体来说，社会主义本质包括两个基本方面：

一是“解放生产力，发展生产力”；二是“消灭剥削，消除两极分化，最终达到共同富裕”。这两个方面既讲了社会主义的根本任务，又讲了社会主义社会的根本目标；既讲了社会主义生产力，又讲了社会主义生产关系和社会关系；既讲了社会主义在客观运动规律上的本质要求，又讲了社会主义在主体价值目标上的本质要求；既讲了社会主义社会的发展过程，又讲了社会主义的最终目的。这就摆正了社会主义公正与效率的关系，找到了社会主义本质与社会主义经济发展的契合点，发展了社会主义概念，即由对社会主义特点及原则的概括升华为对其本质的归纳。这是在深层次上对社会主义本质做出的新概括，也是在马克思主义发展史上对社会主义本质观的重大发展。

（3）关于社会主义市场经济的理论

中国共产党在较长时期内实行苏联的计划经济模式，把市场经济看作滋生资本主义的土壤，反对把粮、棉、油、煤等主要产品作为商品来生产。邓小平同志根据商品、价格、市场和价值规律本身的基本属性及其在社会主义初级阶段对发展生产力的重要作用，吸取了社会主义经济建设的经验教训，鲜明地提出了“社会主义也可以搞市场经济”的思想。这样不仅把市场经济与资本主义区分开了，还认识到了社会主义与市场经济之间的必然联系，并且看到了价值规律和价值增值规律仍然是生产力发展的动力和形式。实践证明，否定市场经济，生产力发展就步履艰难；恢复市场经济，生产力就蓬勃发展。随着经济体制改革的不断深化，我国形成了较为完善的社会主义市场经济理论体系，为我国经济体制改革指明了正确的方向。

（4）关于改革与判断改革开放根本标准的理论

改革是邓小平理论和实践的一个重要组成部分。围绕社会主义现代化这一中心任务，邓小平同志对改革的目标、内容、对象、原则和方法等进行了论述，提出了系统的改革构想，是我国改革开放和社会主义现代化建设的总设计师。改革是社会主义制度的自我完善，不同于传统意义上的革命，它不是改变社会主义的基本制度，而是对各种具体体制进行的自觉的变革。改革是中国的第二次革命：改革不是对旧体制的修修补补，而是全面的变革，就其广度和深度而言，是一场新的革命；改革是相对于第一次革命，即新民主主义革命而言的，其目的就是要通过改革把一个经济、文化比较落后的中国建设成为一个富强、民主、文明的社会主义现代化国家；改革是为了解放和发展生产力，是社会主义发展的直接动力。改革开放中既有思想解放、观念更新的问题，又有战略设计、措施选择的问题，还会触及一些更深层次的矛盾。这就使不同的人从不同的角度对改革的是非得失有了不同的评价。邓小平同志深感这个问题的重要性，明确提出了判断改革开放是非曲直的“三个有利于”标准，即“是否有利于发展社会主义社会的生产力，是否有利于增强社会主义国家的综合国力，是否有利于提高人民的生活水平”。

这个根本标准不但为人们解放思想提供了强有力的武器，而且也是社会主义政治经济学评判真理与谬误的标准。

（5）关于发展战略的理论

邓小平同志认为“发展是硬道理”，而中国发展的宏伟目标就是实现现代化，建设社会主义强国。他还为我国实现社会主义现代化制定了发展战略及实施这一战略的基本纲领、政策和实施步骤等。邓小平提出了从政治高度认识四个现代化的新思路，正确揭示了社会主义初级阶段政治与经济的关系及其表现形式。他还提出了分“三步走”基本实现社会主义现代化的发展战略。这个坚持以人的现代化为核心的发展战略把解决人的生存与发展问题作为现代化建设的出发点和归宿，是对马克思主义发展理论的重大贡献。

2. 中国共产党第三代领导集体对马克思主义政治经济学的新发展

中国共产党第三代领导集体在建设中国特色社会主义的思想路线、发展阶段、发展战略、国际战略、根本任务、发展道路、发展动力、依靠力量、领导力量和根本目的等重大问题上勇于实践探索，提出了一系列紧密联系、相互贯通的新思想、新观点和新论断，进一步回答了“什么是社会主义、怎样建设社会主义”的问题，创造性地回答了“建设什么样的党、怎样建设党”的问题，形成了“三个代表”重要思想。“三个代表”重要思想是对马克思主义经济理论的重大发展。

（1）发展了马克思主义的生产力理论

马克思主义经济学对生产关系的研究始终是以一定的生产力水平为基础的。同样，马克思主义关于各种经济规律的认识也是在生产力和生产关系的矛盾运动中把握的。马克思主义认为，生产力是人类社会发展的最终决定力量。社会主义就是解放和发展生产力。“三个代表”重要思想中的“始终代表中国先进生产力的发展要求”既体现了对马克思主义生产力与生产关系基本原理的坚持和继承，又体现了对马克思主义生产力理论的补充和拓宽，使马克思主义在新的历史条件和实践层面上有了一种新的思想内涵。

马克思主义经济学中的劳动价值理论揭示了当时资本主义生产方式的运行特点和基本矛盾，对今天我国社会主义现代化建设仍有重要的指导意义。但马克思主义经济学是随着实践的变化而不断发展的，自我也应着眼于已经变化了的新情况，根据新的实践和新的实际深化对社会主义条件下的劳动和劳动价值问题的认识，为社会主义市场经济的发展提供科学的理论依据。“三个代表”重要思想要求自我必须在坚持马克思主义的前提下，根据我国的实际情况与时俱进，不断创新，丰富和发展马克思主义经济学的劳动和劳动价值理论。

（3）发展了马克思主义的社会主义经济理论

“三个代表”重要思想对马克思主义经济学的丰富和发展突出表现在提出了建立适应我国生产力发展要求的经济制度和建立社会主义市场经济体制的理论，使马克思主义的社会主义经济理论更加完善和成熟。

第一，在社会主义基本经济制度方面，邓小平同志提出了社会主义基本经济制度和公有制实现形式多样化理论，并指出两条根本原则：在改革中，自我始终坚持两条根本原则，一是以社会主义公有制经济为主体；二是共同富裕。首先，提出了以公有制为主体、多种所有制经济共同发展的基本经济制度。其次，提出了公有制实现形式可以而且应当多样化，要努力寻找能够极大促进生产力发展的公有制实现形式的理论，并对股份制和股份合作制等资本组织形式为社会主义所运用的理论问题做出了具体论述。他还指出，自我干的是社会主义，国家经济的主体必须是公有制，这要坚定不移。同时，我国现阶段的生产力水平决定了必须坚持多种所有制经济的共同发展，鼓励、引导非公有制经济健康发展，这也要坚定不移。如果不把这两个坚定不移地统一起来，只讲一面，就会脱离社会主义初级阶段的实际，就建不成中国特色的社会主义。

第二，“三个代表”重要思想的创造性还表现在提出了社会主义市场经济模式。在多年的改革开放实践中，党对新经济体制理论的研究和探索日趋成熟。我国的社会主义市场经济体制是和社会主义基本经济制度结合在一起的，其目的在于要充分发挥市场经济在国家宏观调控下对资源配置的基础性作用。市场机制和宏观调控都是社会主义市场经济体制的重要内容。一方面，充分发挥市场的积极作用，使经济活动遵循价值规律，适应供求变化，体现竞争原则。另一方面，还要努力加强和完善宏观调控，促进经济总量平衡和结构优化，保持国民经济持续快速健康发展，等等。社会主义市场经济体制的理论是“三个代表”重要思想对马克思主义关于社会主义经济理论的创造性发展。

第三，坚持按劳分配为主体，多种分配方式并存的制度，把按劳分配和按生产要素分配结合起来。分配制度作为经济制度的重要内容，是所有制关系在分配领域的贯彻和体现。以公有制为主体、多种所有制经济共同发展的基本经济制度决定了必须实行按劳分配为主体，多种分配方式并存的分配制度。把按劳分配和按生产要素分配结合起来是社会主义分配理论的新突破，也是党的第三代领导集体对多年来分配体制改革实践认真总结的结晶，更是对“坚持按劳分配为主体，多种分配方式并存的制度”的具体化。

第四，坚持以信息化带动工业化，以工业化促进信息化，走出一条科技含量高、经济效益好、资源消耗低、环境污染少、人力资源优势得到充分发挥的新型工业化路子。发达国家都是在工业化之后才开始推进信息化的，而我国是发展中国家，工业化还没有完成就迎来了信息化的时代。在我国，只有大力推进信息化，以信息化带动工业化，才能顺利完成工业化的任务。走中国特色的新型工业化道路就必须把控制人口、节约资源、保护环境放在重要位置，突破传统工业化过程中以破坏环境为代价、先发展后治理的经济发展误区，从而进一步发展马克思主义经济学。

二、马克思主义经济学中国化的基本经验

（一）社会主义经济战略的确立与发展

经济发展战略是指根据对经济发展多种制约因素的分析，从全局出发制定的较长时期内经济发展所要达到的目标以及为实现这一目标而选择的根本途径和方法，具有根本性、全局性、长期性、系统性的特征，是制订经济社会发展计划的基础，是国家经济建设、立法和决策的基本依据。

1. 战略目标的合理化

第一，以毛泽东同志为代表的中国共产党人曾对社会主义中国的经济发展提出许多宏伟设想，尽管当时没有用到“战略”这个词，但是他们关于

实现四个现代化、建立完整的国民经济体系和实现共产主义的目标的思想都是具有一定指导意义的战略规划。

第二，邓小平同志在总结历史经验的基础上指导并主持制定了新时期的经济发展战略，提出了一系列切实可行的合理战略目标，不但符合我国社会经济发展现实，而且更加具有可操作性和易实现性。

第三，江泽民和胡锦涛秉承了邓小平的务实精神，不断提出和修正自我的经济发展战略。正是这一系列行之有效的合理战略目标，才使自我能够确定合理的战略指导思想，制定合理的战略步骤，确定合理的战略重点，形成并制定合理的战略规划，选择合理的战略手段，采取合理的战略措施。

2. 战略步骤的具体化

根据国家的经济实力和人民的生活水平，邓小平同志把社会主义初级阶段划分为若干个发展阶段，进一步凸显了社会主义初级阶段所要经历的“贫穷—温饱—小康—富裕”的发展过程。

（1）“三步走”的战略

“三步走”发展战略是建立在对我国经济现象进行了深入分析和对未来发展趋势进行了科学预测的基础之上的，是实事求是的奋斗目标和前进步骤。

（2）国民经济发展的战略平衡

毛泽东同志对经济发展各种比例关系高度关注，他还强调要注意国民经济的全面均衡发展。邓小平同志也十分关注国民经济的发展状态，强调国民经济要按照比例协调发展，要理顺各部门、各地区、社会生产各环节之间的比例关系。对于自我这样发展中的大国来说，经济要发展得快一点，不可能总是那么平平静静、稳稳当当。要注意经济稳定、协调地发展，但稳定和协调也是相对的，不是绝对的。邓小平同志在认识到比例协调重要性的同时，十分重视经济效益，讲求经济效益和总的社会效益，这样的速度才过得硬。

“改革开放是很大的试验”。沿海地区要加快对外开放，使这个拥有两亿人口的广大地带较快地先发展起来，从而带动内地更好地发展，这是一个事关大局的问题，内地要顾全这个大局。反过来，发展到了一定的时候，又要求沿海拿出更多力量来帮助内地发展，这也是个大局。那时沿海也要服从这个大局。之后中国形成了全方位、多层次、宽领域、多渠道开放的新格局。一方面，对外开放战略理论改变了我国原有的封闭式建设模式；另一方面，多年的对外开放实践也证明，对外开放战略对促进我国经济发展起了重大作用。

（二）马克思主义经济学中国化的基本经验

1. 正确认识和对待马克思主义经济学，坚持主流经济学地位

马克思主义经济学在现实中遇到了许多挑战。例如，“过时论”认为马克思主义经济学理论是革命的理论，是为了证实资本主义必然灭亡，社会主义必然胜利。既然社会主义革命已经成功，就没有必要继续深入学习了；“替代论”认为西方经济学全面研究了当代资本主义的发展，社会主义也要发展市场经济，因此学习西方经济学对建设和发展社会主义市场经济有用，并试图用西方经济学取代马克思主义经济学；“经典论”认为马克思主义经济学是经典理论，只可以进行深入研究，而不能进行变动和发展，其后果必然是理论与实践相脱节。

“过时论”和“替代论”只是理论不同而已，本质都是反对坚持学习马克思的经济学理论。而“经典论”则是要坚持学习马克思经济理论的，而且不允许有一点变动和发展，这种教条主义的做法使马克思主义经济学理论失去了生命力。马克思主义经济学的发展历程已经表明，马克思主义经济学具有与时俱进的内在本质属性，它是深深植根于实践并在实践中不断发展的科学。恩格斯也曾指出：自我的理论是发展着的理论。因此，作为发展的理论，马克思主义经济学不可能在现实中停滞。真正的马克思列宁主义者必须根据现在的情况，认识、继承和发展马克思列宁主义。由此可见，对待马克思主义经济学的正确态度就是坚持与时俱进，把坚持与发展、继承与创新相统一，立足于建设中国特色社会主义伟大实践的现实，在探索中不断研究新情况，解决新问题，总结新经验，在坚持中发展，在继承中创新。

2. 正确处理好继承和发展的关系，弘扬与时俱进的理论品质

马克思主义政治经济学内在的本质属性可以概括为三个方面：第一，马克思主义政治经济学理论体系具有科学性。在马克思和恩格斯创立他们的经济学说的时期，资本主义的特征、矛盾已经显露和展开，无产阶级作为独立的政治力量已经登上历史舞台。他们自觉地站在无产阶级的立场上，运用科学的唯物辩证法并将其贯穿于矛盾分析法、历史与逻辑统一法、分析与综

合法等具体方法中，使马克思主义经济学不但产生了严整的体系，而且使内容具有正确性。可以说，马克思主义经济学的科学性是其最根本的本质属性。第二，马克思主义经济学理论体系具有开放性。马克思主义经济学是不断地进行创新的理论，它的产生和发展过程无不显示出开放性的特征。例如，在马克思主义经济学创立的过程中，马克思、恩格斯继承了资产阶级古典政治经济学中的劳动价值理论、利润理论、社会总资本再生理论等方面的思想精华。更为可贵的是，他们始终坚持在实践中不断深化自己的认识。第三，马克思主义经济学理论体系具有发展性。马克思主义经济学理论体系的开放性决定了马克思主义经济学随着时代、实践和科学的发展而不断发展，而其发展性也就决定了马克思主义经济学与时俱进的理论品质。

马克思主义需要根据时代、实践和科学的发展而不断发展、创新，扬弃那些被实践证明不符合客观实际的观点和论断。坚持和继承是发展和创新的基础，离开了坚持和继承，发展和创新就失去了正确的方向，也就会走上歧路；发展和创新是目的，离开了发展和创新，马克思主义经济学就会过于僵化而失去生命力。因此，坚持和发展马克思主义经济学，必须贯彻理论联系实际的方针，着眼于马克思主义理论的应用，着眼于对实际问题的理论思考，着眼于新的实践和新的发展。

3. 正确处理好与西方经济学的融合，发展马克思主义经济学

在对待马克思主义经济学与西方经济学的关系的问题上，目前主要存在两种倾向：一是把两者完全割裂开来和对立起来；二是把两者简单地混合或调和起来，否认它们的本质区别。在马克思主义经济学研究中，自我必须要避免和克服以上两种错误倾向，具体地分析马克思主义经济学与西方经济学的个性与共性以及在此基础上产生的继承性、互补性和借鉴性。

第一，马克思主义经济学与西方经济学有不同的个性，主要表现在：从阶级性上讲，马克思主义经济学代表无产阶级的利益和要求，而西方经济学则代表资产阶级的利益和要求。从科学性上讲，马克思主义经济学建立在辩证唯物主义认识论的基础之上，而西方经济学建立在唯心主义和形而上学的基础之上。从内容上讲，马克思主义经济学更注重本质分析、定性分析和规范分析，而西方经济学则更注重现象分析、计量分析和实证分析，因此它们在内容上的差别性也是明显的。

第二，承认马克思主义经济学与西方经济学有共性，并不否认它们都是在研究社会化大生产和市场经济基础上产生的，这是它们具有共性的客观前提。马克思经济学与西方经济学在利用市场机制配置资源和发展生产力方面具有内在统一性和外在互补性。

因此，对于马克思主义经济学与西方经济学的关系，既要重视理论创新与发展，又要借鉴与汲取西方经济学中可为我所用的理论与方法，在马克思主义经济学的指导下研究和掌握西方经济学的理论体系和基本内容，进一步发展马克思主义经济学，巩固其主流经济学地位。

三、马克思主义经济学与当代和谐社会构建

（一）与时俱进的马克思主义经济学能够指导当代和谐社会构建实践

与时俱进的马克思主义经济学应该如何创新与发展，才能满足构建社会主义和谐社会实践提出的理论需求？

1. 必须满足当代和谐社会实践提出的两个基本要求

其一，是马克思主义经济学的创新与发展必须坚持社会主义。坚持和强调社会主义性质是对包括经济、政治、文化和社会在内的中国特色社会主义事业所有方面进行改革与发展的基本要求。因此，当代和谐社会的构建也必须坚持和强调其社会主义性质。这就要求马克思主义经济学的创新与发展要警惕与坚决反对在创新与发展的名义下偏离或背离社会主义。

其二，是马克思主义经济学的创新与发展必须以增强分析和解决对社会和谐构成严重冲击、比较紧迫的经济社会问题的能力为目标，而不能仅停留在理论争讨与空谈上。因此，面对一些越来越严重的社会不和谐问题和构建社会主义和谐社会的艰巨任务，马克思主义经济学的创新与发展就必须与实践相结合，真正地解决当代和谐社会构建中不断出现的经济社会问题。

2. 必须是马克思主义经济学整个学科体系的创新与发展

长期以来，马克思主义经济学仅被认为是马克思主义政治经济学。然而，马克思主义经济学作为一个学科体系，既包括马克思主义政治经济学这一学科基础，又包括马克思主义应用经济学的庞大学科群，如马克思主义区域经济学、马克思主义产业经济学、马克思主义劳动经济学、马克思主义金融学等。

随着全球化和文化多元化的发展，由于过分强调经济学科教育与国际

接轨，马克思主义经济学教学与研究出现了萎缩和被边缘化的现象。如果这一势头得不到及时、有效的遏制，那么以这样的经济理论为指导，当代和谐社会的构建必将因事实上失去社会主义性质规定而成为一句空话。因此，马克思主义经济的创新与发展必须是整个学科体系的创新与发展。

3. 马克思主义经济学的创新与发展必须是中国化的

中国化是指马克思主义经济学的创新与发展必须要立足于中国的国情，以解决中国问题为己任，与中国的优秀文化传统和经济传统紧密结合在一起。准确地说，当代和谐社会是中国特色社会主义初级阶段的和谐社会。在我国，如果脱离社会主义初级阶段的基本国情，就不能有效解释和破解中国改革与发展中出现的重大课题；如果脱离甚至反中国历史文化传统与经济传统，任何政策方案在中国都将失去其应用价值。因此，马克思主义经济学作为当代和谐社会构建的经济理论基础，其创新与发展必须是中国化的。从我国革命与建设的实践看，每一次重大成功也无不是马克思主义中国化实现“飞跃”的结果。总之，马克思主义经济学的创新与发展是要在马克思主义经济学的指导下，充分地批判与吸收人类经济思想的一切积极成果，立足于中国国情，在当代和谐社会的构建中实现马克思主义经济学的中国化。

（二）马克思主义经济学对当代和谐社会构建提出的要求

1. 全面落实科学发展观，实现经济发展、人的发展与环境可持续发展的逻辑互动

马克思主义经济学理论对社会主义和谐社会的经济制度基础进行深入的分析和探索，认为必须要努力建设一套适合社会主义和谐社会要求的经济生态制度，具体包括经济发展与社会发展之间生态联动的制度建设、经济发展与自然界之间生态联动的制度建设、经济发展与个体发展之间生态联动的制度建设。这就要求当代和谐社会的构建必须全面落实科学发展观，既要坚持把发展作为我党执政兴国的第一要务，又要坚持统筹兼顾以及全面协调可持续发展，还要坚持以人为本，始终把实现好、维护好、发展好最广大人民的根本利益作为党和国家一切工作的出发点和落脚点，最终实现经济发展、人的发展与环境可持续发展的逻辑互动。

2. 正确区分公有制与公有制的实现形式，积极探索符合当代和谐社会构建要求的公有制实现形式

马克思主义经济学理论深入探讨了与生产力高度发展基础上的社会主义和谐社会相适应的基本经济制度是生产资料的社会主义公有制，这是确保社会主义根本前进方向的经济制度基础，但也存在与基本经济制度相适应的经济体制具有多样性、易变性的特征，即公有制可以有多种实现方式与之相适应，如计划经济体制、市场经济体制、混合型经济体制。马克思主义经济学的这些探索要求当代和谐社会的构建必须要正确区分公有制与公有制的实现形式，积极探求符合社会主义和谐社会建设要求的公有制实现形式。

因此，一切反映社会化生产规律的经营方式和组织形式都可以大胆利用。要努力寻找能够极大促进生产力发展的公有制实现形式。以此为指导，要毫不动摇地巩固和发展公有制经济，毫不动摇地鼓励、支持、引导非公有制经济发展，坚持平等保护物权，形成各种所有制经济平等竞争、相互促进新格局。

3. 高举中国特色社会主义伟大旗帜，不断推进与当代和谐社会发展相适应的经济制度创新

马克思主义经济学理论还科学论证了资本主义社会终将被社会主义社会所取代的历史必然性，认为社会主义和谐社会的构建必须有一套与之相适应的经济制度做基础。这就要求自我必须高举中国特色社会主义伟大旗帜，坚定科学社会主义的理想信念，不断推进与社会主义和谐社会发展要求相适应的经济制度创新。

构建社会主义和谐社会是贯穿中国特色社会主义事业全过程的长期历史任务，是在发展的基础上正确处理各种社会矛盾的历史过程和社会结果。要通过发展增加社会物质财富、不断改善人民生活，又要通过发展保障社会公平正义、不断促进社会和谐。因此，当代和谐社会的构建必须要按照民主法治、公平正义、诚信友爱、充满活力、安定有序、人与自然和谐相处的总要求，不断推进与社会主义和谐社会发展要求相适应的经济制度创新。

第九章 马克思主义与中国道路的实现路径

第一节 坚持发展中的马克思主义中国化

一、马克思主义中同化探索的理论自信

（一）马克思主义中国化早期探索呼唤着理论自信

指导一个伟大的革命运动的政党，如果没有革命理论，没有历史知识，没有对于实际运动的深刻了解，要取得胜利是不可能的。十月革命的一声炮响，给中国送来了马克思列宁主义理论，中国人在精神追求上由被动转人主动，中国的发展也有了指路明灯。中国共产党的诞生更是源于中国的先进分子首先认识到马克思列宁主义理论的科学性和重要性，以及与中国国情相结合的适应性，在不断探索中逐渐确立了早期对马克思主义信仰的理论自信。当然，中国共产党人最初虽然确立了马克思主义的信仰，相信在马克思主义理论的指导下一定能够找到中国救亡图存的道路。之后，中国共产党人逐步认识到马克思主义正确理论必须与具体的国情相结合，这是早期理论自信的开端。回顾近年来国内关于马克思主义中国化早期探索的研究成果可以发现，学者们对马克思主义中国化早期探索的研究主要是从马克思主义中国化的历史分期、马克思主义中国化的历史起点、马克思主义中国化的早期传播、毛泽东同志以及早期党的代表人物同马克思主义中国化的关系、马克思主义中国化早期探索的经验和教训等方面展开的。

毛泽东同志曾指出，没有抽象的马克思主义，只有具体的马克思主义。所谓具体的马克思主义，就是通过民族形式的马克思主义，就是把马克思主义应用到中国具体环境的具体斗争中去，而不是抽象地应用它。成为伟大中华民族之一部分而与这个民族血肉相连的共产党员，离开中国特点来谈马克

思主义，只是抽象的空洞的马克思主义。因此，马克思主义的中国化，使之在其每一表现中带着中国的特性，即是说，按照中国的特点去应用它，成为全党亟待了解并亟须解决的问题，这是“马克思主义中国化”命题的正式提出。这一命题的提出，表现了早期共产党人在坚持马克思主义方法方面的理论自信。

中国共产党成立以后，为了使马克思主义理论科学指导中国发展实践，掀起了翻译出版马克思主义著作的热潮，推动全党系统学习马克思主义，提升理论水平。为了更好地学习马克思列宁主义，中国共产党的领导人以各种方式对马克思主义理论的真理性、科学性进行阐释。从马克思主义中国化命题的提出过程可以看出第一代中央领导集体的理论勇气和理论自信。这种自信就是认识到马克思主义理论必须与中国具体实践相结合。事实证明，理论自信是在面对各种质疑和反对中锤炼出来的，正是依靠这种自信，在毛泽东思想的指导下，中国共产党带领人民夺取了新民主主义革命的胜利，建立了新中国，确立了社会主义基本制度，成功实现了中国历史上最深刻、最伟大的社会变革，为当代中国的一切发展进步奠定了政治前提和制度基础。

（二）马克思主义中国化理论的成熟与完善增强了理论自信

马克思主义中国化理论从命题的提出到成熟完善，经历了漫长的过程，其中不乏曲折与失误、教条式的理解与运用，最终真正能升华为理论自信，其关键在于建立了真正的中国化马克思主义。在这方面，中国共产党几代领导人坚信：中国的发展只有坚持马克思主义指导，坚持马克思主义与中国实践相结合，坚持马克思主义中国化的正确方法与路径，才能推动马克思主义中国化的深入发展。

中华人民共和国成立以后，以毛泽东同志为核心的第一代领导人不断强调马克思主义中国化的重要意义。毛泽东同志曾指出，任何国家的共产党人，任何国家的无产阶级思想界，都要创造新的理论，写出新的著作，产生自己的理论家，来为当前的政治服务。任何国家、任何时候，单靠老东西是不行的。现在自我已经进入了社会主义时代，出现了新的一系列的问题，如果不适应新的需要，写出新的著作，形成新的理论，也是不行的。毛泽东同志还发表了大量文章佐证马克思主义中国化与中国实践相结合的重大意义，不断强调最重要的教训是独立自主，调查研究，摸清本国国情，把马克思列宁主义的基本原理同我国革命和建设的具体实际结合起来，制定自我的路线、方针、政策。正是由于毛泽东同志深刻领会了马克思主义正确思想，并以之指导中国经济社会，才使中国的经济社会得到长足发展。当然，由于社会主义伟大事业没有现成的经验可借鉴，中华人民共和国成立初期的社会主义建设还缺乏规律性的总结和认识，在探索中也出现了失误甚至是错误。尽管如此，也丝毫没有动摇共产党人对马克思主义的理论自信。相反，中国共产党人从这些挫折中不断吸取教训、总结经验，为新的历史时期开创中国特色社会主义提供了理论准备，奠定了物质基础，最终取得了独创性的中国特色社会主义理论成果和巨大成就，更加坚定了对马克思主义理论的自信。

改革开放初期，中国共产党更加坚定了马克思主义中国化的理论自信。以邓小平同志为核心的党的第二代中央领导集体，面对僵化教条理解马克思主义、高度集中的计划经济体制影响中国进一步发展的现实，在理论上展开了真理标准大讨论，重新确立了实事求是的马克思主义思想路线，强调自我坚信马克思主义，但马克思主义必须与中国实际相结合。只有结合中国实际的马克思主义，才是自我所需要的真正的马克思主义，把马克思主义的普遍真理同我国的具体实际结合起来，走自己的道路，建设有中国特色的社会主义，提出革命是解放生产力，改革也是解放生产力。社会主义基本制度确立以后，还要从根本上改变束缚生产力发展的经济体制，建立起充满生机和活力的社会主义经济体制，促进生产力的发展，这是改革，所以改革也是解放生产力。坚持以马克思主义理论为指导，建设中国特色社会主义，开创了中国特色社会主义理论，科学地回答了“什么是社会主义”“怎样建设社会主义”，把对社会主义的认识提高到了新水平。

马克思主义是科学，它始终严格地以客观事实为根据。而实际生活总是在不停地变动中，这种变动的剧烈和深刻，近 100 多年来达到了前人难以想象的程度。因此，马克思主义必定随着时代、实践和科学的发展而不断发展，不可能一成不变。面对苏联解体、东欧剧变的复杂国际形势，在新的严峻考验下，中国共产党始终捍卫中国特色社会主义，创立了“三个代表”重要思想，丰富了中国特色社会主义理论体系，成功地把中国特色社会主义事业推向 21 世纪。这显然是理论自信越来越强的表现。党中央面对改革发展的新形势，在综合分析世情、国情、党情的基础上，进一步探索和推动中国特色社会主义理论体系的创新发展，强调“继续坚持解放思想、实事求是、与时俱进，继续在新的时代条件下把马克思主义基本原理同中国实际相结合，不断推进马克思主义的中国化”。以邓小平理论和“三个代表”重要思想为指导，顺应国内外形势发展变化，抓住重要战略机遇期，坚持实践创新、理论创新、制度创新，强调坚持以人为本、全面协调可持续发展。对新形势下实现什么样的发展、怎样发展等重大问题做出了新的科学回答，把自我对中国特色社会主义规律的认识提高到新的水平，成功地在新的历史起点上坚持和发展了中国特色社会主义，使中国人民对自己追求的目标、遵循的原则、坚持的思想、运用的方法，以及对中国未来的发展前景越来越明晰，越来越自信。马克思主义中国化的理论探索充分证明了中国共产党人对马克思主义的理论自信。这种理论自信正在逐渐内化为中国共产党人的一种必然的政治品格。

（三）中国特色社会主义的伟大成果和成就积淀了理论自信

马克思说过：理论在一个国家实现的程度，总是取决于理论满足这个国家的需要的程度。”斯大林也曾讲过，理论是用来指导实践的，理论若不和革命实践联系起来，就会变成无对象的理论，同样，实践若不以革命理论为指南，就会变成盲目的实践。衡量一种理论正确与否的标准是看它是否带来了实践的成效，正如毛泽东同志所说，理论的基础是实践，又转过来为实践服务。判定认识或理论之是否真理，不是依主观上觉得如何而定，而是依客观上社会实践的结果如何而定。真理的标准只能是社会的实践。中华人民共和国成立以来，尤其改革开放至今，在中国特色社会主义理论体系指导下取得的伟大实践成就，有力地证明了与马克思列宁主义、毛泽东思想既一脉相承又与时俱进的中国特色社会主义理论体系，是适合当代中国国情和发展需要的唯一科学理论。这足以说明理论与实践的辩证关系，伟大理论指导成功实践，成功实践反过来证明伟大理论。中国特色社会主义实践所取得的成就已经为中国共产党人积淀了强有力的理论自信。

中华人民共和国成立至今，特别是改革开放以来，中国在经济、政治、文化、社会等方面都取得了举世瞩目的成就，综合国力和国际影响力实现了由弱到强的巨大转变。

我国社会生产力、经济实力、科技实力迈上了一个新台阶；人民生活水平、居民收入水平、社会保障水平迈上了一个大台阶。这些实实在在的成就是在中国特色社会主义理论体系指导下取得的，既是中国特色社会主义实践的真实写照，也是中国特色社会主义理论的实践成果。正是这些伟大的实践成就坚定了自我党对中国特色社会主义的理论自信。

习近平总书记在“三个自信”的基础上，将文化自信与理论自信并列呈现，这也充分说明文化自信乃理论自信之根，只有将理论与文化“接得上”“叫得响”“传得远”，才能更加促进理论自信。理论自信的根本要义在于价值自信，文化自信的根本自信在于精神自信，无论是理论自信还是文化自信，都是为了塑造和提升当代中国人的精神世界，只有增强文化自信和理论自信，才能清晰呈现自己的人文精神和本质力量，才能明确表达自己的价值取向和价值内涵。

综上所述，理论就是旗帜，旗帜指引方向，正确的思想理论是实践发展的灵魂。发展永无止境，理论创新就永无止境。理论创新不仅能提升实践活动的层次和质量，还能丰富人们的精神世界，激发理论活力。因此，在中国特色社会主义建设道路上，自我既要有“雄关漫道真如铁”的思想准备，更要有“乘风破浪会有时”的坚定信心。可以说，中国特色社会主义的理论自信意味着自我将以中国的话语体系、思维方式和理论主张向世界证明中国特色社会主义道路的先进性，推动中华民族伟大复兴的发展进程。

二、马克思主义中国化理论的不断探索

（一）马克思主义中国化的基本经验及其启示

马克思主义的伟大力量就在于它与各国的具体实践相联系。作为一种外来文化和意识形态，要在中国扎根并对中国社会实践发挥指导作用，马克思主义就必须融入中华民族的灵魂之中，彰显“中国气派”“中国风格”和“中国特色”。对于中国共产党来讲，就是把马克思主义理论与中国的具体实践相结合，立足中国国情，按照中国发展的特点运用马克思主义，使其融入中国实践发展的每一个环节。

1. 中国传统文化与马克思主义的相通性，凸显马克思主义中国化的“中国气派”

马克思曾指出：理论在一个国家的实现程度，总是取决于理论满足这个国家的需要的程度。十月革命一声炮响，给中国送来了马克思列宁主义，

并使马克思主义在中国得以广泛传播和运用，形成具有“中国气派”的马克思主义，这是近代中国社会危机和民族危机的特殊国情的需求，更是中国革命与建设实践相结合的需求，也是马克思主义与中国传统文化相结合的必然结果。

马克思主义中国化之所以具有“中国气派”，就在于马克思主义与中国传统文化在内在精神上存在相通性。即，一是马克思主义哲学与中国传统衍学，特别是在辩证法和唯物论方面的相通性。比如，中国传统哲学中的“气一元论”指出，气是物质世界的本源，是永恒运动变化发展的，虽不完善，但也为朴素唯物论奠定了坚实的基础。“祸兮福所倚，福兮祸所伏”“阴阳相感而变化生”等辩证思想对事物所包含的对立、转化和发展等辩证思想进行了生动的论述。二是中国传统文化中的“以民为本”与马克思主义重视人、突出人的主体价值和主体作用的相通性。三是马克思主义的“实践观”与中国传统文化中的“知行观”在认知上的相通性。四是中国传统文化中的“大同世界”与马克思主义追求的“共产主义社会”虽不能等同，但也具有高度的相似性。这些因素既是马克思主义与中国传统文化相融合的重要因素，也是马克思主义中国化形成的文化根基。当然，马克思主义中国化的形成还必须借助中国传统文化的形式才得以形成。一则由于马克思主义是西方文明的思想成果，它的思维模式、理论模式都具有十分显著的西方文化特点。这就意味着如果马克思主义在中国广泛传播与运用，必须先对其进行改造，使其理论具有中国文化特点和民族形式，才能与中国传统文化相融合。正如恩格斯所说，每个国家运用马克思主义，都必须穿起本民族的服装。二则马克思主义与中国传统文化存在时代性的差异，马克思科学体系产生于资本主义机器大工业时代，而中国传统文化形成于小农经济为基础的封建社会。因此，马克思主义中国化的形成是一个促进中国传统文化向现代转型的过程。换句话说，也就是中国传统文化的现代转型是伴随着马克思主义中国化而实现的。实践证明，只有马克思主义与中国传统文化的成功结合，中国革命、建设事业才能顺利进行。

2. 中华民族精神与马克思主义的契合性，凸显马克思主义中国化的“中国风格”

马克思主义中国化从根本上说是民族化。中华民族在长期的历史发展中形成了特有的民族文化和民族心理，形成了伟大的民族精神。马克思主义中国化自形成到发展，都非常重视中国传统文化和中国历史的融入和普及，特别是以五四运动为开端的新文化运动，其之所以能沿着正确的方向发展，就是因为在新民主主义革命过程中，产生了民族的、科学的、大众的新民主主义文化。

在社会主义革命和建设时期，以毛泽东同志为核心的第一代共产党人更加重视以马克思主义为指导批判继承中国历史文化遗产。一方面，他们借鉴中国传统文化资源，丰富中国化马克思主义的内容，实现中国历史文化的现代化，为中国的革命、建设服务；另一方面，为了探索和寻找中国化的马克思主义的新形式，他们把西方文化特征融入中国文化中，使中国的老百姓易于接受，并将其转化为自己的思想，凸显“中国风格”。毛泽东同志的马克思主义中国化思想之所以是具有中国特色的民族形式，其渊源就在于中国传统的优秀文化，一方面，将中国传统的优秀文化用于革命实践，探索适合中国情况的革命道路；另一方面，不断总结实践经验并做出理论概括，逐渐形成一个又一个具有马克思主义中国化特色的革命理论。对于中国共产党来说，就是要学会把马克思列宁主义的理论应用于中国的具体环境，成为伟大中华民族的一部分，而和这个民族血肉相连的共产党员，离开中国特点来谈马克思主义，只是抽象的空洞的马克思主义。因此，使马克思主义在中国具体化，使之在其每一表现中带着必须有的中国的特性，即是说，按照中国的特点去应用它，成为全党亟待了解并亟须解决的问题。毛泽东同志特别强调要分清创造性的马克思主义和教条式的马克思主义，要求反对主观主义，使中国革命丰富的实际马克思主义化。认为只有用马克思主义观点来研究实际问题、能解决实际问题的，才算实际的理论家。综观毛泽东同志的一系列论述，大致有四个方面的经验：一是体现了马克思主义在中国的具体化，形成适合中国革命和实践的正确的路线、方针和政策；二是体现了马克思主义在中国的实践化，与中国革命和建设实际相结合，并指导其向正确的方向发展；三是体现了马克思主义在中国的民族化，形成具有新鲜活泼、为中国老百姓喜闻乐见的“中国风格”；四是体现了马克思主义在中国的创新化，使马克思主义在中国得以丰富和发展，永远存在其生机和活力。总之，马克思主义在中国的传播过程就是对中华民族精神的唤醒与升华过程，只有在尊重中华民族的民族感情的前提下，才能体现马克思主义中国化的“中国风格”，从话语表达到理论阐释都具有十分明显的“中国风格”。

3. 中国特色社会主义理论体系的创新性，凸显马克思主义中国化的“中国特色”。

纵观中国特色社会主义理论体系形成历程，前后共经历了四个阶段，每一个阶段的主题都是有差异的，其对中国特色社会主义理论体系的创新贡献也各具特色。

第一，毛泽东思想的形成是中国特色社会主义理论体系的萌芽和源泉。新中国成立后，以毛泽东同志为核心的中国共产党领导全国人民取得了新民主主义革命的胜利，建立了社会主义制度，使中国步入发展的正确轨道。在社会主义建设道路上，我国一开始照搬苏联社会主义建设的模式，但随着苏联体制弊端的暴露，毛泽东同志提出了“以苏为鉴”，找出了一条符合中国国情的社会主义发展道路，并完成了对社会主义的政治、经济、社会的总体认识。此后，他在“建设一个什么样的社会主义、怎样建设社会主义”的问题上，初步提出一系列颇有价值的设想。新中国实行的人民代表大会制度、共产党领导的多党合作与政治协商制度、以公有制和按劳分配为主体的经济制度、民族区域自治制度等，都是富有中国特色的创造。理论上的新发展、实践上的创新构成了中国特色社会主义理论体系的萌芽和源泉。

第二，邓小平理论对中国特色社会主义理论体系做出了承上启下的独特贡献。把马克思主义的普遍真理同我国的具体实际结合起来，走自己的道路，建设有中国特色的社会主义，这就是自我总结长期历史经验得出的基本结论。这标志着建设有中国特色社会主义理论的命题正式提出。之后，中国共产党继续对“什么是社会主义、怎样建设社会主义”这个基本问题进行了全方位的探索。在当代中国，只有把马克思主义同当代中国实践和时代特征结合起来的邓小平理论才能够解决社会主义的前途和命运问题，邓小平理论是当代中国的马克思主义，是马克思主义在中国发展的新阶段。

第三，“三个代表”重要思想是中国特色社会主义理论体系与时俱进的重要组成部分。以江泽民同志为核心的中央领导集体高举邓小平理论旗帜，在进一步回答“什么是社会主义、怎样建设社会主义”问题的同时，创造性地回答了“建设什么样的党、怎样建设党”的问题，创立了“三个代表”

重要思想。“三个代表”重要思想是对马克思列宁主义、毛泽东思想、邓小平理论的继承和发展。始终做到“三个代表”，是自我党的立党之本、执政之基、力量之源。

第四，科学发展观是中国特色社会主义理论体系的提升与创新。从哲学意义上说，马克思主义是关于人类解放和发展的理论。科学发展观的提出是适应新的发展要求、立足于我国的基本国情、总结我国发展实践、借鉴国外发展经验的最新成果，它深入系统地回答了“为什么要发展”“为谁发展”“靠谁发展”“如何实现又快又好的发展”等事关中国长远发展的一系列重大问题，标志着自我党对社会主义现代化建设规律认识的进一步深化。科学发展观也是世界观、人生观、价值观的体现。大至党和政府审时度势的大局方针，如拉动内需、免费减税、缩小贫富差距、完善保障体系以及构建和谐社会，无一不是关注民生，以人为本；小到每一位干部群众的切身利益，皆蕴含着科学发展观。

第五，以习近平同志为核心的党中央的新思想、新观点、新论断是马克思主义中国化的新飞跃。党的十八大以来，以习近平同志为核心的党中央提出了一系列新思想、新观点和新论断，特别是习近平总书记的系列讲话精神，对系统完善中国特色社会主义理论体系和发展马克思主义中国化的实践应用具有十分重要的理论和现实指导意义，是马克思主义中国化的新飞跃。

纵观中国特色社会主义理论体系的形成与发展，并不是各理论之间的简单叠加，而是一个有着严密逻辑结构的有机整体。无论是思想基础还是实践基础，都是在坚持马克思主义、毛泽东思想为前提的基础上进行理论与实践的探索。中国特色社会主义理论体系在改革开放的实践中形成并发展，反过来它又指导中国特色社会主义建设实践，而且是对马克思主义中国化不断拓展和延伸、创新和发展的过程。它充分彰显着“中国气派”“中国风格”“中国特色”的理论风格。

（二）马克思主义中国化“国际视野”与“中国特色”互补的研究格局初步形成

马克思主义各国化是国际共产主义运动的永恒课题，当然也是中国共产党的永恒课题。随着中国经济社会的国际影响日益增大，我国对马克思主义中国化历史进程的规律认识和探索已经初步形成了“国际视野”与“中国特色”互补的研究格局。比如，关于马克思主义中国化基本规律，国内学者从不同角度对马克思主义中国化进程中的两次历史性飞跃的共同规律、中国共产党及其指导思想发展的规律进行探索和研究。这从另一侧面也揭示了马克思主义中国化规律。

综观近年来的有关研究，国内对马克思主义中国化规律的研究多从毛泽东思想形成机理、结合毛泽东思想和邓小平理论两大理论成果的形成过程、通过对马克思主义中国化整个历史进程的研究、从中国传统文化等角度来分析探讨马克思主义中国化规律。这些角度本身可以加以整合，整合到马克思主义中国化的历史进程中来，在进程中归纳总结规律，并在进程中检验运用规律。

此外，随着中国经济社会的日益强大，国际社会在关注中国发展的同时，也越来越关注马克思主义中国化的研究。坚持发展马克思主义，拓展马克思主义中国化研究的时代视野，运用马克思主义立场、观点和方法揭示全球化大趋势中社会主义发展的基本规律和基本道路，是马克思主义中国化面临的最重大课题，也是加强马克思主义理论研究和建设工程不可忽视的重大任务。从某种意义上看，这实现了马克思主义中国化研究的视野转化。当然，自我还要用严谨的治学态度对其进行去伪存真、去粗取精，始终坚持以马克思主义的立场、观点和方法对其谬误之处进行分析和评述。

第二节 马克思主义中国化的主体学习和掌握马克思主义

一、巩固和完善中国共产党对马克思主义中国化的领导作用

马克思主义中国化能够在中国实现其发展，原因就在于中国共产党人通过坚持不懈的努力，在领导中国革命、建设与改革的实践中，始终注重将马克思主义的基本原理和中国的具体国情相结合，并且在不断的实践过程中进行理论创新，推动马克思主义中国化的创新与发展。中国共产党人深刻地认识到，只有端正对马克思主义理论的学习态度，建设学习型政党，不断学习马克思主义的最新理论成果，进行理论创新，自我才能取得最后的胜利。

（一）端正对马克思主义理论的学习态度

新时期在马克思主义中国化的过程中，中国共产党的党员干部要端正

马克思主义的学习态度，只有大量的共产党员对马克思主义持有积极的态度，才能保证马克思主义成为我国的主流政治信仰。端正马克思主义的学习态度是学习马克思主义基础理论的首要环节，只有共产党员对马克思主义的精髓和灵魂有了正确的认识，才能积极地学习马克思主义理论，并将马克思主义理论应用于我国的具体实践。

共产党员应认识到马克思主义理论对我国社会主义现代化建设的重要性。马克思主义是科学的世界观，它从根本上揭示了自然和社会发展的基本规律，对我国的革命、建设和改革具有重要的指导意义。共产党员只有明确马克思主义的重要性，学习掌握了马克思主义的基本理论，掌握马克思主义的理论实质，坚定不移地以马克思主义理论作为自我的行动指南，才能对马克思主义拥有坚定的政治立场，才能把马克思主义的基本原理应用到我国社会主义现代化建设的实践中去，并在实践中运用理论解决中国的实际问题，从而保证我国现代化建设的蓬勃发展，推进中国特色社会主义事业的发展。

共产党员应正确认识马克思主义理论的精髓和灵魂。推进马克思主义中国化，搞清楚什么是马克思主义是十分重要的。马克思主义产生以来，实践波澜壮阔，理论博大精深。各种各样的“马克思主义者”对马克思主义有着各种各样的认识，因而，搞清楚什么是马克思主义不是一件非常容易的事情。中国共产党人对马克思主义的认识在某些时期出现过偏差，吃了不少苦头。因此，推进马克思主义中国化，应先明白什么是马克思主义。马克思主义作为先进的世界观，从根本上对自然和社会发展的基本规律进行了阐述。马克思主义的精髓就在于将马克思主义的基本原理应用于具体的实际，这是马克思主义的灵魂，也是共产党员对马克思主义应持有的态度，共产党员应认识到马克思主义理论具有实践性，是用来服务于实践的，学习马克思主义理论的目的就在于指导中国的实践。

共产党员应赋予马克思主义理论中国特有的文化形式，彰显其理论的民族性。马克思主义创始人受到西方文化的熏陶和影响，导致马克思主义理论的思维方式及语言特点具有西方文化的印记，他们创立的科学理论依据是西方政治、经济和文化等素材，这说明马克思主义理论是一种根源于西方社会的理论。西方社会与东方社会的具体情况是大相径庭的，这就要求自我应更多地考虑到我国社会的具体情况，在中国的实际建设过程中应用马克思主义的基本原理，以彰显其理论的科学性，将马克思主义理论赋予中华民族的文化形式，彰显其理论的民族性。毛泽东同志认为，马克思主义需要和民族特点相结合，经过一定的民族形式才有用处。同时，共产党员应认识到马克思主义与时俱进的理论品质。马克思主义的基本原理具有相对的稳定性，但并不能说明马克思主义中国化的进程是一成不变的。由于中国的社会主义实践不断向前发展和不断地变化，解决了已经存在的矛盾，还会不断出现新的矛盾和问题，这就需要自我用新的理论对新矛盾和新问题进行解答。所以，对于中国共产党来说，应以不断创新的马克思主义理论作为指导，解决社会主义建设中产生的新问题，不断地推进马克思主义的中国化。马克思主义中国化的进程是伴随着中国革命和建设的进程而存在的，只要中国的革命和建设继续向前发展，马克思主义中国化的任务就不会终结。这是共产党员对待马克思主义的基本态度和正确原则，也是一个方法论问题。马克思列宁主义的普遍真理与本国的具体实际相结合，这句话本身就是普遍真理。因此，共产党人对马克思主义中国化应持有的正确态度就在于，准确地认识到马克思主义的精神实质，并且随着中国社会主义实践的发展不断推进马克思主义中国化。

（二）坚持马克思主义理论的指导地位

马克思主义是源于实践并且在实践的推动下不断发展的科学理论。虽然马克思主义产生的时代背景与近代以来中国的实际情况大不相同，由于时间的发展和认识的局限性，马克思主义理论创立者的个别论断在当今已经不合时宜，但经过众多实践的检验，马克思主义基本原理仍然是正确的，对当今社会主义的发展仍然具有普遍的指导意义。我国在发展中国特色社会主义的过程中，应仍然毫不动摇地坚持马克思主义的指导地位。

首先，马克思主义是指导中国沿着正确方向发展的理论保障。马克思列宁主义的普遍真理一经和中国革命的具体实践相结合，就使中国革命的面目为之一新。在毛泽东思想的指导下，中国取得了新民主主义革命的胜利，开始了社会主义现代化建设，毛泽东思想已经深深地融入中国人民的日常生活意识当中，已经成为中国人民认识、分析和解决问题的思想宝库。此后的历届中央领导集体始终坚持马克思主义的指导思想地位，将马克思主义的普遍原理同中国社会主义现代化建设的实践相结合，产生了中国特色社会主义理论体系，这一理论体系对中国人民进行现代化建设事业具有重大的精神指导作用。由于我国社会主义建设的目标尚未实现，国内还有相当多的问题未解决，所以我国正处在马克思主义中国化的第二个过程之中。由于社会主义现代化建设的实践始终向前发展，因而中国特色社会主义理论体系还存在完善的必要和空间。实践与理论创新将会相互影响、相互推动，以促进社会主义的发展。

其次，马克思主义是解决现代化建设过程中各种问题的重要工具。马克思主义作为我国的根本指导思想，是自我认识和改造世界的强大思想武器。自我应深入学习并熟练掌握马克思主义的基本原理，将马克思主义的指导思想内化为自己解决问题的立场、观点和方法。只有这样，自我才能不断提高解决实际问题的能力，坚持实事求是的思想路线，避免出现错误，坚持正确的方向，把现代化建设事业推向前进。

最后，马克思主义是自我党和国家的强大精神支柱。精神支柱是一个国家、一个政党、一个民族团结向前的精神纽带，只有拥有共同的精神支柱，才会拥有统一的意志，拥有强大的凝聚力和战斗力。坚持马克思主义的指导地位，是保证全党全国各族人民沿着正确的方向胜利前进的根本思想基础。自我只有坚持以马克思主义理论为指导，才能发展先进的思想，克服落后的思想，才能将全国人民的思想统一于社会主义建设之中。在新的发展时期，中国特色社会主义理论体系为我国实现社会主义现代化指明了正确的发展方向，自我应坚定不移地坚持这一精神支柱，也只有这样，自我的国家才会有更加辉煌的前景。

（三）树立以人为本的执政理念

现阶段，自我强调坚持以人为本，就是要把实现人的全面发展作为各项工作的目标。人的自由全面发展的理论作为马克思主义理论中的重要内容，不仅是马克思主义的最高价值追求，还是中国特色社会主义的本质要求，不仅是一种将来必将实现的理想目标，还是一个现实的历史发展过程。自我应深刻理解这一理论的内涵，重视这一理论在现代化建设过程中的作用，将这一理论作为规划我国社会发展方向的理论依据。

从马克思对人的全面自由发展的论述中可以看出，人的全面发展是与人的本质紧密相连的。在马克思看来，人的本质有着多方面的规定性：作为人类存在物，人的本质是自由自觉的活动，即实践活动，最集中的表现是劳动；作为社会存在物，人的本质在其现实性上是一切社会关系的总和；作为完整的个体的人，人是自然因素、社会因素和精神因素的统一体，人的本质就是人的个性。与人的本质规定性相联系，人的自由全面的发展在马克思那里表现出各方面的规定性：人的实践活动的全面发展，人的社会关系的全面丰富，人的各方面素质得到全面提升，人的个性得到自由的发展等等。

马克思不但揭示了人的自由全面发展的内涵，而且思考了进入人的自由全面发展应走过的阶段，他提出实现人的自由全面发展需要经历三个阶段：第一阶段是人对人的依赖阶段；第二阶段是人对物的依赖阶段；第三阶段是人的自由全面发展的阶段。自我从“三阶段说”中可以看出，经济的发展程度与人的自由全面发展程度在本质上是一致的。自我进行市场经济体制改革，逐步发展并不断完善社会主义市场经济体制，把市场作为资源配置的基本手段，目的就在于促进生产力的迅速发展，为实现人的全面发展创造条件。可见，在生产力水平较低的情况下，实行市场经济是实现生产力发展不可逾越的历史阶段，这一阶段也是促进人的全面发展不可逾越的历史阶段，市场经济为人的自由全面发展创造了条件，开辟了道路。

（四）建设学习型政党，提高党员的理论素养

通过学习，人类文明得到不断的发展和传承，学习也是党和国家繁荣昌盛的动力所在。一直以来，中国共产党就是一个注重和善于学习的政党，通过马克思主义理论的学习加强自身的建设，提升自己的理论素养，迎接种种考验。建设学习型政党，其本质就是建设马克思主义学习型政党，这需要坚持高举中国特色社会主义的伟大旗帜，坚持推进马克思主义中国化并自觉用以指导实践。

首先，马克思主义学习型政党应是一个具有世界眼光的政党。在经济全球化不断发展的今天，中国的前途和命运同世界紧密地联系在一起，中国的发展离不开世界，世界的发展也离不开中国。当今世界，任何国家闭门造车式的搞建设是不会成功的，我国应当坚持独立自主，坚持中国的事情应当按照中国的情况来办，主要依靠中国人民自己的力量来办，同时应当扩大对外开放，积极地参与国际竞争，学习借鉴人类创造的一切优秀文明成果，扩大自己的发展空间，使自己得到充分的发展。建设马克思主义学习型政党，

就是要引导共产党员树立世界眼光，思考中国的发展对国际产生的作用和其他国家对中国发展产生的影响。这需要共产党员站在宏观的层面审视中国和世界的发展，全面分析中国发展的外部环境，判断经济全球化和世界多极化的利弊，为中国的发展制定适当的发展策略，使中国能够顺应当今世界的发展变化，积极地利用机遇，勇敢地面对挑战，利用有利的国际环境发展自己，同时通过自己的发展促进世界和平。

其次，中国共产党应当加强与世界上其他政党的交流，借鉴其成功经验，以实现自身的发展。如今，政党政治已经成为国家政治的主要形式，无论是我国的马克思主义政党，还是资本主义国家的非马克思主义政党，都面临着全球化的考验，各个国家的政党不得不共同面对一些全球化的问题。这些在全球化过程中产生的问题并不局限于某个国家，其影响甚至扩展到某一地区或全世界，因此需要各个国家的政党加强交流与对话，扩大彼此之间的合作。资本主义国家的政党从马克思主义理论中学习到不少知识，在政党建设方面积累了比较丰富的经验，如选举制度的完善、公民政治参与的扩大、有效的权力制约等。这些虽然是非马克思主义政党的做法，但是表现了政党运作的一般规律，因而具有一定的共性，对世界政治文明的进步做出了很大贡献，自我应当借鉴吸收这些成功的经验。

再次，采取具体措施，转变党的学风，建设学习型党组织，这是建设马克思主义学习型政党的重要环节。党的学风问题作为重大的政治问题，一直以来与党事业的兴衰成败关系密切。中国共产党历来重视党的学风建设。党的优良学风的养成需要采取各种各样的具体措施，建立学习制度，营造良好的学习环境，提高党员的理论水平。同时，在推进马克思主义政党建设过程中，应当注意采用科学的方法，针对党员和党员干部的不同情况，制定适合教育对象的不同学习方法。

最后，发挥好共产党员的社会引导作用，使党始终走在时代的前列。发挥学习型政党的社会引领作用主要体现在以下几个方面：第一，要通过不断的学习解决工作中遇到的各种问题，提高党组织的创造力，用现实中的良好表现赢得广大人民群众的支持；第二，促进党组织的开放性，增强党组织内部事务的透明度，及时反馈群众的意见和建议，提升党组织在人民群众中的公信力；第三，共产党员要保持清正廉洁的良好作风，时代在不断地发展，但共产党员的优良作风不能丢掉，以此赢得人民群众的拥护和爱戴。通过以上的种种做法，确保党始终走在时代的前列，不会因为世界形势的变化而变化，能够经受住国内外各种各样的考验，始终成为全国人民的领路人，始终成为坚强的领导核心。

二、增强人民群众的主体地位

中国化的马克思主义并不是党的领袖的个人创造，而是中国共产党以及中国人民集体智慧的结晶。马克思主义理论的产生和发展就是为了全体人民的根本利益，因此在马克思主义中国化的过程中，应当时刻尊重人民群众的根本利益，努力实现最广大人民群众的根本利益，并且充分发挥人民群众的首创精神，促进马克思主义的理论创新，同时应当遵循人民群众对马克思主义的认知规律。

（一）树立人民群众的主体观

历史唯物主义认为，人民群众是历史的创造者，是推动历史发展的根本动力。因此，在推进马克思主义中国化的过程中，必须要尊重人民群众的主体地位，树立人民群众的主体观。这突出地表现在尊重和保护人民群众的根本利益，尊重人民群众的首创精神等方面。

尊重人民群众的根本利益，首先要做到尊重知识、尊重人才、尊重创造、尊重劳动。自我应当认识到工人阶级以及广大农民是建设中国特色社会主义的根本力量。然而，在全球化的浪潮中，我国实行社会主义市场经济，产生了私营企业主、个体户、自由职业者等社会阶层，虽然某些阶层可能具有剥削性质，但是他们是为社会主义经济服务的，是中国特色社会主义事业的建设者，同样应当受到尊重。新时期最显著的成就是发展，中国的发展是为了人民，发展依靠人民，发展的成果应当由人民所享有，人民群众的主体地位在当今得到充分的发挥。同时，自我应当认识到，各阶层群众的利益可能存在不均衡的情况，这就需要正确反映并且兼顾各阶层群众的利益，反映好、协调好、处理好各阶层群众的不同利益。

树立人民群众的主体观的另一表现就是尊重人民群众的首创精神。尊重人民群众的创造性是坚持以人为本的基本要求，是人民群众历史主体地位的客观表现，只有尊重人民群众的创造性，才能使国家制定的各项方针政策始终体现人民群众的根本利益。人类社会的发展历史就是人民群众不断地学习和运用社会发展规律推动社会向前发展的历史。在马克思主义中国化的过程中，必须要树立人民群众的主体观，尊重人民群众的创造性。在党内和人民群众中，肯动脑筋、肯想问题的人越多，对自我的事业就越有利。离开实事求是，脱离实际，脱离亿万群众创造性的实践，不是真正的思想解放。在全球化深入发展的今天，人民群众的视野并不是仅局限在国内，而是放眼全球，积极关注有利于社会主义发展的各项要素，这无疑会极大地激发人民群众的创造性。人民群众不断地推进新的实践的过程就是马克思主义中国化不断向前发展的过程。

可见，尊重人民群众的主体地位和尊重人民群众的首创精神是推进马克思主义中国化的根基。离开人民群众的实践和创新，马克思主义中国化就会成为无源之水、无本之木，就会失去进一步向前发展的动力，人民群众在马克思主义中国化的过程中起着至关重要的作用。

（二）遵循人民群众对马克思主义的认知规律

首先，马克思主义理论的表现形式需要富有中国的文化特点。在马克思主义理论的形成过程中，马克思主义经典作家采用的是西方的思维习惯、表达方式，而东方的思维习惯和表达方式与西方存在着巨大的差异。中国人必须用自己所特有的方式接受马克思主义基本原理，因此应当使马克思主义在中国的传播过程中具有中国的文化特色，使之“具有新鲜活泼的、为中国老百姓所喜闻乐见的中国作风和中国气派”。只有这样，人民群众才能更容易地理解、接受和运用马克思主义。

其次，马克思主义理论的宣传应当贴近群众，采用便于群众接受的方式，注重解决群众关心的问题。理论的宣传应当通俗化，要用群众所熟悉的语言和形式，这样才能让马克思主义为广大人民群众所认知和接受，才能使马克思主义成为人民群众的强大思想武器。同时，理论的宣传必须紧紧围绕群众所关心的问题，想群众之所想，急群众之所急，使人民群众认识到马克思主义理论并不是存在于书本中、口号里的理论体系，而是与自身利益紧密相关的理论，认识到学习马克思

主义理论有助于自身问题的解决。只有这样，人民群众才会主动地接近马克思主义，主动地学习马克思主义，主动地用马克思主义理论指导自己的社会实践，自觉地发展和创新马克思主义。只有这样的宣传，才能逐渐扩

大马克思主义理论在人民群众中的影响力，改变当今人民群众被动地接受马克思主义理论教育的现状，提高人民群众学习马克思主义理论的积极性。理论的宣传要贴近群众，注重解答群众所关心的问题，这就涉及马克思主义的理论研究方向和理论创新等问题，要求其立足点放在人民群众的根本利益上。马克思主义理论不是一成不变的，而是关注社会现实，注重社会中产生的各种问题和矛盾，并提出解决问题的对策，不断地进行理论创新，指导着新的社会实践，其最终目的就在于更好地保护和实现人民群众的利益。

三、充分发挥理论工作者在马克思主义中国化中的作用

理论工作者的历史使命在于积极参与并不断推进马克思主义的理论创新，现阶段这一点显得尤为重要。全球化使各国的联系变得更加紧密，中国深受各种思潮的影响，面临着西方国家思维理念的冲击，马克思主义理论在中国的传播面临着严峻的挑战。中国的马克思主义理论工作者应当承担起伟大的历史使命，推动马克思主义中国化的发展和创新，以保证马克思主义在中国处于主导思想地位。

马克思主义理论工作者是一支非常重要的马克思主义理论创新的推动力量。广大的马克思主义理论工作者探索、研究马克思主义，不但关系到马克思主义理论的成败，而且关系到中国特色社会主义实践的发展命运。马克思主义理论工作者的重要作用就在于分析、研究社会主义建设过程中产生的诸多问题，寻找解决问题的方法，不断总结新的经验，将其上升为新的理论，指导具体实践。马克思主义理论工作者的种种研究成果为我党制定正确的路线、方针和政策提供了坚实的理论基础，坚定了人民群众走中国特色社会主义道路的精神信仰。

与此同时，马克思主义理论工作者连接着马克思主义和人民群众，是两者之间由此及彼的中介角色。广大的马克思主义理论工作者正是在进行深入理论研究的基础上，将马克思主义理论及其最新理论成果传播给人民群众，转化为人民群众的精神动力。马克思主义理论工作者在对人民群众进行马克思主义理论传播时，应当系统学习马克思主义和马克思主义中国化的理论成果，时刻关注马克思主义理论研究的最新动态，关注国际社会主义运动的新动向，能够用最新的理论回答人民群众所困惑的问题。同时，马克思主义理论工作者应当充分发挥主体的能动性，依据人民群众的文化素质和实际

需要，对不同的群体采用不同的理论深度进行教育，帮助他们学习和掌握马克思主义，利用马克思主义解决遇到的实际问题，以坚定对马克思主义的信心，对中国特色社会主义的信心。

参考文献

[1] 高志军，罗年明，戚哲福．中国特色社会主义 [M]. 广州：广东人民出版社，2022.

[2] 高国希，叶方兴．当代中国马克思主义道德理论研究 [M]. 上海：上海人民出版社，2021.

[3] 陈学明．马克思主义与我 [M]. 天津：天津人民出版社，2021.

[4] 李彬．中国道路新闻论 [M]. 北京：新华出版社，2021.

[5] 张旭东．文化政治与中国道路 [M]. 上海：上海人民出版社，2021.

[6] 邱高会．中国特色社会主义生态文明建设道路研究 [M]. 北京：中国社会科学出版社，2021.

[7] 张丽莉．中国特色社会管理思想的发展与创新 [M]. 石家庄：河北人民出版社，2021.

[8] 徐斌．马克思主义是什么 [M]. 北京：学习出版社，2020.

[9] 黄宇．马克思主义理论研究 13[M]. 杭州：浙江工商大学出版社，2020.

[10] 杨金洲．马克思主义基本原理专题 [M]. 武汉：武汉大学出版社，2020.

[11] 靳楠．现代化视野下的马克思主义中国化研究 [M]. 北京：研究出版社，2020.

[12] 陈学明．西方马克思主义在中国的历程与影响研究 [M]. 天津：天津人民出版社，2020.

[13] 朱奕冰．马克思主义中国化与富强之路 [M]. 北京：知识产权出版社，2020.

[14] 刘东建，赵瑞琦．马克思主义传播研究 3[M]. 北京：中国传媒大学

出版社，2020.

[15] 贾高建 . 马克思主义哲学与当代实践：有关重要问题探析 [M]. 北京：中央编译出版社，2020.

[16] 鹿林 . 生命的超越与体验：马克思主义人生哲学新阐释 [M]. 郑州：河南人民出版社，2020.

[17] 刘天骄，姚无铭 . 全球变局与中国道路 [M]. 北京：当代世界出版社，2020.

[18] 王爱君，李凯 . 中国特色社会主义理论体系的哲学基础 [M]. 武汉：武汉大学出版社，2020.

[19] 罗雄飞 . 中国化马克思主义与中国道路 [M]. 南昌：江西高校出版社，2019.

[20] 陈学明，姜国敏 . 马克思主义哲学与中国道路 [M]. 北京：中国人民大学出版社，2019.

[21] 王国伟，孟宪生 . 探寻中国道路马克思主义中国化经典原著研读论文集 [M]. 北京：社会科学文献出版社，2019.

[22] 潘伟杰，侯健，史大晓 . 当代中国马克思主义法学研究 [M]. 上海：上海人民出版社，2019.

[23] 李欣广 . 转型发展与马克思主义经济理论 [M]. 北京：中央编译出版社，2019.

[24] 刘景泉 . 马克思主义与中国现代化历程 [M]. 天津：南开大学出版社，2019.

[25] 朱庆跃 . 马克思主义中国化散论 [M]. 上海：上海三联书店，2019.

[26] 丁任重 . 当代中国马克思主义政治经济学的品质 [M]. 济南：济南出版社，2019.

[27] 陶德麟 . 马克思主义与中国道路 [M]. 北京：中央编译出版社，2018.

[28] 韩庆祥，黄相怀 . 中国道路的世界贡献马克思主义研究论库第 2 辑 [M]. 北京：中国人民大学出版社，2018.

[29] 汪青松 . 世界社会主义与马克思主义中国化 [M]. 上海：上海社会科学院出版社，2018.

[30] 冉昊 . 马克思和未来社会主义道路 [M]. 济南：济南出版社，2018.

[31] 汪青松 . 邓小平理论与马克思主义中国化 [M]. 上海：上海社会科学院出版社，2018.

[32] 高鹏 . 马克思主义哲学研究 [M]. 延吉：延边大学出版社，2018.

[33]《马克思恩格斯全集》第 2 版 [M]. 北京：人民出版社，1995.

[34]《马克思恩格斯文集》第 1–10 卷 [M]. 北京：人民出版社，2009.

[35]《列宁选集》，第 1—4 卷 [M]. 北京：人民出版社，1972.

[36]《毛泽东选集》第 2、 4 、 5 卷 [M]. 北京：人民出版社，1991.

[37]《邓小平文选》第 2、3 卷 [M]. 北京：人民出版社，1994.

[38] 习近平谈治国理政（第 1 卷）[M]. 北京：外文出版社，2014.

[39] 习近平谈治国理政（第 2 卷）[M]. 北京：外文出版社，2017.

[40] 习近平谈治国理政（第 3 卷）[M]. 北京：外文出版社，2020.

[41]《马克思恩格斯选集》第 1 — 4 卷 [M]. 北京：人民出版社，2012.

[42]《马克思恩格斯选集》第 1 版 [M]. 北京：人民出版社，1965.